王宜田 ◎ 著

三地三摇篮 系列丛书

发起地

东北解放战争

吉林人民出版社

出 品 人：常　宏
选题策划：吴文阁
责任编辑：郭　威　王　静
封面设计：上层品牌

图书在版编目（CIP）数据

东北解放战争发起地 / 王宜田著. -- 长春 ： 吉林
人民出版社，2023.12
　（三地三摇篮系列丛书）
　ISBN 978-7-206-20749-5

　Ⅰ.①东… Ⅱ.①王… Ⅲ.①抗日战争—史料—东北
地区 Ⅳ.①K265.06

中国国家版本馆CIP数据核字(2023)第232205号

东北解放战争发起地

DONGBEI JIEFANG ZHANZHENG FAQIDI

著　　者：王宜田
出版发行：吉林人民出版社
　　　　　（长春市人民大街7548号 邮政编码：130022）
印　　刷：吉林省吉广国际广告股份有限公司
开　　本：720mm×1000mm　1/16
印　　张：27.75
字　　数：420千字
标准书号：ISBN 978-7-206-20749-5
版　　次：2023年12月第1版
印　　次：2023年12月第1次印刷
定　　价：75.00元

如发现印装质量问题，影响阅读，请与出版社联系调换。

赓续红色血脉
激发奋进力量

　　红色是中国共产党最鲜亮的底色，红色资源是中国共产党艰辛而辉煌奋斗历程的见证，是最宝贵的精神财富和精神力量。党的十八大以来，习近平总书记反复强调要用好红色资源，赓续红色血脉，努力创造无愧于历史和人民的新业绩。2020年，习近平总书记在视察吉林时指出："吉林有着光荣的革命传统。抗日战争时期，在极其恶劣的条件下，杨靖宇将军领导抗日武装冒着零下四十摄氏度的严寒，同数倍于己的敌人浴血奋战。牺牲时，胃里全是枯草、树皮、棉絮，没有一粒粮食，其事迹震撼人心。解放战争时期，'三下江南''四保临江''四战四平''围困长春'，党领导人民军队在这里奏响一曲曲胜利凯歌。在抗美援朝战争中，吉林人民也做出了重大贡献。要把这些红色资源作为坚定理想信念、加强党性修养的生动教材，组织广大党员、干部深入学习党史、新中国史、改革开放史、社会主义发展史，教育引导广大党员、干部永葆初心、永担使命，自觉在思想上政治上行动上同党中央保持高度一致，矢志不渝为实现中华民族伟大复兴而奋斗。"①这是习近平总书记对吉林为中国革命做出巨大牺牲和伟大贡献的充分肯定，也为我们弘扬践行伟大革命精神，指明了前进方向，增添了奋进动力。

100多年来，在中国共产党的坚强领导下，吉林人民为保卫和建设这块红色热土，前赴后继、不怕牺牲，进行了波澜壮阔、艰苦卓绝的英勇斗争，谱写了一曲曲感天动地、气壮山河的英雄赞歌，涌现出无数可歌可泣、真挚动人的红色故事，留下了大量不可复制、不可替代的革命文物与红色遗址遗迹。按照党史学习教育领导小组的安排部署，我多次到吉林省参与指导党史学习教育工作，其间走访参观了省内颇具代表性的红色遗址遗迹、纪念馆、博物馆等，对吉林的红色资源、红色文化有了更深刻更直观的感受，也深切体会到吉林省时刻牢记习近平总书记的重托，以强烈的"答卷意识"和"赶考精神"，充分用好丰富鲜活的红色资源，创造性开展各项学习教育活动，着力汇聚起推动吉林全面振兴全方位振兴的磅礴力量。特别是吉林省

---

① 习近平：《用好红色资源，传承好红色基因，把红色江山世世代代传下去》，载《求是》2021年第10期，第17页。

提炼概括的"东北抗日联军创建地、东北解放战争发起地、抗美援朝后援地,新中国汽车工业的摇篮、新中国电影事业的摇篮、中国人民航空事业的摇篮"六大红色标识,更是为传承红色基因、赓续红色血脉提供了最直接最生动最鲜活的教材。

"三地三摇篮"红色标识集中体现了吉林红色资源的鲜明特色、独特品质、丰富内涵,凝聚着吉林人民艰苦奋斗、牺牲奉献、开拓进取的伟大品格。读史明智,知古鉴今。组织编写"三地三摇篮"六卷本丛书,是尊重革命历史、传承红色文化的需要,是从党的历史中汲取智慧、启示和力量的需要,更是用党的历史教育广大人民群众的需要。

阅读这套丛书,我们可以看到,九一八事变后,为了挽救民族危亡,在中国共产党的领导下,东北抗日联军爬冰卧雪、吞絮食草,英勇战斗、前赴后继,在白山松水、林海雪原中,以挑战人类生存极限的顽强意志与日本侵略者殊死搏斗14年,沉重打击了日本侵略者的嚣张气焰,挺起中华民族不屈的脊梁,用鲜血和生命谱写了惊天地、泣鬼神的爱国主义篇章,铸就了具有"忠诚于党的坚定信念,勇赴国难的民族大义,血战到底的英雄气概"的东北抗联精神,成为中国共产党人精神谱系的重要组成部分。我们可以看到,抗战胜利后,东北成为国共两党争夺的焦点,中国共产党领导的东北民主联军(后称东北人民解放军),在两种命运、两个前途的决战中，来不及拂去满身征尘，来不及揩干伤口血迹，便用吉林大地上一系列重大战役吹响了全国解放的号角，谱写出一曲曲新民主主义革命的胜利凯歌。我们可以看到，在抗美援朝战争期间，吉林人民凭着对党的忠诚和必胜的信念，无私奉献、舍生忘死，举全省之人力、物力、财力提供战勤保障，保证了抗美援朝战争的最后胜利，践行了伟大的抗美援朝精神，成为抗美援朝的"钢铁后方"。我们可以看到，作为重要的老工业基地，吉林省见证了新中国工业的成长，为新中国经济建设做出了不可磨灭的贡献，特别是国家"一五"计划重点建设项目之一的中国第一汽车制造厂，以第一辆"解放"牌卡车的诞生，结束了中国不能制造汽车的历史，中国汽车工业从此翻开了崭新的一页。我们可以看到，作为新中国第一家电影制片厂，长春电影制片厂（简称"长影"）为时代立像、为人民放歌、为民族铸魂，长影的影片影响和激发了几代中国人的电影情结和爱国情怀，从长影走出去的艺术家遍布全国，长影的发展史，就是新中国电影的发展史。我们可以看到，在烽火硝烟中成立的东北民主联军航空学校，是中国共产党领导下的人民军队创办的第一所航空学校，培育出了新中国第一代空战精英，为中国空军的不断发展壮大孕育了第一批精良的种子，在人民空军的历史上写下了光辉的一页，并形成了以"团结奋斗、艰苦创业、勇于献身、开拓新路"为核心内容的东北老航校精神。

阅读这套丛书，重温百年以来吉林大地所经历的风云激荡的革命、建设和改革历程，人们会感受到清晰的历史足音、有力的时代脉动、澎湃的革命精神，有利于激发斗志、凝聚人心、增添干劲，引领吉林人民为在中国式现代化进程中推动吉林全面振兴取得新突破而攻坚克难、砥砺前行，取得一个又一个胜利。

潮涌催人进，扬帆再启航。当前，我们已经踏上了实现第二个百年奋斗目标新的赶考之路，能否向历史、向人民交出一份优异的答卷，坚定的历史自信极为重要。红色资源向我们所传递的，不仅是党的百年辉煌成就和历史经验，更是激励我们秉承历史荣光、创造新的伟业的号召。弘扬以伟大建党精神为源头的中国共产党人精神谱系，必将鼓舞我们更加自觉地坚定历史自信、筑牢历史记忆，继承革命传统、传承红色基因，赓续吉林文脉，踔厉奋发、勇毅前行，为全面建设中国式现代化新吉林、推进新时代吉林全面振兴率先实现新突破而团结奋斗。

朱虹

2023 年 7 月

目 录
Contents

导语

东北解放战争历史分期与吉林省的重要战略地位

中国人民抗日战争暨世界反法西斯战争胜利后，中国进入一个新的历史时期，即由抗日战争时期进入解放战争时期。罹受长达 14 年的日本侵略，山河破碎，民生凋敝，中国亟须医治战争创伤，发展经济，这既是国内进步的社会各阶层的普遍呼声，也是国际社会的共识。但是，国民党蒋介石集团蓄意发动内战，妄图用武力消灭中国共产党及其领导的人民军队和解放区，中国共产党领导中国人民被迫进行自卫反击，发起人民解放战争，历史的发展改变了航向，进入解放战争时期。

历史是最好的记录与诠释。国民党发动内战，逆历史潮流而动，违背民心，伤害民族，陷百姓于战火之中，这完全是国民党蒋介石集团强加给中国共产党和中国人民的苦难。中国共产党领导中国人民被迫发起解放战争，救民于水火，完成了新民主主义革命，推动了历史进步。在东北，中国共产党发起东北解放战争后，东北进入解放战争时期。需注意，东北解放战争时期与东北解放战争本身是两个不同的概念。

一、东北解放战争历史时期的阶段划分

1945 年 8 月，中国人民抗日战争暨世界反法西斯战争胜利后，国际国内政治军事形势发生巨大变化，中国进入解放战争时期。

东北解放战争时期与东北解放战争是两个不同的历史概念。东北解放战争时期是大的历史时空，东北解放战争是东北解放战争时期的战争阶段。

作为一个历史时期，东北解放战争时期（1945 年 8 月 15 日至 1949 年 9 月 30 日）历时 4 年 1 个月，即从东北抗战胜利至新中国成立前夕。

从历史概念上说，东北解放战争时期是中国共产党通过东北党组织团结民主党派，领导东北人民为实现东北和平民主而同国民党进行政治、军事、经济和文化斗争，首先取得战争胜利，并支援全国解放战场，先于全国开始经济建设的历史时期。这一历史时期共分为争取和平民主、东北解放战争、经济建设和支援全国解放战争三个历史阶段。

第一阶段为争取和平民主阶段，时间是 1945 年 8 月至 1946 年 12 月。

第二阶段为东北解放战争阶段，时间是 1946 年 12 月至 1948 年 11 月。

第三阶段为经济建设和支援全国解放战争阶段，时间是 1948 年 11 月至 1949 年 9 月。

中国共产党代表最广大中国人民的根本利益，顺应世界和平民主的潮流，尽最大努力争取国内和平和民主的实现。抗战胜利前夕，中国共产党代表林伯渠在 1944 年 9 月 5 日至 18 日召开的第三届第三次国民参政会上提出了成立联合政府的主张，得到民主党派的响应和美国等反法西斯国家的认可。①

1945 年 4 月 23 日，在中国共产党第七次全国代表大会上，中共中央主席毛泽东作了《论联合政府》的政治报告，大会于 5 月 31 日形成决议案，通过了报告，"并认为必须将报告所提出的任务，在全党的实际工作中予以实现"②。

抗战胜利后，中国共产党要建立一个独立、自由、民主、统一、富强的新中国，这是中国的光明前途，得到全国人民和民主党派的拥护。国民党在美国的支持下，为维护一党专政和蒋介石的个人独裁，拒绝与中国共产党和民主党派建立联合政府，阴谋使用武力消灭共产党，变中国为美国的"殖民地"，这是一个黑暗的前途。

但是，国民党蒋介石集团有发动内战之心，却没有做好发动内战的准备，同时，又迫于国内外呼吁和平民主形势的政治压力，于是，蒋介石就玩起了"和平谈判"的假

---

① 金冲及：《联合与斗争——毛泽东、蒋介石与抗战中的国共关系》，生活·读书·新知三联书店，2018，第 190-191 页。
② 《中国共产党第七次全国代表大会对于政治报告的决议案》（1945 年 5 月 31 日通过），载中央档案馆编：《中共中央文件选集》第十三册（1945-1947），中共中央党校出版社，1987，第 52 页。

和平、假民主、真内战的把戏，三次电邀中共中央主席毛泽东赴重庆谈判。中国共产党对蒋介石和国民党的阴谋洞若观火，但是，为避免内战，争取和平民主的实现，中共中央主席毛泽东以民族大义和人民利益为重，冒着生命危险，于 1945 年 8 月 23 日，亲赴重庆同国民党当局进行谈判。经过 43 天的漫长过程，在中国共产党做出重大让步的情况下，国共双方签订《双十协定》。此后，双方在美国的调停下继续谈判，从 1946 年 1 月至 6 月，在半年的时间内，先后签订三个停战协定，其中后两个停战协定直接与东北有关。

1945 年 12 月，苏联、美国和英国在莫斯科召开三国外长会议，重申《雅尔塔协定》对中国东北主权的尊重，要把东北主权交给国民党政府，同时，强调和平对中国和东北的重要性。莫斯科会议之后，美国派五星上将马歇尔来华调停国共两党之间发生的武装冲突，"三国四方"（中国国民党、中国共产党、美国、苏联）围绕东北问题展开博弈。实现国内和平、成立民主政府成为这一阶段的时代主题。

中共七大确立了打败日本帝国主义之后，同国民党建立联合政府的方针。抗战胜利前后，中共中央做好了和平与战争的革命两手准备，来对付国民党假和平、真内战的反革命两手。争取和平民主是我党的主要目标。1946 年 1

月《停战协定》签订后，中共中央下发了《关于目前形势与任务的指示》，宣布："'从此中国即走上和平民主建设的新阶段''中国革命的主要斗争形式，目前已由武装斗争转变为非武装的群众的与议会的斗争，国内问题由政治方式来解决'。党的全部工作，必须适应这一新形势"①。同时指出："除开个别地方，国民党都依然可能向我们进行武装袭击，我们应严加警惕，武装斗争是一般停止了，为了保障国内和平，各地应利用目前时机大练兵三个月，一切准备好，不怕和平的万一被敌人破坏。"②

此时，争取和平民主成为国内党内的主基调，中共中央主席毛泽东甚至考虑把中央机关首都移到南京附近，方便与国民党进行政治斗争。1946 年 2 月 2 日，中共中央致电陈毅：必须巩固华中现有地区，因为中央机关将来可能迁至淮阴办公。③3 月 4 日，毛泽东在延安举办的欢迎军事三人小组成员马歇尔、张治中的晚会上，同张治中交谈。"张治中说，政府改组了，中共中央应该搬到南京去，您也应该住到南京去。毛泽东回答说，我们将来当然要到南京去，

① 中央档案馆编：《中共中央文件选集》第十三册（1945—1947），中共中央党校出版社，1987，第318-319页。
② 中共中央文献研究室编：《毛泽东年谱》（1893—1949）（修订本）下卷，中央文献出版社，2013，第56页。
③ 中共中央文献研究室编：《毛泽东年谱》（1893—1949）（修订本）下卷，中央文献出版社，2013，第56页。

不过听说南京热得很，我怕热，希望常住在淮阴，开会就
到南京。"① 在争取和平民主的过程中，国共双方军队发生了
不少军事冲突，甚至包括上党战役、邯郸战役、一战四平、
二战四平、长春争夺战那样大规模的战役，但是，每次大
的战役之后，国共双方都签订了停战协议，所以说，1945
年8月至1946年12月，是东北解放战争时期的第一阶段，
即争取和平民主阶段。

中共中央主席毛泽东指出："苏联的参战，决定了日本
的投降，中国的时局发展到了一个新的时期。新时期和抗
日战争时期之间有一个过渡阶段。过渡阶段的斗争，就是
反对蒋介石篡夺抗战胜利果实的斗争。蒋介石要发动全国
规模的内战，他的方针已经定了，我们对此要有准备。全
国性的内战不论哪一天爆发，我们都要准备好。早一点，
明天早上就打吧，我们也在准备着。这是第一条。现在的
国际国内形势，有可能把内战暂时限制在局部范围，内战
可能暂时是若干地方性的战争。这是第二条。第一条我们
准备着，第二条是早已如此。总而言之，我们要有准备。
有了准备，就能恰当地应付各种复杂的局面。"② 毛泽东所科

---

① 中共中央文献研究室编：《毛泽东年谱》（1893—1949）（修订本）下卷，
　中央文献出版社，2013，第59页。
② 毛泽东：《抗日战争胜利后的时局和我们的方针》（一九四五年八月十三
　日），载《毛泽东选集》第四卷，人民出版社，1991，第1134页。

学预见和准确分析的这个过渡阶段，就是解放战争和东北解放战争时期的第一阶段，即争取和平民主阶段。

争取和平民主阶段也是国民党蒋介石集团发动内战的准备阶段，同时也是中国共产党以国家、民族和人民利益为重，顺应时代潮流为实现和平民主而斗争的阶段。这一阶段以国共之间进行和平谈判为主要政治斗争而展开，同时伴随着军事冲突；中国共产党的政策是军事为政治服务，防止军事冲突演变为真正的内战准备；而国民党为了维持独裁统治，不惜发动内战，但因为没有做好内战准备，因而同中国共产党进行谈判，这是两党的本质区别。

在1946年1月的《停战协定》中，国民党把东北排除在外，不在停战之列。国民党开动宣传机器，说东北没有中共的军队，只有土匪，否定中国共产党领导、创建东北抗联，坚持抗战14年的历史功绩，罔顾东北抗联和八路军配合苏军消灭日本关东军，光复东北的事实。2月13日，中共中央发言人就东北问题阐明了中国共产党的态度。发言人说，苏军进入东北后，东北抗日联军、被俘后重获自由的八路军战士和华北游击队员及民兵，以及前往东北消灭敌伪的八路军、新四军一部已在东北发展了力量。发言人说："一支人数近三十万人的东北民主联军，分布于苏军所未驻防或已撤退的东满、南满、西满、北满各地，此外还有各地的保安队与警察协力肃清敌伪残余，维护社会秩序。敌伪消灭以后，各地人民又根据地方自治的原则，推选各方公正人士，成立了各县民主政权，负责地方行政。""为了实现东北的和平民主与团结建设，我们认为以下的原则是应该确定的：（一）现在国民政府接收东北的机构是国民党一党包办的，不合于东北与全国的民意，因此从行营政治委员会、经济委员会到各省政府，都应该改组，尽量吸收东北民主人士与国内各党派无党派人士参加，使一切民主分子享有公平有效的代表权。（二）对于东北现有抗日民主部队应予承认并整编，使与国民政府派去的军队共维地方治安，消灭伪军土匪，避免军事冲突。（三）对于东北各县民主自治政权应予承认。如认为他们的基础尚有不够广泛之处，亦应采取协商改组办法，或另行选举。不应不予承认，或坚持委派的不民主办法，而反对人民选举的民主办法。（四）现在中苏友好，国共停战，全国要求裁兵复员，东北治安又有地方部队协力维持，故国民政府为恢复主权而开入东北的军队，应限制在一定数量之内，以轻民负，以利和平。至于收编东北伪军及利用华北伪军（如姜鹏飞部新二十七军）去接收东北之权，则应予以禁止。"①

---

① 中共中央文献研究室编：《毛泽东年谱》（1893—1949）（修订本）下卷，中央文献出版社，2013，第58-59页。

2月21日，周恩来飞抵重庆，向马歇尔提出军事三人小组应去东北，停战令适用于东北，军队整编方案应包括东北。2月25日，毛泽东审阅胡乔木为《解放日报》起草的社论稿《重庆事件与东北问题》，加写一段话："国民党军事当局对于东北伪军尽量收编，甚至把伪军姜鹏飞部开入长春'接收主权'，为什么对于东北人民的爱国武装必加以消灭然后甘心呢？"

在中国共产党的正义要求和舆论攻势下，1946年3月27日，美国代表吉伦、共产党代表周恩来、国民党代表张治中签订《调处东北停战的协议》，即3月《停战协定》，承认了共产党在东北的存在。但是，国民党军根本不遵守停战协定，继续向北进犯，迫近本溪和四平。

美国在确定支持国民党的政策后，派五星上将马歇尔来中国"调处"国共冲突。结果只能使冲突加剧，然后宣布"调处"失败，支持国民党放手大打。这一过程持续到1946年6月，国民党军进攻中原解放区，发动全面内战为止。

历史阶段的划分，不是历史学家的主观臆断，而是历史过程的真实反映。国共两党在这一阶段还没有处于战争状态，所以，这一时期发生的战斗、战役，无论规模有多大，无论付出多大牺牲，都不是军事意义上的战争，而只能称为政治意义上的军事冲突，是我党以军事手段争取国内和平民主的实现，军事为政治服务，发生军事冲突的责任完全在国民党方面。

1946 年 5 月下旬，国民党军进犯至松花江边，在民主党派和美国的要求、调停下，6 月 6 日，国民党与我党签订《停战协定》，规定从 6 月 7 日正午起，东北停战 15 天，实际停战 4 个月。军事为政治服务，每次军事冲突之后，便有《停战协定》的签订，也证明这一阶段不是战争阶段，而是政治斗争阶段。因为国民党挑起军事冲突，中国共产党被迫采取军事措施反制国民党军对和平民主的破坏，目的不是以战争推翻国民党的统治，而是在承认国民党作为执政党的前提下，以军事手段促使国民党放弃内战图谋，建立联合政府，实现国内和平，实现民主政治，开展经济建设。

东北解放战争是东北解放战争时期的第二阶段。从历史概念上说，东北解放战争是中国共产党领导东北人民、指挥东北民主联军（东北人民自治军、东北人民解放军），为解放东北人民、建设民主东北、建立新中国而进行的反对美国支持国民党政府挑起反动内战的正义战争和人民战争，是全国解放战争的重要组成部分，东北解放战争的胜利为新中国的成立奠定了坚实的基础。

国民党发动的是逆历史潮流而动的反动内战，是非正义战争，不能称为解放战争。国民党称自己发动的内战为

"戡乱""剿匪"，这从反面说明，国民党发动的是反人民的内战。只有中国共产党领导人民运用人民战争的战略战术，粉碎非正义的反人民的战争，才能称为解放战争。

全国解放战争从1946年6月26日开始，从那时起，东北也进入解放战争阶段，但是，东北有自己的特殊情况。1946年10月，国民党开始进攻南满根据地，可直到12月14日，七道江会议的最后一天，南满我党我军主要干部才在坚持南满根据地，坚决打赢自卫反击战争上达成共识，东北民主联军第4纵队当晚挺进敌后，展开外线作战，发起了"一保临江"战役。直到这时，东北解放战争才正式开始。所以，具体来说，东北解放战争从1946年12月14日发起，至1948年11月2日结束，进行了整两年的时间，比全国解放战争早一年取得胜利。开始晚，胜利早，这是东北解放战争的一大特点和亮点。

东北解放战争时期的第三阶段是经济建设和支援全国解放战争阶段。东北是全国最先解放的大区，东北全境解放后，在和平环境中，东北承担起支援全国解放战争和经济建设的双重任务。全面贯彻党的七届二中全会精神，首先实现党的工作重心转移，由农村转向城市，由农业转向工业，由自由经济转向计划经济，同时开展民主建政工作，发展科、教、文、卫事业，为新中国的成立奠定了重要基础，加速了中国新民主主义革命的胜利进程。

二、东北解放战争概况

基于国共两党两军在东北力量的消长和战争形势的变化，从东北民主联军（后改称东北人民解放军）方面看待战争胜负的走向，东北解放战争划分为三个阶段。第一阶段为战略防御期，时间是 1946 年 12 月至 1947 年 4 月；第二阶段为战略反攻期，时间是 1947 年 5 月至 1948 年 3 月；第三阶段为战略决战期，时间是 1948 年 6 月至 1948 年 11 月。

在战略防御期，东北民主联军发起了"四保临江"、"三下江南"战役，正式打响了东北解放战争。战争的特点是战略防御中的进攻战，东北民主联军主动进攻，进退自如，运动歼敌，牢牢掌握着战争的主动权，粉碎了国民党军的战略进攻，使国民党由战略进攻转为战略防御。

在战略反攻期，东北解放战争由"夏季攻势""秋季攻势"和"冬季攻势"作战组成，简称三季攻势。"夏季攻势"作战（1947 年 5—7 月）早于刘邓大军千里跃进大别山，是全国解放战争中的一个战略反攻战役。战役的结果是国民党被迫换将，把黄埔一期出身的国民党东北保安司令长官杜聿明调离东北战场。在"夏季攻势"中，东北民主联军发起四平攻坚战（"三战四平"），虽未攻下四平，却给国民党军以重大杀伤，重挫敌人锐气，国民党内部矛盾更加严重。

秋季攻势作战（1947年9—11月）时东北民主联军总兵力增至73.84万人，国民党兵力经过增补后也只达到58万人。"秋季攻势"使东北民主联军在数量和质量方面首次超过国民党军。

冬季攻势作战（1947年12月至1948年3月）使东北民主联军占据绝对优势，国民党军被分割在长春、沈阳、锦州3座孤城，处于彻底失败的前夜，其被完全消灭只是时间和方式问题。"冬季攻势"还未结束，国民党被迫将黄埔军校教官出身的陈诚调离，换上卫立煌，但却同样扭转不了败局。1948年3月，东北人民解放军发起四平解放战役（"四战四平"），最终解放四平，"冬季攻势"圆满结束。

在战略决战期的关键战役即辽沈战役。由长春围困战、锦州战役、辽西大会战和沈阳解放战构成，人民军队全歼47万国民党军，打败了国民党军的卫立煌部队，取得了东北解放战争的完全胜利。据《东北三年解放战争军事资料》记载："1945年九十月份出关时，是10万大军2万干部。自己发展壮大132万余人，3年来，东北的人民以1445907人的子弟参加了人民解放军，全部实力的最高额1755907人。国民党军出关时，约30万人，在东北不断扩充，到辽沈决战时，有55万。在3年东北解放战争中，国民党军累计被歼 106 万余人，其中，被俘 64 万 9630 人。"

东北解放战争的胜利，使全国解放战争胜利的到来大为提前，加速了中国新民主主义革命胜利的进程。毛泽东同志在《中国军事形势的重大变化》中预言："这样，就使我们原来预计的战争进程，大为缩短。原来预计，从一九四六年七月起，大约需要五年左右时间，便可能从根本上打倒国民党反动政府。现在看来，只需从现时起，再有一年左右的时间，就可能将国民党反动政府从根本上打倒了。"① 历史已经证明了毛泽东预判的正确，同时也证明了东北解放战争对于全国解放战争的重大贡献。

三、吉林省的重要战略地位

吉林省在东北解放战争中的战略地位用一句话来概括和引领，就是吉林省是东北解放战争的发起地。为什么说了"概括"还要说"引领"？这是因为吉林省是东北解放战争的发起地，只是吉林省在东北解放战争的战略地位、重要贡献的一个方面，只是冰山一角。与此同时，吉林省还是东北解放战争的战略反攻地和重要战场，东北解放区的

---

① 毛泽东：《中国军事形势的重大变化》（1948 年 11 月 14 日），载《毛泽东军事文集》第五卷，军事科学出版社、中央文献出版社，1993，第219 页。

前沿根据地，这些都是吉林省战略地位的重要体现。

吉林省是东北解放战争的发起地。1946年10月，东北国民党军制订了"南攻北守，先南后北"的作战计划，妄图先消灭南满我党我军，解除我军对国民党军在东北首府沈阳的威胁后，再向北满进攻，占领全东北。当时，哈大线以东、松花江以南的广大地区，都属于南满地区，由辽东省委和辽东军区领导、管辖和守卫。国民党军疯狂进攻，我军被迫实行战略防御总方针。东北民主联军总部指示辽东军区避敌锋芒，实行战略撤退。至1946年12月下旬，南满根据地只剩下临江、靖宇、抚松、长白4个县，形势空前危急。

1946年10月31日，中共中央东北局决定成立南满分局和南满军区，任命陈云为南满分局书记兼军区政委，萧劲光为军区司令员兼南满分局副书记，提出坚持南满的战略方针；实行"南打北拉，北打南拉"战术，打一场防御战中的进攻战，粉碎国民党军的猖狂进攻。

12月14日，在南满分局和军区召开的"七道江会议"上，陈云果断"拍板"，确定坚持南满的战略方针。当天晚上，南满军区第4纵队第12师第34团挺进敌后，发起"一保临江"战役。1947年1月5日，东北民主联军北满主力部队实行"围点打援"战术，开始"一下江南"作战。南满、北满相互配合，到 1947 年 1 月 20 日，取得战役的胜利。紧接着，南满东北民主联军又进行了"二保临江""三保临江"战役，北满我军发起"二下江南"和"三下江南"战役，均取得胜利。1947 年 3 月 28 日至 4 月 3 日，经过柳河县红石、兰山等地的战斗，南满我军又取得"四保临江"战役的胜利。

中共南满分局和南满军区在吉林省建立，中国共产党第一代领导集体中的重要成员陈云任书记兼南满军区政委，中国人民解放军重要将领、中国人民解放军海军首任司令员萧劲光任军区司令员兼南满分局副书记，领导吉林军民发起东北解放战争，打赢了"四保临江"战役，打破了国民党军的战略进攻，扭转了东北解放战争的战局，增强了东北民主联军指战员的胜利信心，为日后的战略反攻和战略决战的胜利奠定了重要基础。这一切都发生在吉林省，同时也奠定了吉林省在东北解放战争中的战略地位。

吉林省不但是东北解放战争的发起地，同时还是东北解放战争的战略反攻地和重要战场。东北解放战争时期许多重要战役都发生在吉林省。从东南部的长白山区到中部的平原地带，从中东部的丘陵地区到西部草原边缘，从北部的松花江边到南部的辽河畔，从城市到农村，东北解放战争的战场遍布吉林大地。

在东北解放战争时期的第一阶段，即争取和平民主阶段，国共之间发生了一系列的军事冲突，这些军事冲突规模都很大，有的是战役级别的，如"二战四平"（四平保卫战）、第一次解放长春战役（长春争夺战）；有的虽然规模不大，却异常重要，足以影响历史进程，如"一战四平""拉新之战"。

东北解放战争开始后，所有的大战役都在吉林省境内打响，如"四保临江"、"三下江南"战役，"夏季攻势""秋季攻势""冬季攻势"，辽沈战役中的长春围困战役，都具有举足轻重的地位，这些战役的胜利，为辽沈决战的胜利铺平了道路。

就城市战场来说，吉林省的四平市无疑是东北解放战争时期城市攻防战的典型战场。四平当年称四平街，被国共双方视为中等战略城市，国共双方军队在此进行四次军事较量，横跨东北解放战争时期的两个历史阶段，即第一阶段，争取和平民主阶段；第二阶段，东北解放战争阶段。历时两整年时间，从 1946 年 3 月至 1948 年 3 月，累计作战时间长达 63 天。

"四战四平"战役从战役规模到影响，方方面面都达到了东北解放战争之最。四次鏖战，国共双方累计投入兵力高达 94 万余人次。

就影响来说，"二战四平"震惊中外，引起国际社会高度关注，成为当年重大的国际事件。就双方人员伤亡数量看，东北民主联军共歼灭国民党军6.8万余人，但东北民主联军和东北人民解放军也付出了5万余人的伤亡代价，可以说四平每一寸土地都被英雄的鲜血浸染过。

从战略战术方面看，人民军队首次同美式装备的国民党正规军进行城市阵地战、城市攻坚战，战场的惨烈程度超过东北解放战争中的其他任何一次战役，在全国战场也是少有的。同时，"二战四平""三战四平"的经验教训，也使得东北民主联军战略战术更加成熟。

通过总结"二战四平""三战四平"的经验教训，1948年3月，在"冬季攻势"的最后阶段，东北人民解放军打响了"四战四平"战役，仅用了13个小时就一举攻占四平，为"冬季攻势"画上圆满的句号。

发生在吉林省的"夏季攻势"是东北解放战争战略反攻的开始。1947年5月5日，中共中央东北局和东北民主联军总部作出《〈关于东北目前形势与任务〉的决议》，即"五五决议"。决议提出东北全党的总任务是："积极组织力量，全力准备大反攻，大量歼灭敌人，大量收复失地，巩固和扩大解放区。"按照这一决议，东北民主联军总部发起"夏季攻势"。

1947年5月11日，东北民主联军第6纵队首先在东线进攻吉林市外围敌人据点，"夏季攻势"第一阶段战斗正式打响。13 日，辽吉纵队（第 7 纵队）在西线进攻辽源（今双辽市）双山；第 2 纵队直出中长铁路，包围怀德县城；第 3、4 纵队相继攻取通化、梅河口、东丰、西安（今辽源市）、安东（今丹东）、本溪。6 月 14 日，"夏季攻势"转入第二阶段，东北民主联军进行四平攻坚战（"三战四平"），战至 30 日，虽然没有攻下四平，但给国民党军以重创，极大地打击了国民党军的士气。"夏季攻势"历时 50 天，歼敌 8.3 万余人，收复城镇 42 座（其中，吉林省境内 15 座），解放国统区面积达 16 万平方公里，解放人民 633.6 万，东满与南满解放区连成一片。"夏季攻势"是东北民主联军战略反攻的开始，时间早于全国战场，是东北解放战争的转折点，吉林省则成为东北解放战争的战略转折地。

1947 年 9 月 14 日，东北民主联军发起"秋季攻势"。战役首先在南线热河境内打响。10 月战线北移，长春地区的双阳、永吉、九台、德惠、农安等县城先后解放。"秋季攻势"历时 50 天，歼敌 69800 余人，在吉林省境内收复城镇 5 座，吉林省的国统区只剩下吉林、长春、四平 3 座孤城。敌我力量对比发生根本转变。

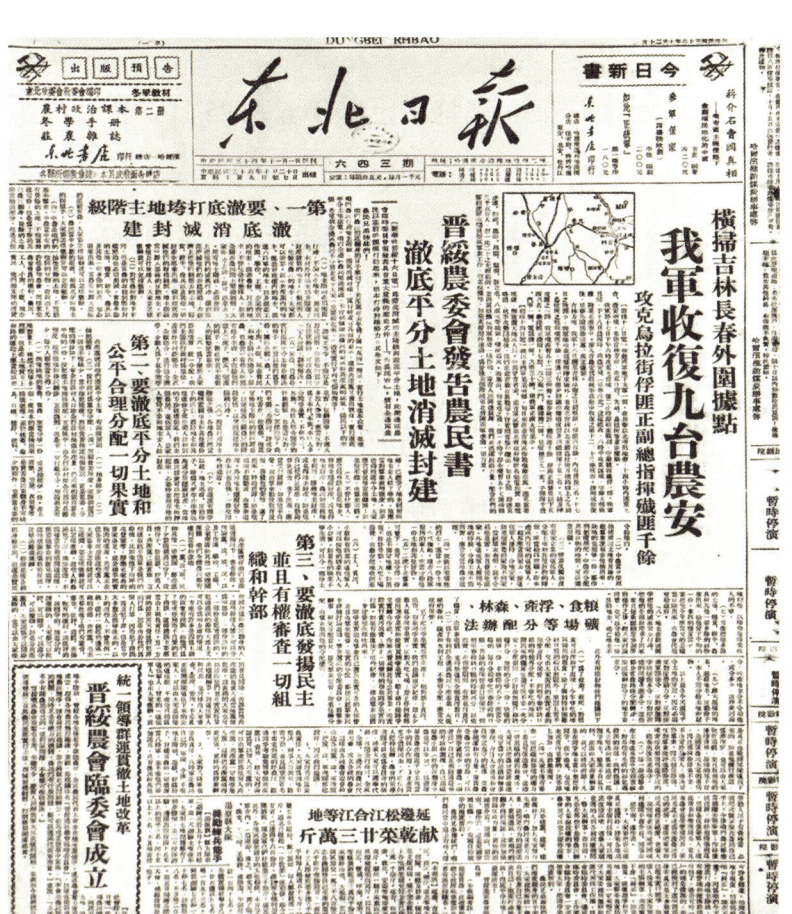

《东北日报》发表《我军收复九台农安》的新闻报道

　　1947 年 12 月 15 日，"东总"发起"冬季攻势"。1948 年 3 月，吉林市守敌国民党第 60 军逃往长春，吉林市解放。经过第二次四平攻坚战（"四战四平"），四平解放，"冬季攻势"圆满结束。

经过反复论证和试打，1948 年 6 月 25 日，长春围困战打响。长春围困战是辽沈战役的重要组成部分，从这个意义上说，辽沈战役在吉林省首先发起。锦州被我军攻克后，长春守敌发生动摇。10 月 17 日，国民党第 60 军起义。10 月 19 日，国民党新 7 军投诚，吉林全省解放。

胜利和解放是无数先烈用生命换来的。以东北民主联军第 4 纵队 10 师师长杜光华、辽吉纵队（7 纵）独立 1 师师长马仁兴为代表的革命烈士，在吉林大地树立起一座座不朽的丰碑。

吉林省是东北解放区的前沿根据地。东北解放战争是中国共产党领导的人民战争。人民战争的重要基础是农村根据地的建立和巩固。建立巩固的农村根据地，发动、组织、动员农民群众参加战争，把东北解放战争变成农民群众自己的战争，是东北解放战争取得胜利的关键。与其他省份不同的是，东北解放战争时期，中国共产党在吉林省所建根据地的最大特点是前沿根据地。何为前沿根据地？就是接近前线的根据地，也称前方根据地，与后方根据地相对应；前沿根据地意味着吉林省是接敌区、战场的拉锯区、边沿区和敌后战场。

因为是前沿根据地，所以，吉林人民支援战争的任务异常繁重、异常危险，作出了更大的牺牲。由于受到国民党暴政更多的迫害，翻身的吉林人民跟着共产党革命到底的信念和信心更加坚定，同时也培育了吉林人民忠诚担当、乐于奉献的可贵品格。

根据地形成的重要标志是党政军群等各级组织全部建立起来并日益巩固。1945 年 11 月，吉林省中共党政军机关从长春、吉林、四平等大中城市撤出后，到吉林省的东部、西部和东南部中小城市和广大农村建立根据地。1945 年 12 月底，中共吉林省政府在永吉县岔路河成立，原东北抗联教导旅旅长周保中当选为省政府主席。

12 月初，中共西满分局和西满军区在吉林省郑家屯建立，吉林省境内的辽西、前吉江、后吉江、辽吉都归其领导。西满分局书记为李富春、副书记为黄克诚，军区司令员为吕正操（后为黄克诚）。

1946 年 1 月 21—23 日，中共中央东北局组织部部长林枫主持召开海龙会议，成立吉辽省委（东满分局）、吉辽军区，下辖吉林、吉东、辽北、通化 4 个分省委，书记为林枫，副书记为张启龙，军区司令员为周保中。政权机构沿用原吉林省政府机构，主席为周保中。

吉林省的通化地区位于长白山腹地，地势险要，物产丰富，适宜作为军事上的战略后方。在通化地委刚刚升格为分省委后，东北局又于1946年2月成立通化省委，并成立东北军区通化保安司令部，司令员由何长工担任。东北军区所属兵工厂、兵站、航校、军政大学、卫校、炮校等全部设在通化，大批作战物资都集中在通化。

在吉林省西部，1946年1月，东北局把从四平撤出的辽北省委、军区、政府，改建为吉江省委、军区和行署，驻地洮南，史称前吉江省委。2月，中共辽西省委到达郑家屯，吉林省的双辽、长岭、梨树、怀德（今公主岭）等县归其管辖。3月，为了攻占齐齐哈尔，吉江省委又改为嫩南区委。同时，由新四军3师师部、8旅旅部机关在郭前旗（今吉林省松原市前郭尔罗斯蒙古族自治县）建立新的吉江省委，史称后吉江省委。在全面内战爆发之前，东北局在吉林省共建立3个分局，30多个省级党政军机构。

1946年6月，全国解放战争爆发以后，国共两党处于战争状态，吉林省境内正式形成东满、辽吉、南满三大根据地，因其处于战争的前沿，所以发挥着不同于后方根据地的特殊作用。

1946年6月6日，东北局决定把辽西省委、军区和行署改为辽吉省委、军区和行署（1947年2月，改为辽北省政府），书记为陶铸，司令员为邓华，主任为朱其文，省政府主席为阎宝航。驻地先在洮南，后移驻白城子。辽吉省委下设5个地委，其中二地委、三地委、四地委都在吉林省，即现在的白城和松原地区；一地委、五地委则在辽宁省境内。7月，东北局把吉辽省委、军区降格为吉林省委、军区，书记为陈正人，司令员、省政府主席为周保中。吉林省委下设吉东、吉敦、吉北、吉南4个地委，辖区在吉林省东部，即现在的吉林、延边地区。

1946年10月，国民党军大举进攻南满地区（现辽东半岛和通化、白山地区），东北局决定在临江成立南满分局、军区，书记为陈云，司令员为萧劲光。12月，东北局决定把辽宁省分委升格为辽宁省委。辽宁省委下设4个地委，其中一地委、二地委、四地委都在吉林省境内，辖区包括现在的白山、通化和辽源地区，书记为白坚，省政府主席兼军区司令为张学思。

吉林省三大根据地同北满根据地相比最突出的特征就是，吉林根据地地处东北解放战争的最前沿。除直接配合、参加主力部队作战外，三省委、军区所属地方部队在西流松花江沿岸、吉长线、沈吉线、四（平）梅（河口）线开展边沿区武装斗争，对国民党军起到巨大的牵制作用。另外，辽宁省委所属二地委、二军分区及其所属部队在书记李砥平的率领下，从临江返回敌后，战斗在四（平）梅（河口）线南北地区。吉林省所属磐石县委、县政府，在我军战略转移后，撤至辉发江南杏树顶子屯，在不足100平方公里、人口不到1万人的30多个村屯中建立江南敌后根据地，开展游击战争，直到1947年6月磐石县城解放。

按照就近支援前线的原则，处于前沿的吉林人民，在各级党组织的领导下，开展了轰轰烈烈的支前运动、参军运动。在吉林大地战斗的东北民主联军各支主力部队，背后都有吉林人民支前的身影，都有吉林翻身农民随时补充主力部队的感人故事。1纵、2纵、3纵、4纵、6纵、7纵、10纵、12纵等部队，都在吉林省组建或战斗过。吉林共有40多万名进步青年参军。

吉林省在东北解放战争时期的战略地位是全方位的，在争取和平民主阶段，吉林省成为"三国四方"政治斗争、军事斗争的焦点；在东北解放战争阶段，吉林省还是东北反蒋第二条、第三条战线的重要战场，滇军反蒋主要起义地。在城市接收与管理方面，吉林省最先开始接管国统区的大中城市，如吉林市、四平市，为中国共产党管理城市积累了经验，也总结了教训，为日后的城市接管工作规避了弯路。

　　所有这些奠定了吉林省在东北解放战争时期的战略地位。吉林省是当之无愧的"东北解放战争的发起地"。

第一章

吉林省是中国共产党争取东北和平民主斗争的中心

　　吉林省是东北解放战争时期中国共产党争取和平民主斗争的中心，是指在争取和平民主斗争阶段，长春、四平、梅河口、公主岭等主要城市和次要城市及其周围广大农村，成为政治权力的中心、"三国四方"政治斗争的舞台、军事斗争的焦点和重要会议的地点，中外瞩目、影响巨大；由于是中心舞台，早在东北解放战争正式开始之前，吉林省的重要地位就已经凸显出来。

　　抗日战争胜利后，驻扎东北的苏联红军曾把总司令部设在长春的原日本关东军司令部，长春市成为苏军对东北实行军事管制的权力中心。1945 年 9 月 8 日，中共东北委员会和东北抗日联军教导旅接收长春，把长春作为收复东北的总战略点，办公地点设在原伪满协和会总会，指挥另外 56 个战略点的东北抗联教导旅指战员代表中国共产党接收东北大部分地区。长春成为中共东北委员会和东北抗联总部所在地。10 月 12 日，国民党把"接收"东北的最高政治机构——国民政府军事委员会委员长东北行营，设在长春原伪满炭矿株式会社（今吉林大学附属中学教学楼），吉林省又成为国民党东北最高权力机构所在地。

　　1945 年 9 月至 1946 年 6 月，苏联、美国和中国国共两党，即"三国四方"，在长春展开争夺东北的政治、军事斗争。1946 年 3 月 25 日，中共中央曾计划"以长春为我们的首都"。

1946 年 1 月，中共中央东北局宣传部、组织部和东北日报社等机关进驻海龙（今梅河口市海龙镇）；3 月，东北局从抚顺迁驻梅河口。

东北局在梅河口制订计划，指挥东北大会战，梅河口成为中国共产党接收东北的最高权力机构所在地。1946 年 4 月 23 日，中共中央东北局迁到长春[①]，在长春指挥四平保卫战和东北大会战。1946 年 5 月 19 日，中共中央东北局和东北民主联军总部在公主岭范家屯召开会议，决定不进行长春保卫战，主力部队撤到松花江以北、以东地区，让出长春、吉林等大城市。公主岭又成为中共中央东北局和东北民主联军总部召开重要会议、作出重要决策的所在地。东北民主联军为捍卫和平民主先后进行了"一战四平""二战四平"和"长春争夺战"，尤其是"二战四平"，举世瞩目，吉林省因这些战役成为军事斗争的中心。

一、抗战胜利后的世界形势与东北的政治格局

（一）《雅尔塔协定》与苏军对日作战

1944 年 6 月 6 日，同盟国美、英、法联军发起"诺曼底登陆战"；22 日，苏联红军与之配合，发起"巴格拉季昂"

---

①《彭真传》编写组编：《彭真年谱》第一卷，中央文献出版社，2012，第 436 页。

行动，向纳粹德国发起全面反攻。至 1945 年 2 月，苏联和美、英、法三国部队已推进到德国境内，苏联朱可夫元帅率领的白俄罗斯第 1 方面军距德国首都柏林仅仅 50 公里。[①]纳粹德国被打败和最后灭亡只是时间问题。在这种形势下，如何处理战后的德国、如何战胜日本法西斯等问题，提上了日程。

"雅尔塔会议"上的斯大林、罗斯福、丘吉尔

---

① 理查德·奥弗里主编：《牛津二战史》，戴帼君、孙文竹译，康杰译校，新华出版社，2018，第 216 页。

1945 年 2 月 6—8 日，苏、美、英三国首脑斯大林、罗斯福、丘吉尔在苏联克里米亚半岛的雅尔塔召开会议，最终形成《雅尔塔协定》。协定在对日作战方面，主要是牺牲中国利益，换得苏联同意在战胜纳粹德国后对日本开战的承诺，主要内容如下。

1. 在德国投降的两三个月内，苏联即应和日本作战。

2. 苏联参加对日作战的三项条件是：一是维持外蒙古的现状；二是恢复日本于 1904 年日俄战争所夺取的俄国的各项权益，即库页岛（今萨哈林岛）南部和邻近一切岛屿交还给苏联，大连商港国际化，并保证苏联在该港的优惠利益，苏联租用旅顺港为海军基地，中东铁路和南满铁路由苏中合办公司共同经营，并保证苏联的优越权益，中国保持在满洲（中国东北）的全部主权；三是千岛群岛交还苏联。

苏联参加对日作战是对世界反法西斯战争的贡献，对中国抗战的支援。但是，由苏、美、英三国首脑背着中国政府和中国人民作出的《雅尔塔协定》有关中国问题的条款，严重损害了中国的主权和利益，严重侵犯了作为世界反法西斯同盟国家的主要成员、第二次世界大战东方主战场的中国的利益。

中国作为反法西斯战争的东方主战场，与美、英等同盟国并肩作战，牺牲巨大，但是《雅尔塔协定》却严重损害了中国的领土主权。协定经美、苏、英三国首脑签字后，美国总统罗斯福、英国首相丘吉尔宣布："在日本被击败之后，苏联的要求应该无条件地加以履行。"斯大林为了保密，坚持要求等到苏联准备进攻的时候，才可以把这些条款的内容告诉中国，并要求罗斯福在中国提出抗议时设法加以安抚。另一种记载则是："假使中国拒绝同意苏联的要求，则美英两国应联合地压迫它接受。"[1]

苏联想要向日本复仇，拿回在日俄战争中失去的利益。而美国估计战胜日本可能还要付出100万美国士兵生命的代价，为了避免这一对其不利结果的出现，极力要求苏联对日作战。英国担心被美国、苏联排除至亚洲事务之外，同时又不想放弃香港，于是和美国站在一起。各方利益冲突之下，受损害的只是中国。

1944年9月，苏联红军开始东调，加强远东的军事力量，做对日作战的准备。纳粹德国投降后，苏军开始大规模军事调动，把西线苏军的第5集团军、第39集团军、第53集团军和近卫坦克第6集团军全部调往远东。

7月30日，苏军统帅部正式宣布华西列夫斯基为远东

---

[1] 切斯特·威尔莫特：《第二次世界大战：欧洲争夺战》下，钮先钟译，新华出版社，2021，第883页。

军总司令，下辖后贝加尔方面军、第 1 远东方面军、第 2 远东方面军和两支海军舰队。作战部署是外贝加尔方面军沿呼伦贝尔地区的中苏边境展开，第 1 方面军沿东部边境地区展开，第 2 方面军沿黑龙江、乌苏里江展开。3 支主力军形成从西、北、东及东南方面对日本关东军的包围，空军及海军舰队予以配合。

1945 年 8 月 8 日 23 时，苏联外长莫洛托夫召见日本驻苏大使佐藤尚武，宣布苏联从 8 月 9 日起，与日本处于战争状态。仅仅过了一小时，即 8 月 9 日 0 时 10 分，157 万多苏军从东、西、北 3 个方向，向日本关东军盘踞的中国东北发动进攻，不可一世的日本关东军很快土崩瓦解。

苏联的参战，加速了日本的投降。8 月 15 日中午，日本天皇通过广播正式向全世界宣布投降。1945 年 8 月 14 日半夜，日本关东军总司令官山田乙三等返回长春，15 日中午，收听天皇的投降广播。16 日午夜，山田乙三在长春作出投降决定。

8 月 19 日中午，苏军外贝加尔方面军司令员马利诺夫斯基派司令部作战处处长阿尔捷缅科上校率 500 名苏军指战员，在 9 架歼击机的掩护下，乘 C-47 运输机降落在长春大房身机场，然后乘自备汽车，直奔日本关东军司令部，敦促山田乙三立即投降。与此同时，苏军重型轰炸机飞临长春上空，还想拖延、讲条件的山田乙三见大势已去，只好答应投降。

8月19日，日本关东军总参谋长秦彦三郎在哈尔滨向华西列夫斯基正式发表了停战和投降的决定。是日傍晚，戈尔罗夫少将率领苏军先遣队约200人飞抵长春，设立卫戍司令部，发布布告，宣布从即日起负责长春的社会治安。8月20日，科瓦廖夫大将率领苏军机械化部队进驻长春，21日，解除了在长春的日军武装。

8月21日上午，日本关东军总司令官山田乙三在长春向苏军交出战刀，正式投降。日本关东军近60万人全部成为苏军俘虏。苏联对日作战基本结束，苏军取得战役的完全胜利。

22日，苏军接收日本关东军司令部。8月24日，后贝加尔方面军司令员马利诺夫斯基元帅和参谋长扎哈罗夫大将飞抵长春。8月31日，后贝加尔方面军司令部移驻长春。

苏军占领长春前后，吉林省各主要城市都已光复。8月13日，苏军进驻白城子，18日进驻延吉，20日进驻四平，22日进驻通化。与此同时，隐蔽在长春、通化等地的中共地下党组织和地下党员，纷纷组织武装队伍配合苏军解放东北。至8月末，关东军和驻东北的其他日军被全部解除武装。

但是，关东军司令部决定停战以后，许多地方的日军并未立即放下武器，仍然继续顽抗。8 月 19 日，苏军在吉林受降时，一些日军军官和士兵进行抵抗，然而这种抵抗已是强弩之末和垂死挣扎，全部被苏军粉碎。

9 月 3 日，苏军远东军总司令华西列夫斯基元帅进驻长春，把总司令部设在原日本关东军司令部。苏军以长春市为中心，对全东北（包括热河和内蒙古东部）实行军事占领和管制。9 月 29 日，华西列夫斯基奉调返回莫斯科，其职务由马利诺夫斯基元帅接替。

按照苏、美、英三国首脑的秘密约定，《雅尔塔协定》的内容直到苏联对日开战前 1 个月左右的时间，才由美国方面通知中国国民党政府。蒋介石派行政院院长兼外交部部长宋子文前往莫斯科同苏联政府谈判。经过 10 余轮的谈判，为使苏联把东北主权交给国民党政府并在将来的内战中保持中立，国民党接受了《雅尔塔协定》关于有损中国权益的条款。双方于 8 月 14 日签订《中苏友好同盟条约》，苏联向国民党承诺对日作战胜利 3 个月后，苏军从东北（大连、旅顺港除外）撤退回国，把东北主权交给国民党政府。

这意味着苏联和苏军至少在表面上不许国民党外的其他党派和军队进入东北。国民党否定了中国共产党领导东北 14 年抗战的历史功绩，做了不允许中国共产党进入东北的政治准备，同时也做了同中国共产党打内战的军事准备。

（二）战后世界和中国的政治形势

1945 年 9 月 2 日，在日本东京湾美国"密苏里"号巡洋舰上，美国、中国、英国、澳大利亚等同盟国参加日本正式投降的签字仪式，日本外相重光葵和日军参谋总长梅津美治郎代表日本在投降书上签字。至此，中国人民抗日战争暨世界反法西斯战争胜利结束。第二天，消息传到国内，9 月 3 日被确定为中国抗日战争胜利纪念日。

日本代表签字投降

第二次世界大战后，世界政治格局发生了根本改变。一方面，德、意、日三个法西斯国家被彻底打败，英、法两个老牌帝国主义也受到削弱，美国综合实力大增，成为资本主义国家的霸主。另一方面，在反法西斯战争中，各国人民革命力量有了很大发展，和平、民主和民族解放成为世界潮流，形成了以苏联为首的社会主义阵营。

战后的中国，随着日本的投降，国内政治形势和阶级关系发生了急剧的重大变化。以蒋介石为首的国民党统治集团同以中国共产党为代表的广大人民的矛盾，上升为中国社会的主要矛盾，决定着中国的前途和命运。

战后中国共产党已经拥有 120 万名党员、120 万的人民军队和 260 万的民兵，拥有面积达 100 万平方公里、人口近 1 亿的解放区，革命力量已经有了相当大的发展。

国民党总体实力虽然仍居优势，但其军队主力远在西南的大后方，抢夺胜利果实鞭长莫及。于是，蒋介石一面依靠美国支持推进受降，抢占战略要点，一面打出"和平建国"的幌子，邀毛泽东到重庆谈判，以拖延时间，准备发动内战，但要立即发动战争，国民党在经济和军事上还有许多困难。国内和平民主潮流强劲，反对内战和独裁的民主运动方兴未艾；国际上美苏等国出于各自不同利益的考虑，明确表示不支持国民党打内战。

美国为了建立世界霸权，向全球扩张，对华推行"援蒋反共"政策。一方面在政治、经济、军事上援助国民党政府，支持国民党受降；另一方面又采取"调处"政策，目的是用"和平"手段促成建立蒋介石领导的联合政府，取消边区政府，达到不战而控制全中国的目的。

苏联对华政策的基本点是：不希望中国发生内战，要求与中国友好和睦相处；承认国民党政府，支持国民党蒋介石集团统一中国；苏联领导人不相信中国共产党有力量实现统一中国，要求中国共产党向国民党妥协。

因此，战后东北的形势更加复杂纷乱。这里不仅是国共两党的必争之地，也是美苏两国竞争之地。因而战后东北问题，实质上是美、苏、中（国共两党）"三国四方"较量和斗争的国际问题。

苏联出兵东北，迅速击溃了日本关东军，苏军控制着整个东北并实行军事管制。然而，美国不甘心这种局面持续下去，担心苏联支持中国共产党，曾几次向苏联发起外交攻势，寻找借口企图插手和控制东北。同时，美国也感到蒋介石政权的脆弱，担心中国共产党会强大起来，竟然建议蒋介石利用日军阻止中国共产党领导下的人民军队。"假如我们让日本人立即放下他们的武器，并且向海边走去，那么整个中国就将会被共产党拿过去。因此，我们就必须采取异乎寻常的步骤，利用敌人来做守备队……这种利用日本军队的办法是国防部和国务院的联合决定而经我批准的。"[1]杜鲁门还建议国务院，"敦促投降条件应规定：不准把日本人的武器交给中国共产党武装部队"[2]。美国政府极力援助国民党政府的做法引起了苏联政府和苏军的注意。苏联领导人斯大林在与美国政府妥协的同时，对美国势力在中国东北地区的渗透保持着警惕。因此，苏军对中共挺进东北的部队给予了非公开的支持，默许中国共产党领导的军队进入东北和控制一些中小城市，并提供部分缴获的日军武器。

但是，"二战"刚刚结束，和平民主民生成为世界潮流，国民党还没有做好战争准备，只好放出"和平烟幕"。蒋介石在美国的支持下，三次电邀毛泽东同志赴重庆谈判。中共中央对国民党的内战阴谋洞若观火，为了争取和平民主的实现，决定牺牲自身利益换得国内和平、民主政治的实现；同时，采取针锋相对、寸土必争的方针，以革命的两手对付反革命的两手。

---

[1] 哈里·杜鲁门：《杜鲁门回忆录》第二卷，李石译，生活·读书·新知三联出版社，1974，第72页。
[2] 哈里·杜鲁门：《杜鲁门回忆录》第二卷，李石译，生活·读书·新知三联出版社，1974，第374页。

（三）国民党阴谋抢占东北

抗战胜利后，东北的战略地位十分重要，背靠苏联，东邻朝鲜，西南与冀热辽解放区相连，南部的辽东半岛与山东半岛的胶东解放区隔海相望，而且东北地域辽阔、资源丰富、工业发达、交通便利，是当时中国唯一的现代化工业区。钢铁、煤炭、电力、水泥等产量占当时中国总产量的一半左右，据 1943 年统计，煤的生产量占全国总产量的 49.5%，生铁产量占 87.5%，钢材产量占 93%，水泥产量占 66%，安全发电能力占 72%，分布在东北的铁路有1.4 万公里，占全国铁路总长的二分之一以上，铁路密度居全国第一位，铁路、公路和水路网络完整畅通。东北还有全国最大的水力发电站丰满水电站。从农林方面看，东北土地肥沃，农产品丰富，其中大豆产量占当时世界产量的60%，粮谷年产近 2000 万吨，是当时全国余粮最多的地区。东北的森林总面积为 2615 万公顷，占全国森林总面积的四分之一左右，素有"林海"之称。① 东北是重要的战略基地。

国民党蒋介石集团投靠美国，阴谋以武力消灭中国共产党、人民军队和解放区，实行国民党"一党专政"和蒋介石的"个人独裁"；其深知东北的重要性，认为"国民党的

----

① 常城、李鸿文、朱建华：《现代东北史》，黑龙江教育出版社，1986，第396 页。

命运在东北,盖东北之矿产、铁路和物产均甲冠天下"① "东北系党国命运之所系。没有东北,就没有华北,没有华北,就没有中国"②。

国民党向东北运兵

国民党蒋介石集团把东北看作反共反苏基地,拼尽全力争夺。第二次世界大战后,蒋介石表示他最大的目标和最迫切的工作就是"收复"东北三省。国民党的战略企图是

---

① 朱建华:《东北解放战争史》,黑龙江人民出版社,1987,第13页。
② 陈孝威:《为什么失去大陆》,台湾文海出版社有限公司,1964年印行,第284页。

分割、压缩各解放区，从而打开进入东北的通道，然后依据中苏条约，以"接收"主权的名义，出兵占领全东北。然而，国民党军队难以越过八路军、新四军在华北、华东的防线，没有足够的兵力直接进入东北，只能指望美国以军舰、飞机向东北运兵。

国民党向东北运兵

为统治东北，国民党内部经过多方争夺、倾轧，终于公布了行政"接收"机构和官员名单。1945年8月31日，蒋介石宣布设立国民政府军事委员会委员长东北行营，任命熊式辉为东北行营主任兼东北政治委员会主任；之后，又相继宣布蒋介石的儿子蒋经国为外交部驻东北特派员，

潘公弼为宣传部驻东北特派员，并明令划东北三省为9省
2市，即辽宁、辽北、安东、吉林、松江、合江、黑龙江、
嫩江和兴安9个省，哈尔滨、大连两个直辖市。9月5日，
公布了各省主席和直辖市市长名单。辽宁省主席徐箴、辽
北省主席刘翰东、安东省主席高惜冰、吉林省主席郑道儒（未
到任，后改为梁华盛）、松江省主席关玉吉、合江省主席吴
翰涛、黑龙江省主席韩俊杰、嫩江省主席彭济群、兴安省
主席吴焕章，哈尔滨市市长杨绰庵、大连市市长沈怡。

国民党向东北运兵

"东北人事分赃，经过蒋介石内部各派系间一个多月的争夺斗争，在政治方面初步拟定发表，而在军事方面则仍举棋未定。"①直到 10 月 18 日才宣布东北保安司令长官部成立，任命杜聿明为司令长官，郑洞国、梁华盛、马占山（未到任）为副司令长官，赵家骧为参谋长，准备武力"接收"、进犯东北。

国民党军政大员到达东北前，蒋介石采取多种卑劣手段，为国民党"接收"东北鸣锣开道。一是利用"地方维持会"。伪满洲国刚垮台，伪满大臣吕荣寰、张景惠等先后宣布成立"东北维持会""地方维持会"，并通过广播鼓动各地方前伪政府就地维持地方秩序，以维持社会治安为名，等待国民党"接收"。如伪通化省省长杨乃时、伪四平市市长关薄涛先后摇身一变，分别当上了通化和四平地区的"地方维持会"会长。二是饬令国民党地下组织公开活动。在长春，以罗大愚为首的国民党东北党务专员办事处，以王宏文为首的长春市党务专员办事处，以石坚为首的国民党吉林省党部系统，先后挂出牌子。在他们的串通和鼓动下，吉林、延吉、白城以及四平、通化等地和各市、县也都先后挂出国民党党部的牌子，公开活动，出版刊物，宣传国民党为"正统"，污蔑和攻击共产党。他们还勾结伪满残余势力，控制

---

① 杜聿明：《国民党破坏和平进攻东北始末》，载《辽沈战役亲历记（原国民党将领的回忆）》，文史资料出版社，1985，第 517 页。

警宪，等待"中央"（指国民党中央军）的到来。三是收编各种反动武装。为了投靠国民党，一些伪军警人员，乃至一些地主武装，挂着各种招牌，大搞所谓"建军"活动。一时间，"中央挺进军""东北先遣军""东北光复军"以及"东北宣抚师""长白军"等各种反动武装蜂起，其名目达 37 种之多，委任各种各样的所谓总司令、总指挥、军长、师长等近 200 名。他们招兵买马、夺取武器、扩充实力，制造反动舆论和恐怖事件，以待国民党正规军到来时邀功请赏。蒋伪合流给光复后的东北带来极大的危害，扰乱人心，破坏社会秩序，并给中国共产党在东北建立根据地设置了很多障碍。

九一八事变后，国民党和东北地方当局实行不抵抗政策，把东北拱手让给日本。而中国共产党则坚决领导、坚持东北的抗日战争，领导抗日军民苦斗 14 年，为此付出了巨大牺牲，最终配合苏军光复东北，取得东北抗日战争的胜利。但是，由于日伪当局的长期封锁、"匪化"宣传和光复后国民党的歪曲报道，东北和关内的部分群众对我们党缺少正确的认识，对国民党抱有"正统"观念，对我们党持观望、怀疑和不支持的态度。国民党政府不顾光复后东北人民渴望和平、休养生息的正当要求，反而抹杀中国共产党领导东北抗战的历史功绩，不承认中国共产党的历史地位，依靠美国的支持，奉行内战政策，企图以武力霸占全东北。国民党的内战政策自然会遭到中国共产党和东北人民的抵制和反抗。

二、中共中央争取东北的战略决策与成功实施

（一）东北抗联、八路军赢得东北抗战胜利

东北抗日战争既是世界反法西斯战争的重要组成部分，也是中国人民抗日战争的重要组成部分。这涉及中国共产党及其领导的人民军队——东北抗日联军和八路军赢得东北抗战胜利的认知问题。

日本关东军是向苏军投降的，但是，还有历史细节不应该被忽略和无视——中国共产党领导的东北抗联对苏联的进攻起到了战术配合作用，八路军冀热辽军区部队配合苏军解放了山海关，被日军强迫到东北各地矿山做劳工的八路军指战员组织起义，打击了日伪残余势力。这三股力量成为中国共产党赢得东北抗日战争胜利的代表，标志着中国共产党赢得了东北抗战的最后胜利。

中国共产党领导的东北抗日联军的最前身，是东北各地党组织创建的各支反日游击队，这些队伍从1931年九一八事变后就坚持抗日战争。以杨靖宇、赵尚志、魏拯民、王德泰、赵一曼为代表的东北抗联将士，为驱逐日本侵略

者付出了巨大的牺牲。由于敌我力量相差悬殊，从 1940 年末开始，东北抗联为保存实力，陆续转移到苏联远东地区休整，为打败日本侵略者做最后的准备。

东北抗联教导旅配合苏军解放全东北

早在 1942 年夏季，东北抗联教导旅旅长、东北抗联后期斗争的主要领导人周保中，就开始设想对日反攻作战。1942 年 6 月 15 日，周保中制定"东北抗日联军游击部队在非常时期计划表"，主要内容是为反攻东北进行准备。1945 年 7 月，世界反法西斯战争胜利前夕，东北抗联积极行动起来，全力配合苏军进攻东北的战略行动，制订军事配合苏军反攻的行动计划。在苏联远东方面军司令部以及后来的远东苏军总司令部的指导下，抗联教导旅制订了反攻行动计划，并编入苏军整体的对日作战计划。

抗联教导旅反攻计划的制订经历了一个变化的过程。1945 年 5 月，苏军远东第 2 方面军司令普鲁卡耶夫大将向周保中旅长下达了指示：基于对日作战长期性、残酷性的设想，抗联教导旅随苏军返回东北后，要在东北建立 10 万人的军队。

根据苏军领导人的指示精神，周保中等抗联领导人制订了具体的反攻行动计划。

军事方面，"以抗日联军现有干部为领导骨干，准备计划建立 6 万人到 10 万人的军队，以便参加大规模对日作战和展开敌后活动"①。现有抗联部队计划分成三部分，分别执行战斗任务。第一部分是当时活动在东北的各支小部队，要求他们分区域开展敌后游击战争，并配合苏军作战，执行各种战术侦察任务；第二部分是在敌后指定位置投放伞兵，执行战术侦察任务；第三部分是抗联主力部队，与苏军一道正面进军。还计划于苏联正式对日宣战以前，在东北有较好群众基础和游击运动基础的磐石地区，延吉、宁安、饶河地区，哈东地区，北安、海伦地区，汤原、桦川地区

---

① 黑龙江省社会科学院地方党史研究所编：《访问录选编·周保中同志专辑》，载黑龙江省社会科学院地方党史研究所：《中共东北地方党史资料》，1980，第 157 页。

等加派小部队。7月，抗联教导旅以独立步兵第88旅的番号编入苏军远东第2方面军，成为第2方面军总部直属部队，按计划将随全军挺进至佳木斯一带作战。

政治方面，中共东北党委员会根据形势发展的需要进行了改组。1945年7月末，东北党委员会召开全体会议，会上总结了东北党委员会组成三年来的工作情况，一致认为东北党委员会的工作取得了巨大的成绩，圆满地完成了自己的历史使命。会议决定，依据反法西斯战争进程的需要，东北党委员会实行改组。原有人员一分为二，即由中国同志和一部分朝鲜同志组成新的东北党委员会参加反攻东北的战斗；大部分朝鲜同志组成朝鲜工作团，参加解放朝鲜半岛的战斗。经过选举，新的东北党委员会成员为周保中、张寿篯、冯仲云、卢冬生、姜信泰、金光侠、王效明、王明贵、彭施鲁、王一知、刘雁来、王钧，书记由抗联教导旅旅长周保中兼任。朝鲜工作团的领导成员有金日成、崔石泉、金策、安吉、徐哲、朴德山（金一）、崔贤等。金日成为工作团团长，崔石泉为党组书记。因崔石泉原任东北党委员会书记，反攻东北后还有向中共中央汇报工作和移交党组织关系的任务，暂时不能随朝鲜工作团活动，待任务完成后，再由东北党委员会将其护送回朝鲜。会议决定东北党委员会设在长春。

苏联红军分三路进军我国东北

　　1945 年六七月间，东北抗联教导旅"首先派出 340 名指战员作为第一批先遣支队到苏军，进行统一的军事训练。至 8 月 8 日苏联宣战时，有 160 人被派到苏联第 1 方面军，有 80 人派到第 2 方面军，有 100 人派到后贝加尔方面军，作为先头部队执行特殊的战斗任务。7 月底，根据革命发展的需要，继派出 340 名指战员到苏军之后，中共东北党委员会又决定派出 290 人空降到东北。其中，东满地区 55 人，松（花江）牡（丹江）地区 65 人，北满黑龙江地区 90 人，南满地区 80 人，潜入敌后进行战前侦察"①。"空降部队，按 4~6 人编成战斗小组，携带电台、机关枪、炸药、压缩饼

---

① 王一知：《"八一五"前后的东北抗日联军》，载《辽沈决战》上册，人民出版社，1988，第 159-160 页。

干，在开战前分别空投到各个战略要点，主要负责敌情侦察任务。"①

东北抗联为战胜日本关东军发挥了巨大的作用。

1945 年 9 月 8 日，中共东北党委员会书记、东北抗日联军教导旅旅长周保中，率 102 名②抗联干部和战士从苏联飞抵长春，并担任苏联驻长春卫戍司令部副司令。

长春作为伪满的"首都"，是日本关东军最后一任总司令官山田乙三交出战刀投降的地方，苏军把总司令部设在长春，最大限度地宣示了对日作战和世界法西斯战争的胜利。尽管东北抗联教导旅进驻的时间稍晚，却是唯一经过苏联允许，得到国际社会认可，代表中国共产党宣示东北抗战、中国人民抗日战争暨世界反法西斯战争的最后胜利的人民抗日军队，周保中则是这支人民军队的最高领导人和最主要的代表人物。

到达长春后，周保中先住在原大和旅馆（今长春市春谊宾馆），后搬到原日本正金银行（今中国工商银行吉林省分行南广场支行）二楼那间日本经理住过的西里屋，③在原

① 王明贵：《抗联同苏军一道解放东北》，载《雪野雄风》，白山出版社，1988，第 16 页。
② 赵俊清：《周保中传》，黑龙江人民出版社，2012，第 566 页。
③ 中共黑龙江省汤原县委党史研究室编：《风雪松山客——于保合回忆录》，1998，第 126 页。

伪满协和会总部办公，对长春市和另外 56 个战略点实行接管。东北抗联各部队与所在城市和地区的中共关内地下工作人员迅速结合在一起，开展建党、建军和建政工作，迅速壮大了我军的力量，扩大了我党的影响。9 月下旬，东北抗联教导旅改编为东北人民自卫军。

关内八路军突破国民党的不许接受日军投降等反动命令，按照朱德总司令的命令，冀热辽军区第 16 军分区部队 3000 多人，从河北丰润县出发，向东北挺进。在山海关他们遭遇日军的阻拦。他们绕道出关，在辽西走廊的前所与苏军会师。8 月 30 日，八路军与苏军联合攻打山海关，消灭顽抗的日军，毙、伤、俘敌共 1500 余人，解放了山海关，奏响了一曲八路军与苏军联合战斗、最后战胜日本帝国主义的胜利之歌。

（二）中共中央争取东北的战略部署

抗日战争时期，中共中央虽然与东北党组织失去联系，但是始终关注东北。中国共产党第七次全国代表大会已认识到东北对于中国革命的重要意义，把东北看作夺取中国革命胜利的关键地区，作出了争取东北的战略决策。

1945 年 5 月，在中共七大上，毛泽东就对东北问题作出明确预判："从我们党，从中国革命的最近将来的前途看，东北是特别重要的。如果我们把现有的一切根据地都丢了，只要我们有了东北，那末中国革命就有了巩固的基础。""如果我们有了东北，大城市和根据地打成一片，那末，我们在全国的胜利，就有了巩固的基础了。"①

苏军出兵东北以后，东北抗联、冀东和山东等地的党组织和部队迅速向东北挺进，并把东北的情况上报给中共中央。我们党抓住历史机遇，果断于1945年9月15日成立中共东北中央局（中共中央东北局），9月19日党中央及时作出了"向北发展、向南防御"的战略决策。陆续调派10万大军2万干部陆续挺进东北，毛泽东称之为"建立百年大计之部署"②。

中国共产党领导的人民抗日军队从北、南两个方向挺进东北。东北抗联配合苏军光复东北，其一线部队为苏军当向导，最先返回东北。日本投降后，中共东北委员会和东北抗联教导旅的接收人员于9月初从苏联返回东北，接收东北北部各主要城市。9月5日，李兆麟率百余名干部进驻哈尔滨。9月8日，周保中率部分干部接收长春，以长春为中心指挥另外56个战略点，配合苏军接收、接管东

---

① 《毛泽东在七大的报告和讲话集》，中央文献出版社，1995，第219、232-233页。
② 毛泽东：《增兵东北之部署》（1945年11月4日），载《毛泽东文集》第四卷，人民出版社，1996，第63页。

北。东北抗联在苏军的支持下，迅速开展建党、建军、建政工作，为我党取得在中长铁路沿线和各大城市的优势奠定了基础。

最早进入东北的八路军部队是冀热辽军区第十六军分区曾克林部。1945 年 8 月 30 日，该部在与苏军共同攻克山海关后，乘火车于 9 月 5 日进入沈阳。9 月 10 日，冯仲云率东北抗联沈阳组乘火车到达沈阳。在得知八路军已到达沈阳的消息后，周保中与苏军总司令部沟通，派飞机到延安与党中央取得联系。9 月 14 日，曾克林与苏联代表卫斯别夫（贝鲁罗索夫中校）上校和翻译谢德明飞往延安，当晚在多伦降落休息。15 日上午，一行人飞抵延安；下午，向主持中央工作的副主席刘少奇汇报。当晚，中共中央开会决定成立中共东北中央局，任命彭真为书记，陈云、程子华、伍修权、林枫为委员。16 日，彭真、陈云等人乘苏军飞机飞抵山海关，17 日乘火车赴沈阳，18 日到达，19 日开始办公。21 日，东北局在沈阳张作霖的前大帅府召开干部会议，宣布中共中央东北局正式成立。①

19 日，中共中央发布"向北发展、向南防御"的党内指示，要求山东、苏北、晋冀鲁豫和晋察冀各解放区向东

①《彭真传》编写组编：《彭真年谱》第一卷，中央文献出版社，2012，第301 页。

北派遣军队和干部。解放区开始了人民军队大调动。其中，山东解放区调往东北的部队最多，有山东 1 师、2 师、3 师、5 师、6 师和 7 师，多达 6 万余人。苏北解放区出动了新四军 3 师全部 3.5 万人。加上 359 旅等其他解放区的部队，总共有 13 万多名部队官兵和干部到达东北。在高级干部方面，党中央先后派出 21 位中央政治局委员、中央委员和候补委员到东北工作。其中，4 名中央政治局委员，陈云、彭真、张闻天、高岗；6 名中央委员，林彪、罗荣桓、李立三、李富春、蔡畅、林枫；候补中央委员 11 名，王稼祥、黄克诚、王首道、谭政、程子华、乌兰夫（云泽）、吕正操、陈郁、古大存、万毅、萧劲光。

1945 年 9 月 20—23 日，周保中到沈阳向彭真和陈云汇报东北抗联 14 年苦斗的历史，向东北局移交中共东北党组织和东北抗联的全部档案。东北党组织和东北抗联重回党的怀抱，投身东北解放战争新的革命征程。

1945 年 10 月 31 日，东北局将所有到达东北的部队和新发展的部队统一编成东北人民自治军，林彪任总司令，东北局书记彭真兼任政委。到 12 月末，总兵力达到 272676 人。[①]1946 年 1 月 14 日，东北人民自治军改称为东北民主

---

① 《彭真传》编写组编：《彭真年谱》第一卷，中央文献出版社，2012，第 359 页。

联军，林彪任总司令，组成东满、西满、南满、北满四个
军区，到2月下旬，"总兵力达到341200人。其中：西满
军区76011人，南满军区105501人，东满军区57125人，
北满军区73115人，总直属队12600人，其他为朝鲜义勇
军及通化地方武装，此外，各地区还有地方武装约2万人
未计在内"[1]。

可以说，我们党有了为实现国内和平，同国民党进行
政治、军事较量的资本。

三、"三国四方"的东北较量

1945年10月至1946年6月，美国、苏联、中国国共两党，
即"三国四方"在长春展开的政治、外交斗争，可谓险象环
生。斗争的过程和结果，极大地提升了吉林省在世界现代史、
中国现代史和中共党史上的重要地位。

在"三国四方"争夺东北的斗争中，国民党因美国的支
持和与苏联订有《中苏友好同盟条约》，掌握了外交和政治
上的主动权。

苏联作为社会主义国家，不愿看到中国东北落到以美
国为靠山的国民党手中，但是受《中苏友好同盟条约》的束

---

①《彭真传》编写组编：《彭真年谱》第一卷，中央文献出版社，2012，第
399页。

缚，又不能公开支持共产党，所以，只能采取表面上支持国民党，暗中支持共产党的策略。而中国共产党虽然立下了领导、坚持东北抗战的历史功勋，却在争夺东北的政治格局中处于被动地位。但是，我党利用各种有利因素，化被动为主动，并为东北解放战争的胜利打下了坚实基础。

（一）长春成为"三国四方"斗争的焦点

1945年10月至1946年6月，"三国四方"在吉林省进行政治角逐，长春由此成为国际政治斗争的焦点。中共东北委员会和东北抗联教导旅总部设在长春，苏军驻东北总司令部设在长春，国民党东北行营也设在长春。1946年4月，苏军撤退回国后，长春继续成为国共两党斗争的焦点，国共美国三方军事调处工作在长春展开。

以长春为中心的"三国四方"争夺东北的政治斗争，分三个阶段展开。

1945年8月至11月，为斗争第一阶段。

这一阶段，苏联政府和苏军发挥主导作用，我党我军的策略是积极争取苏方（当时称为"辰兄""友方""友人"）的支持，在东北站稳了脚跟。

1945年9月19日、20日，即东北局到达沈阳后的第二天、第三天，东北局书记彭真在伍修权的陪同下，拜会驻沈阳苏军最高领导人、后贝加尔方面军近卫军坦克第六集团军安德烈·格里戈里那维奇·克拉夫钦科大将和军事委员图马尼扬中将，同他们建立了良好关系，苏军答应在武器方面给我党以帮助，并允许我党我军秘密活动，驻沈阳城内的八路军改称保安队，在苏军未驻兵区发展部队。10月3日，东北局书记彭真在沈阳秘密会见一位苏联领导人，他奉劝我党放弃高度分散、急于在边境地区建立农村根据地的方针，把力量放在南满沈阳周围的工业区，壮大力量。他说：高度分散政策"还没有脱离游击战争概念……你们把南边，特别是山海关方向抓住（长春路是商办，谁若运兵须要交涉），北面自然是你们的。东北三省人力财富主要在南边，又是门户，把这里掌握了，北面还有什么要紧"①。这位神秘的领导人就是苏联政治局常委阿纳斯塔斯·伊凡诺维奇·米高扬。东北局上报中央后，得到中央同意。东北局开始在改变高度分散的原则上，改为收缩兵力，集中南满的方针。

10月12日15时，"对收复东北无功，对丧失东北有罪"②的国民党，派东北行营主任熊式辉、经济委员会主任委员张嘉璈、外交部特派员蒋经国等率国民党接收大员

---

① 田酉如：《彭真主持东北局》，人民出版社，2007，第56页。
② 刘崇文：《刘少奇年谱》上卷，中央文献出版社，1996，第524页。

飞临长春，在原满洲炭矿重工业株式会社大楼（今吉林大学附属中学）办公，先后到达长春的国民党接收大员超过400人。

10月13日至29日，国民党东北行营主任熊式辉同罗季翁·雅科夫列维奇·马利诺夫斯基元帅举行了4次会谈。蒋经国以外交部特派员的身份，从10月13日至11月5日，与苏方会谈、接触6次。[①]

苏方拒绝了熊式辉提出的苏军帮助国民党接收东北行政权，视察沈阳、哈尔滨，国民党军队在大连登陆，在大连设航空站，收编各地的保安队（伪满军警），禁止拆卸工厂机器等项要求。10月28日，国民党东北保安司令部司令长官杜聿明到达长春，与马利诺夫斯基元帅会面。马利诺夫斯基元帅爽快地应允国民党军队可以在营口登陆并表示："我们苏联始终要同中国人民友好的，苏中友好关系，我深信是永久的，因为我们早就有了杰出的孙中山和列宁他们两人的友谊……杜将军带领中国军队接收东北的领土主权，苏军很欢迎，你们从海路、陆路来，我们都欢迎。"[②]

11月3日，当杜聿明乘美国军舰"脱罗尔号"到达营

---

① 蒋经国：《蒋经国自述》，湖南人民出版社，1988，第158-161页。
② 杜聿明：《国民党破坏和平进攻东北始末》，载《辽沈战役亲历记（原国民党将领的回忆）》，文史资料出版社，1985，第519页。

口时，发现苏军已经撤走，此地已由八路军（东北人民自治军）接收，国民党军在营口登陆的计划落空。在这种情况下，蒋介石指示东北行营继续与苏军谈判，外交再次失利后，蒋介石决定先派 13 军、52 军从陆路进攻山海关，武力接收东北。同时，蒋介石联合美国、英国向苏联施加外交压力。

此间，国民党中央组织部派到东北视察党务工作的齐世英发表反苏反共言论，被苏军侦知。苏军搜查了长春国民党吉林省党部，并通过蒋经国向国民党提出抗议。10月 29 日下午，苏方正式向国民党东北行营提出抗议照会："苏军只有一条件，即不许有反苏行动与宣传。岂知此种行动与宣传，仍在继续进行之中。此次搜查党部，查出武器及各种文件，乃知系有计划之行动。苏方被牺牲者，已有二百余人。最近每日晚间，均有袭击红军之事情。"[1]

国民党的所作所为，促使苏军改变政策。苏军对我党由暗中支持改为公开支持，支持我党公开成立省级党政军机构，凡佩戴东北人民自治军番号的部队可以自由行动，以此来同国民党对抗。国民党东北行营未来之前，苏军任命伪满原"新京"市政府行政处处长曹肇元为长春市市长，此时，则任命

---

[1] 伊原泽周：《战后东北接收交涉纪实——以张嘉璈日记为中心》，中国人民大学出版社，2012，第 23 页。

我党山东省政府秘书长刘居英为长春市市长。苏军还派人护送共产党干部到长春周边九台、农安、双阳等县任县长。

10月31日，熊式辉同马利诺夫斯基元帅签订《中苏长春协定》，规定苏军自11月2日至12月2日，分三期撤退回国。

11月5日，熊式辉同马利诺夫斯基元帅举行第六次会谈，面对国民党方面违反《中苏协定》的指责，苏方反而建议国共双方举行谈判，苏联不介入国共冲突。11月17日，国民党东北行营以八路军已经进入长春，苏军宣布撤离东北。除留少部分人员外，东北行营机构撤往北平（今北京）。

面对国民党军的陆路进攻，中共中央集中兵力于山海关，阻止国民党军从陆路进入东北。国民党军在秦皇岛登陆后，10月19日，毛泽东第一次作出了"掌握全东北"[1]决策。10月25日，东北局向中央报告说苏方要我方"现在应该以主人自居，放手些干；11月15日前，如顽方进攻，苏将协同我打击"[2]。

东北局书记彭真在10月26日东北局干部会议上作报

[1] 毛泽东：《目前东北发展方针》（1945年10月19日），载《毛泽东军事文集》第三卷，军事科学出版社、中央文献出版社，1993，第64页。
[2] 《彭真传》编写组编：《彭真年谱》第一卷，中央文献出版社，2012，第320页。

告时指出，"我们的任务是争取全东北。""我们是被迫打内战的,现在准备战争,是因为蒋介石要打我们"。[①]10月28日,毛泽东致电东北局,提出全力控制东北,保卫华北、华中,6个月内粉碎国民党的进攻,然后同蒋谈判,迫他承认华北、东北的自治地位,力求平稳过渡到和平局面。

11月3日下午,东北局彭真与陈云等乘苏军飞机由沈阳飞抵长春,在周保中的引见下,同苏军马利诺夫斯基元帅举行会谈。苏方表示,苏军将按期撤退。

将东北行营从长春撤走后,国民党在全国各地大造反苏舆论,并联合美、英等国向苏联施加外交压力,使苏联在外交上陷于被动局面。迫不得已,苏军改变了公开支持我党我军的政策,要求我党政军机构撤出沈阳、长春、哈尔滨等大城市。而在山海关方面,我冀热辽部队没能挡住国民党军的进攻,被迫后撤。国民党军于11月16日占领山海关,26日占领锦州。

1945年11月下旬,我党政军机构先后撤出长春、沈阳、哈尔滨、齐齐哈尔、吉林、四平等大中城市。在这样的背景下,国民党任命赵君迈担任长春市市长;1946年1月5日,国民党保安第二总队空降长春。在四平,国民党"辽北省政府"

---

① 彭真:《我们的任务是争取全东北》,载《彭真文选》,人民出版社,1991,第103-104页。

则收编土匪为他们守城。

关于苏联红军在中国东北何时撤军问题，《中苏友好同盟条约》中未作明确规定，但在签约谈判中，斯大林曾明确表示，"在日本投降以后，苏联军队当于三星期内开始撤退，最多三个月足为完成撤退之期"。对日作战胜利后不久，苏联政府照会国民党政府称，"苏联军队将于10月下半月自东北三省开始撤退，于11月底撤退完毕"。但是，当苏军按照中苏之间的约定要如期撤退回国时，大肆制造反苏舆论的国民党，在自己的主力部队短时间内难以到达的情况下，反而要求苏军延缓撤退，替他们守住中长铁路沿线的大城市。国民党的这一举动使自己在对苏外交上陷于被动，苏军反而由被动转为主动。

国民党政府曾两次与苏联政府谈判，要求苏军暂缓撤军。第一次商定延至1946年1月3日，第二次改为2月1日自东北撤退完毕。

国民党在第一轮的政治斗争中，因请求苏军延缓撤退，不战而败。苏军如期或延期回国对我们党都是有利的。苏军如期回国，我们党可以放手发展；苏军延期回国，我们党会继续得到苏军的支持和帮助。之所以会出现这种情况，重要原因之一在于我们党取得了先机之利，赢得了主动权，诚如东北局书记彭真所说，"先到为君，后到为臣"①。

撤出大城市后，党中央转而执行"让开大路、占领两厢"，建立巩固的东北根据地，争取在东北占有优势的方针，到次要铁路沿线的中小城市和广大农村建立农村根据地。"三国四方"第一回合的斗争以美蒋获得表面上的胜利，我党获得政治、军事上的实惠而告结束。

（二）莫斯科外长会议关于东北的协议

1945 年 12 月至 1946 年 2 月，"三国四方"开始了第二阶段的政治斗争。1945 年 12 月 18 日，美国总统杜鲁门发表声明，希望中国消除内战，统一建设民生。

随后，美、英、苏三国外长在莫斯科召开会议。27 日，三国外长就中国问题发表联合声明："英美苏三国外长对于中国局势交换意见之结果，经互相一致同意，认为中国必须在现有国民政府之下，建立统一而民主的政府，并广泛地容纳其他党派参加政府之各部门，以停止内战。英美苏坚决坚持不干涉中国内政之政策。"苏联承诺帮助国民党政府收复东北主权，延缓撤军。

莫斯科三国外长会议之后，美国派五星上将马歇尔出

---

① 彭真：《我们的任务是争取全东北》，载《彭真文选》（1941—1990），人民出版社，1991，第 103 页。

使中国，调处国共矛盾。马歇尔在来中国之前，特意到莫斯科与斯大林交换意见。

1946 年 1 月 22 日，蒋介石夫人宋美龄按美国顾问的授意，到长春为苏军授勋，马利诺夫斯基元帅借口回国述职，未与之会面，宋受到冷落。但是在 1 月初，苏军同意中共长春市委书记曹瑛（石磊）重返长春，重新出版中共长春市委的机关报《长春新报》，并同意设立八路军驻长春办事处。① 鉴于苏方的这种态度，东北局抓住机遇，一方面按照中共中央的指示，开始在中小城市和广大农村建立根据地；另一方面在中长铁路沿线的大城市周围保持主力部队，阻止国民党军继续北犯，同时准备在苏军撤退时夺取大城市，以利于谈判斗争。

出于延迟国民党军进犯东北和迫使其承认我们党在东北地位的双重目的，中共中央决定以军事手段打击国民党军队。于是在山海关作战之后，我党军队又在营口、盘山、沙岭、抚顺、鹫欢池、秀水河子等地同国民党军展开战斗，从而形成"关外大打、关内小打"的局面。中共中央要求东北民主联军集中主力坚决回击国民党军队的进攻，消灭其大部或一部，以促使其停战谈判。

① 曹瑛：《四进长春》，载《辽沈决战》续集，人民出版社，1992，第496—497 页。

1946 年 2 月，东北民主联军总部（以下简称“东总”）针对国民党军队的兵力配置情况，决定集中优势兵力歼灭进占辽宁法库秀水河子的国民党军队。2 月 11 日，国民党第 13 军第 89 师 266 团全部和 265 团第 1 营及师属山炮连、输送连进至秀水河子。“东总”乘其突出孤立之机，令原新四军第 3 师第 7 旅、原山东第 1 师及保 1 旅保 1 团，共 7 个团，以 4 个团进攻、3 个团打援，实施围歼。13 日 17 时 30 分，外围战斗打响，22 时总攻开始，至 14 日晨结束战斗。此次战斗，共歼灭国民党军 1500 余人，缴获各种火炮 38 门、轻重机枪 100 余挺、步枪 800 余支、汽车 32 辆和一批其他军用物资。

秀水河子战斗的胜利证明，只要集中优势兵力，是可以战胜美械装备的国民党军队的。中共中央军委获悉后，致电林彪、彭真：“在秀水河子歼灭敌人 5 个营甚喜，在顽敌进攻下再打两三次这样的仗，国民党就不能不承认我在东北地位，与我进行和平谈判。但我军在今天还不宜主动向北宁路进攻。”由于东北民主联军的英勇阻击，沿北宁路北犯的国民党军受挫，又因苏军尚未撤离沈阳，所以自 2 月下旬以后，国民党军暂时停止了军事进攻。

1946年2月，东北民主联军某部队对秀水河子国民党发起攻击

国民党在加紧运兵东北，准备武力解决东北的同时，又挑起所谓"东北问题真相"的争论，向苏联政府施加压力，为其"武力接收东北"制造舆论。2月22日，在国民党特务的策动和组织下，以苏军拆运东北工业设施为由，一些地方掀起了反苏反共游行。在此前后，国民党宣传机构利用报纸期刊、广播等媒体，连篇累牍地发表歪曲事实真相的反苏反共文章，否认中国共产党领导的东北人民抗日斗争，否认东北抗日联军的存在，进而否认东北民主联军的存在，否认人民民主政权的合法地位。

针对国民党的猖狂活动，中共中央发言人林枫就东北形势与中共对东北问题主张发表谈话，重申中共关于在和平民主团结基础上实现统一，建设新中国的主张，并就此提出应该确定的四项原则；周保中在《东北日报》上发表对记者谈话，阐述东北抗日联军艰苦抗战，以鲜血和生命赢得胜利的历史。这些谈话，首先揭露国民党把东北拱手让给日本，导致东北沦陷14年的罪行，播扬中国共产党领导东北人民艰苦抗战，特别是东北抗日联军的卓越功绩。其次，申明中国共产党领导的各级民主政府代表了人民的利益，由民主选举产生，其合法地位应该得到承认，提出国民党政府一党包办接收东北不合东北民意，应该改组，戳

1945年8月，配合苏军和八路军进军东北的抗日联军队伍

穿国民党假和平、真内战，无视政协协议、停战协定及整军方案，运兵东北，挑起内战的阴谋。"东北问题真相"的争论得到了民主党派和各界民主人士的关注，他们纷纷反对和谴责国民党扩大东北内战、破坏和平的行径，支持共产党维护和平民主的主张，就连蒋介石身边的人在内心深处也认为国民党负有破坏和平民主的责任。1946 年 4 月 21日，即《三月停战协定》签字以后，国民党军已开始大举进攻四平，蒋介石原侍从室主任唐纵在日记中写道："停战协定，共产党固有破坏之处。国民政府亦有不少破坏协议之处，马歇尔至今尚未提出具体建议也在此。"[①]

四、中国共产党东北战略优势地位的形成

1946 年 3 月至 6 月，"三国四方"开始第三阶段的政治斗争。这一阶段的前期，国民党和美国同意把东北纳入军事调处范围，签署《东北停战协定》，我们党争取到了与国民党的平等地位。

（一）国民党的政治承认与军事进犯

"三国四方"争夺东北的斗争一直与国共双方政治谈判

---

① 公安部档案馆编注：《在蒋介石身边八年——侍从室高级幕僚唐纵日记》，群众出版社，1991，第 608 页。

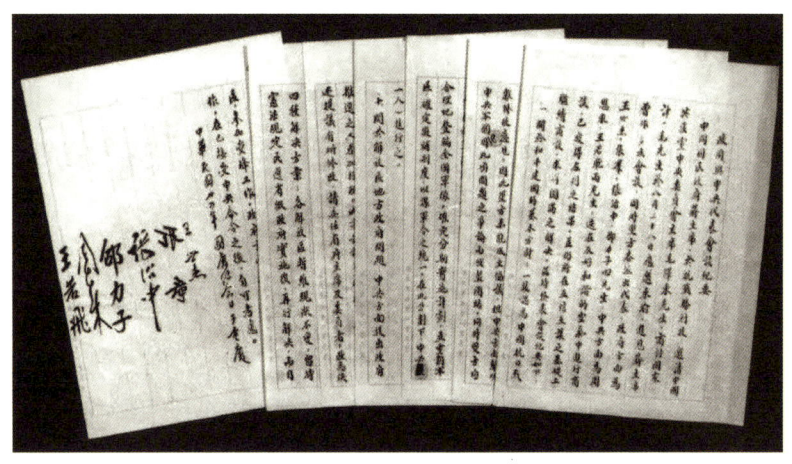

《双十协定》原稿

紧密相连，东北问题是国共双方的谈判重点。

1945年10月10日，国共双方代表签订《政府与中共代表会谈纪要》(《双十协定》)，并没有涉及东北问题。在美国的调停下，1946年1月10日公布的国共双方代表正式签署的《关于停止国内军事冲突的协定》也不涉及东北地区。国民党把抢占东北作为发动全国内战的重要步骤，利用苏军暂缓撤军的机会，继续依靠美国向东北运兵。停战令下达后，国民党军"五大主力"中的新一军、新六军先后运抵东北。随后，被蒋介石视为"镇家之宝"的第71军以及第94军第5师、第60军也在秦皇岛登陆。此外，还有大批成团成营的特务、通信、工兵、重迫击炮、战车、骑兵以及交警等特种部队先后进入东北。

国民党以军事为后盾，继续奉行内战政策，拒绝与我党进行谈判。2月初，叶剑英在北平邀国民党东北行营主任熊式辉谈东北问题，遭到拒绝。2月21日，周恩来在重庆同马歇尔会谈，提出三人小组应去东北，停战令适用于东北，军队整编方案应包括东北的要求，得到马歇尔的认可。当马歇尔提出向抚顺派出三人小组时，却遭到国民党方面的拒绝。由此，美国也对国民党产生不满。

在中国共产党的正义要求、军事反击和舆论攻势下，1946年3月27日，美国代表吉伦、共产党代表周恩来、国民党代表张治中签订《调处东北停战的协议》，即《三月停战协定》。协议规定："1.执行小组到东北的任务仅限于军事调处工作；2.小组应在国共双方驻地工作；3.小组应前往冲突地点或双方军队密接地点，作公平之调处；4.关于政治问题则另行商谈迅求解决。"[①]但是三人会议未就东北停战日期达成协议。4月1日，军调部东北执行小组（第27组，中心组）在沈阳中苏联谊社（解放后改名为东北旅社，位于沈阳潼关街中段，前身为日本商人兴建的"奉天大厦"）成立。中国共产党首席代表为饶漱石（后为李立三），其余代表有张经武、王首道、谭政、耿飚、伍修权、冯铉等，

---

① 中共中央文献研究室编：《毛泽东年谱》（1893—1949）（修订本）下卷，中央文献出版社，2013，第64页。

还有新华社记者刘白羽、周而复，英文翻译柯柏年等，共计50人。国民党首席代表为钮先铭，副首席代表为蔡宗濂，主要成员有黄界新、陈公略等10余人。美国代表只有克拉克等3人。[①]

4月初，北平军调部向东北派出军调小组。4月4日，东北局领导人彭真、林枫、李立三、伍修权等，从驻地梅河口来到东丰机场，会见军调部我方代表饶漱石。饶漱石传达了叶剑英的意见，成立军调部沈阳第27组执行组，同时在抚顺、本溪、四平、辽西设立四个分组。李立三和伍修权参加沈阳组，当天随机到沈阳。尽管美国和国民党对军事调处并没有诚意，却把东北问题第一次列入调处范围，这标志着国民党和美国承认了我党在东北的存在，这是在"三国四方"的斗争中，我党在政治上又一次巨大的胜利。

但是，国民党军又不遵守停战协定，趁苏军撤退回国之机，大举北犯。

1946年2月9日，杜聿明命令国民党军沿北宁路两侧向东北民主联军发动进攻，集中第52军第2师、新6军第22师、第13军第89师3个师的兵力分左、中、右三路向

---

① 施应霆讲述，施晓平整理：《军调部东北执行小组谈判轶事》，载中共北京市东城区委党史工作办公室编：《北平军事调处执行部亲历记》，中国青年出版社，2014，第340页。

沈阳方向推进,企图驱逐东北民主联军,占据北宁路运输线,为其后续部队开进东北和进占沈阳创造条件。1946 年 3 月 11 日,苏军开始由沈阳沿中长路北撤。12 日,苏军全部撤离沈阳。13 日,国民党第 52 军占领沈阳,并以沈阳为中心,呈扇形向东、北、西三个方向发动新的进攻,扩大战争范围和规模,企图以武力消灭共产党领导下的人民军队,占领长春、哈尔滨,进而独占整个东北。18 日,国民党东北行营和东北保安司令长官部移驻沈阳。

与此同时,在美国的调停下,国共两党继续举行和平谈判。同时,苏联因与国民党在经济问题上谈判破裂,进一步支持我党接收辽阳、鞍山、抚顺等地,并通知国民党政府,苏军将于 4 月 30 日前撤退回国。这无疑等于宣布把沈阳周围和以北地区交给我党。

鉴于国民党军大举北犯,破坏停战协定,危及东北的和平民主前途,否定我党在东北的政治地位,危害人民的利益,党中央同意东北局制订的大会战计划,一方面夺取四平并守住四平,把国民党军阻止在四平以南;另一方面,攻占国民党"接收"大员武装土匪和收编伪军占据的长春、哈尔滨、齐齐哈尔等大城市。

1946 年 3 月 4 日,中共中央致电林彪、彭真并周恩来,"东北顽我兵力比例,我仍占优势","应尽力阻止顽军进入四平。不论四平能否守住，对顽军进攻均须给以打击，比不战而退要好"。[1]3月5日，中共中央给东北局发出刘少奇起草的关于东北问题的指示："积极准备粉碎蒋军的进攻……你们最近的几次胜利，已给蒋军的骄气以打击。再有几次那样的胜利，东北的大局可能决定。"[2]

四平保卫战中东北民主联军某部指挥所门前的哨兵

---

①《彭真传》编写组编：《彭真年谱》第一卷，中央文献出版社，2012，第402页。

②《彭真传》编写组编：《彭真年谱》第一卷，中央文献出版社，2012，第403页。

　　根据中央的指示，东北局致电中央和林彪："我方的方针是全力控制长、哈两市及铁岭以北之长春路与中东路全部。完成此任务的关键，在于集中全东北一切可能调用的兵力，在沈阳与长春之间铁路沿线上进行反复的争夺战，大量消灭敌人，力争阻止敌人于四平以南地区，以便确保以哈、长为中心的北满全部于我手中。"①

　　1946年3月17日，刘少奇同意进占四平。之后，刘少奇又于20日在给东北局的电报中指出，"国民党不在东北停战，如果友人谅解，即可进占长春。"②中共中央致电东北局及林彪、萧劲光："立刻动员全军在运动中及其立足未稳之时，坚决彻底歼灭国民党进攻军队，愈多愈好……求得大胜，以利谈判与将来。"3月24日，中共中央给东北局发出《关于控制长春、哈尔滨两市，保卫北满的指示》。至此，中共中央关于粉碎国民党军事进攻东北的方针已经确立。同日，毛泽东进一步电示东北局并告林彪、黄克诚、李富春："苏军四月撤完，已照会王世杰。判断蒋介石必由沈阳出兵向北和我争夺长春、哈尔滨。为此目的，请速与友人交涉，允许由我方派兵进驻长、哈两市及中东全线。

① 彭真：《关于东北大会战的部署给中央及林彪的电报》，载《彭真文选》，中央文献出版社，2002，第124页。

② 《彭真传》编写组编：《彭真年谱》第一卷，中央文献出版社，2012，第412页。

受国民党委任的东北匪伪军趁苏军撤退之机进据四平

如得允许，即令周保中部担负占领任务，并厉行剿匪。黄、李部动员全力，坚决控制四平街地区，如顽军北进时，彻底歼灭之，决不让其向长春前进。"①3月25日，毛泽东又致电彭真和林彪："判断数日内即可谈妥，派停战小组至东北。望你们准备一切，尤其是不惜牺牲，打一二个好胜仗，以利谈判与将来。同时，速将美方运兵、蒋军进攻消息公布，使苏联在安全理事会中好讲话。"②同口，毛泽东起草中央致东北局指示电："力争我党占领长春，以长春为我们的首都。此事须迅速说服友方让我进驻。如得同意，东北局应准备

---

① 《彭真传》编写组编：《彭真年谱》第一卷，中央文献出版社，2012，第415页。
② 《彭真传》编写组编：《彭真年谱》第一卷，中央文献出版社，2012，第416页。

迁长春。"①3月26日，彭真起草致中共中央和林彪电，提出
"集中全东北一切可能调用的兵力，在沈阳与长春之间铁路
沿线上进行反复的争夺战，大量消灭敌人，力争阻止敌人
于四平以南地区，以便确保以哈、长为中心的北满全部于
我手中。各军区应抽最大限度的兵力参加此次有关东北全
局的大会战。此次作战为决定我党在东北地位的最后一战，
望空前动员全党全军以最大决心，不惜任何牺牲，争取这
次作战的决定胜利"②。

按照中共中央的指示，东北局在梅河口先后召开会议，
反复研究东北的作战方针、措施和作战准备，具体落实夺
取长、哈、齐三市的战略部署，形成了较为完备的东北大
会战方案。中共中央批准了这一计划，决定在四平组织保
卫战，将国民党军阻于四平之南，同时夺取被国民党收编
之伪军占领的长春、哈尔滨、齐齐哈尔等大城市，将四平
以北地区尽归我有。据此，东北民主联军主力继续置于南
满和长春铁路沿线，准备迎击国民党军的进攻，使得抽调
主力部队和干部建立农村根据地的任务延缓、推迟。

从东北国共综合实力看，两军各具优势。东北民主联

①《彭真传》编写组编：《彭真年谱》第一卷，中央文献出版社，2012，第
417页。
② 田酉如主编：《彭真年谱》（上卷），中央文献出版社，2002，第397页。

军兵员总数略多，占地广，分布于中小城市及乡村，初步建立了农村和中小城市根据地，可谓优势；劣势是武器装备差，骨干多长途跋涉而来，均很疲惫。国民党军兵种齐全、装备精良、训练有素等可谓优势；劣势是集中于山海关至锦州及其以西一隅之地，且多傲慢骄横，脱离群众，其进占大城市和某些战略要点受到苏军限制。

（二）四平是"三国四方"斗争的焦点

在争取和平民主阶段，国民党在关内和东北多次挑起军事冲突，企图以军事手段得到在政治斗争中得不到的东西，蓄意破坏东北和平。为捍卫东北的和平民主，中共中央东北局和东北民主联军在得到中共中央的批准后，对国民党军展开军事斗争。

1946年1月8日，国民党辽北省主席刘翰东率近百名"接收"人员进入四平。在两个月时间内，刘翰东网罗伪满"铁石部队"残余、伪满警察以及地主武装守卫四平。

随着苏军撤兵时间日渐临近，西满分局和西满军区对于夺取四平越来越重视。2月22日，西满分局书记李富春、西满军区司令员吕正操电请东北局："苏军撤后，国军不多，我们是否可进据四平等地。"3月10日，李富春、黄克诚电请东北局，提出即刻派出部队进占四平的意见。3月上旬，东北局同意在苏军撤离后解放四平。3月12日，中共中央发出刘少奇起草的致东北局并吕正操、李富春、黄克诚电："苏军撤退后，东北的军事情况即将紧张起来，你们必须打几个胜仗，弄得蒋军在东北处于困难的情况之下，蒋军才会在我们所能接受的条件下和我妥协，目前你们应准备粉碎蒋军的进攻。"[1]3月13日晚，苏军撤离四平后，西满军区即开始着手准备攻打四平。3月16日，中共中央东北局书记彭真致电中央："友人再表示，凡友方撤退之地包括沈阳、四平街，我可以放手大打，并希望我放手大打。请中央考虑，可否在友方同情下消灭四平以北各大城市的顽军，并占领上述各大城市，逼使国民党与我谈判，必要时再让出一部给国民党以换取和平。我们已同意李（富春）、黄（克诚）夺取四平，可否立示。"[2]3月17日，刘少奇致电彭真、林彪，同意他们派兵进驻苏军撤退区，时间上越快越好。

3月上旬，解放四平前线指挥部在八面城成立，战场总指挥是第10旅旅长钟伟，攻城总兵力超过6000人。

1946年3月15日，解放四平部队一部攻占了四平西郊飞机场。3月16日晚，各路攻城部队完成对四平的包围。

---

[1]《彭真传》编写组编：《彭真年谱》第一卷，中央文献出版社，2012，第405页。

[2]《彭真传》编写组编：《彭真年谱》第一卷，中央文献出版社，2012，第410页。

3月17日凌晨2时，攻城战斗正式打响。10时基本结束，守敌除200名逃跑外，其余3000余人全部被歼。四平的解放，为东北民主联军阻止国民党军北进创造了有利条件，表明了共产党及其军队准备反击国民党军进攻的决心，证明了中国共产党和东北民主联军的存在及其地位。

3月下旬，中共中央为争夺长春以及整个北满地区，向东北局发出了一系列指示和部署。3月25日，中共中央在《关于停战前坚决保卫战略要地》的指示中要求："长春、哈尔滨、齐齐哈尔等地，你们必须在苏军撤退时，一二日内控制之"。3月29日，东北局根据中共中央的部署再次发出《关于迅速占领长、哈、齐的作战命令》，指出"我们必须迅速完成一切准备工作，于友方撤退时以敏捷迅速手段进占长、哈、齐各市，争取在一日之内全部干净消灭各市顽匪，此举关系东北及中国革命前途甚大，务望亲身负责，周密部署。"东北局还明令夺取长春战役由吉辽军区担当，由司令员周保中指挥，副司令员陈光辅助。为打好打胜这一仗，彭真还请周保中到东北局驻地梅河口，面授夺取长春的命令，令其不惜任何代价占领长春。

1946年4月14日中午，苏军从长春撤出回国。14时，吉辽军区部队在军区司令员周保中、政委林枫的指挥下，分三路向据守长春的国民党保安二总队（由伪满"铁石部队"改编而来）发起进攻。经过四天激战，至 18 日 19 时，最后攻下国民党城防司令部所在地伪满中央银行大楼，全歼长春守敌 2 万余人。

长春的解放，一方面切断了国民党军队由长春空运增援四平的空中通道，使其不能迅速合围四平；另一方面为四平前线的东北民主联军免除了后顾之忧，后方也可集中全力支援四平作战。因此，解放长春在军事上、政治上都具有重大意义。

东北民主联军占领四平，对国民党军北犯是一个极大的障碍。蒋介石公开扬言"不打到四平，不商谈和平"，"打下长春，再谈停战"。这种论调不仅使执行小组无法工作，而且使东北内战逐步升级。4 月上旬，国民党军新 1 军和第 71 军（第 88 师）分别由开原、法库向四平方向进攻。

在这种形势下，中共中央要求东北民主联军迅速集中主力，坚决扼守四平地区，坚决打击北犯之敌。4 月 4 日，中共中央电示林彪、彭真并李富春、黄克诚："不论四平能否保住，对顽军进攻，均须给以打击，比不战而退要好。"4 月 6 日，中共中央复电林彪并告彭真："集中六个旅在四平地区歼灭敌人，非常正确。党内如有动摇情绪，哪怕是微小的，均需坚决克服。"

按照中共中央的指示，东北民主联军第 1、2 师及第 3

师（辖4个旅3个团）和第7纵队等部，在昌图以北、四平以南地区实施运动防御。4月8日，在昌图以北兴隆泉地区歼灭国民党新1军新38师1200余人，使号称"天下第一军"的新1军首次受创。4月16日，在大洼、金山堡地区又歼灭国民党第71军第87师4400余人，缴获大批军械装备和军用物资，给第71军以重大打击。这两次作战的胜利极大地鼓舞了东北民主联军的士气。

4月18日，国民党军向四平发动全面进攻，至5月18日夜，"东总"下令撤出四平为止，历时一个月、震惊中外的四平保卫战宣告结束。

1946年4月，四平保卫战中的东北民主联军某部阵地

（三）初战失利与战略收获

四平保卫战是中共中央从全国战略出发，为配合谈判斗争而进行的一次大规模城市防御战。是役歼敌 1.6 万余人，阻敌月余，打击了国民党军的骄横气焰。东北民主联军为此付出伤亡 8000 余人的沉重代价，且多为战斗骨干。5 月 19 日中共中央致电东北局，指出："四平我军坚守一个月，抗击敌军十个师，表现了人民军队高度顽强英勇精神，这一斗争是有历史意义的。"

四平保卫战的历史意义有二。首先在政治上，配合和促进了东北停战谈判，以强大的军事威力，迫使国民党不得不承认共产党及其军队在东北的地位，开始谈判东北问题。其次在军事上，大量歼灭了国民党军的有生力量，打破了国民党军迅速北进独占东北的计划，进而保住了北满和东满、西满大部根据地，为根据地建设赢得了宝贵时间。

东北民主联军主动从四平撤出后，东北局决定从长春向松花江以北、以东撤出。被打到痛处的蒋介石同意签订停战协定，协定 6 月 6 日午夜生效。随后，军调 27 执行小组由沈阳迁到长春，并升格为执行分部，另设德惠组、双城组和齐齐哈尔组。我军虽然在四平保卫战中付出一定的牺牲，却在这场斗争中取得了有利地位，保有东北五分之三的地区，为以后的军事斗争打下了胜利基础。

　　虽然在四平保卫战中我军遭受很大的损失，但是，以长春为中心的"三国四方"争夺东北的斗争，却以中共政治上的胜利宣告结束。

　　此后，国民党在内战的道路上越走越远，终于葬送了抗战胜利后东北和全国的和平发展机会，打断了民主建设的进程。

第二章

东北解放战争发起战役
在吉林省打响

1946 年 6 月 26 日，国民党军大举进攻中原解放区，中原解放区军民奋起反击，全国解放战争爆发。但是，直到 1946 年 10 月国民党大举进攻南满地区，东北内战才爆发。12 月，中共南满分局作出坚持南满斗争的战略决策，东北民主联军第 4 纵队挺进敌后，向国民党军发动进攻性反击，东北解放战争才正式开始。

一、国民党发动东北内战

东北是全国解放战争的重要战场，全国解放战争的打响，意味着东北也进入了解放战争阶段。

（一）国民党军进犯热河

1945 年 8 月，苏联对日宣战后，中国共产党冀热辽军区总部和第 14 军分区就收复了承德地区。9 月初，成立热河行政公署，11 月 1 日，选举产生了热河人民政府，李运昌任主席，李子光、杨雨民为副主席。热河人民政府下辖热东、热西、热中、热南、热北 5 个专员公署，专员公署下辖承德、赤峰等 20 个县（旗）政府。10 日，成立中共热河省委，书记为胡锡奎，副书记兼社会部部长为谭余宝，组织部部长为马载，宣传部部长为王逸群，秘书长为李德仲。山海关保卫战之后，李运昌率热辽纵队返回承德，创建热辽根据地。热辽根据地对陕甘宁、晋绥部队和干部挺进东北起到了重要的中转站作用，成为东北解放区重要的西南侧翼，有力地配合了建立与巩固东北根据地的斗争。

1945年12月，国民党军第一次进攻热河，冀热辽军区发起第一次承德保卫战。由于1946年1月停战令生效，战线止于平泉一带，国民党军占领承德的企图没有得逞。2月21日至3月3日，国民党军破坏停战协定，第二次进攻热河，冀热辽军区发起第二次承德保卫战，挫败了国民党军的进攻，战线停于叶柏寿、建平一线。

晋察冀八路军部队

1946年6月，全面内战爆发后，国民党军之所以没有尽早地发动东北内战，不是因为他们不想占领全东北，而是因为他们有后顾之忧，还没有做好进攻的准备。当时，热河解放区（今河北省承德地区）拥有5万兵力（国民党判断），从西南方向威胁着国民党在东北的统治中心沈阳、锦州和北宁路（今北京至沈阳线）。因此，杜聿明计划在进攻东北前，先占领承德，以解除后顾之忧；另外，占领承德还能保持同华北国民党军的联系。

8月上旬，杜聿明把国民党东北保安司令长官部副司令长官郑洞国从长春召到沈阳，让他到锦州设立指挥所，统一指挥国民党嫡系第13军、第71军的第91师、滇军第93军和一些国民党收编的伪军，如李守信的"热河人民自卫军"，向热河进攻。

国民党军的部署是：第13军、保安骑兵支队，由军长石觉指挥，集结于平泉附近，向承德进攻，并占领隆化、围场一带地区。第93军，由军长卢浚泉指挥，集结于朝阳、叶柏寿附近，掩护第13军的侧背，待第13军攻占承德后，趁机向建平、赤峰方面发起攻击。

当时，热河地区归晋察冀军区领导，国民党发动全面内战后，中央给晋察冀军区的任务是保卫3路（平汉路、

正太路、同蒲路）4 城（保定、石门、太原、大同）。① 我军
在热河的兵力只有 4 个旅，兵力明显不足，党中央、毛泽
东指示热河我军"承德能守则守之，不能守则暂时放弃"。②

晋察冀八路军部队

8 月 21 日，国民党第 13 军第 54 师、第 89 师，向宁
城发动进攻，24 日占领宁城，然后继续向平泉方面进犯，

---

① 毛泽东：《国民党大打后晋察冀军区的基本任务》（1946 年 6 月 28 日），
载《毛泽东军事文集》第三卷，军事科学出版社、中央文献出版社，
1993，第 306 页。
② 毛泽东：《八九两月内东北仍应保持平静同时作好战斗准备》（1946 年 7
月 21 日），载《毛泽东军事文集》第三卷，军事科学出版社、中央文献
出版社，1993，第 360 页。

25 日占领平泉。26 日，第 13 军分左、右两路纵队进攻承德。右路纵队于 29 日迂回到承德北部。左路纵队于 28 日与晋察冀解放军第一纵队（杨苏纵队）激战，敌强我弱，杨苏纵队主动撤退，国民党第 13 军于 29 日占领承德。30 日，占领滦平、隆化。9 月 11 日，占领丰宁。

国民党第 93 军得知第 13 军占领承德的消息后，也分左、右两路纵队向建平、宁城进攻。9 月 25 日，我军虽然取得宁城攻坚战的胜利，但由于国民党军分两路夹击赤峰，我军持续作战后非常疲劳，减员很大，物资得不到补充，近千名伤员不能及时得到救治，只好有计划地撤退至林西（今内蒙古自治区赤峰市林西县）。10 月，经中共中央批准，成立中共冀热辽分局、军区和热河省政府，程子华任分局书记、军区司令员兼政委，李运昌任热河省政府主席，做战略反攻的准备。

（二）国民党军"先南后北"的战略企图

1946 年 6 月至 10 月，东北实际停战 4 个月。东北的国民党军队经过整补，计有正规军 8 个军 25 万人，连同地方部队，共约 40 万人，配置于西起农安、东至吉林市外围、东南至桦甸的沿西流松花江以南广大地区。9 月 16 日，国民党军参谋总长陈诚到沈阳召开军事会议，谋划对东北解放区的进攻之策，制订了"南攻北守，先南后北"的方针与计划，企图先消灭东北民主联军南满主力，占领南满解放区，切断东北解放区与华北解放区的联系，以及与山东解放区的海上通道，然后向北，全力夺取北满，占领全东北。

10月19日，国民党东北保安司令长官部司令杜聿明，按照"先南后北"战略计划，亲自指挥国民党军8个师10万兵力，分左、中、右三路进攻南满。国民党正式挑起东北内战。

右路由国民党新6军第14师、22师和60军重新组建的184师组成，向南进攻岫岩、庄河、大孤山、普兰店，目的是切断安东（今丹东）与大连之间的联系，把我军压缩在大连以北的狭窄地区。大连当时在苏军的控制下，国民党军切断我军与大连的联系，就是切断苏军对南满根据地的支援。左路由新1军的新30师、71军的91师和52军的195师组成，向通化、临江、辑安（今集安）进攻，意欲割断3纵与4纵的联系，阻断南满与东满、北满的交通。中路由52军（欠195师）沿安奉路向安东进攻，目标是占领安东，消灭辽东军区和东北民主联军第4纵队。中路在进攻中又分两路，52军军部率2师和25师的75团从正面直取安东;25师（欠75团）向本溪小市进攻，占领小市后，继续进犯赛马集，企图逼迫第4纵队在凤城、安东决战。

当时的形势是敌强我弱。新 1 军、新 6 军是国民党军五大主力中的两个，全部美式装备，机械化程度高，是蒋介石嫡系中的嫡系，抗战中参加过征缅作战，老兵多，经验丰富。52 军也是全部美式装备，25 师是蒋介石反共的精锐部队之一，是关麟征、杜聿明起家的部队，能冲善打，号称"千里驹"。

与敌人相比，辽东军区部队明显处于劣势。我军装备落后，以轻武器为主，经过东北大会战，部队减员严重，第 3、4 纵队，两个纵队不足 4 万人。3 纵在吉奉路（今吉沈线，吉林市—沈阳）、通（化）梅（河口）路作战。4 纵10 师远在永陵、新宾配合 3 纵队作战。4 纵 11 师、12 师在安奉路两侧活动，掩护辽东军区机关、伤员和大批物资向通化、临江转移，并保卫安东。更为严重的是四平保卫战之后，南满部队经过三保本溪等战斗，士气不高，有一定的畏敌心理，特别是南满地区的土地改革运动还没有普遍开展，已开展的地方也不深入，因而广大群众没有发动起来，持观望态度。

国民党在进攻南满的同时，对北满和西满也虚张声势，部队调动频繁，增加火力，修筑工事，发动佯攻，驻农安靠山屯（今吉林省农安县靠山镇）的国民党军扬言 12 月 5

日进攻哈尔滨。① 在敌强我弱、士气不高、民心不稳、根据地不巩固、敌情不明的大形势下，东北局和东北民主联军总部作出南满避敌锋芒、实行战略撤退的决定。

这意味着中共中央东北局和东北民主联军还没有正式作出发起东北解放战争的战略决策。

1945 年 10 月 19 日，中共中央东北局和东北民主联军总部指示辽东军区司令员肖华和程世才：“如果敌人用较大兵力进攻安东，我军要作撤出安东的准备，不要打被动挨打的仗。仍应集中兵力找分散的小敌人一个一个地歼灭。今后东北的胜利主要靠这种作战方式和彻底的坚持农村游击战与群众工作……望你们详细研究毛主席革命战争战略问题的第五章，接受那宝贵的教训，防止分兵把口消极防御的挨打战术（挨了一顿打之后仍然抛弃了地方）。必须集中兵力，选择有利目标各个歼灭敌人，这才是胜利的根本道路。”②

很明显，东北民主联军总部关于实行战略撤退的决定，是积极的战略防御，但是，由于敌众我寡、敌强我弱，4 纵在安奉线两侧地区，3 纵位于沈吉线，相距遥远，即便是积

① 中共中央党史资料征集委员会，中国人民解放军档案馆编：《阵中日记（1946.11—1948.11）》上册，中共党史资料出版社，1987，第 61-62 页。
② 刘统：《四野战史编辑室存电》，载《东北解放战争纪实》，人民出版社，2004，第 291-292 页。

极防御，仍然免不了形成分兵把口，被动御敌的局面。

（三）辽东军区部队分兵抗敌

10月19日，中路国民党军由本溪大举南进，企图直接占领安东。我军4纵12师集结于连山关以西的摩天岭，15时，前沿部队开始与敌军交火。20日拂晓，敌2师以1个团兵力发动进攻，12师第36团依据坚固工事顽强打退敌人多次冲锋。敌军正面攻不破，便进行侧后迂回。36团为了避免被包围，主动后撤到摩天岭主阵地，与34团并肩防守。这天黄昏，敌军发起向摩天岭的进攻。21日清晨，敌军在一个炮兵团的火力掩护下，采取正面猛攻、侧面迂回的战术，向摩天岭猛攻。36团、34团两个团的指战员经过顽强战斗，打退敌人多次冲锋，使敌人遭受800余人的伤亡。但是，摩天岭主峰于22时被敌占领。我军接到上级命令，撤出阵地，向赛马集方向转移。

由本溪出动的国民党52军25师于10月19日占领小市，20日占领了田师傅，21日进犯赛马集。我4纵11师一部在赛马集阻击敌军，掩护纵队主力转移，激战一天后撤离。25师占领赛马集后，留下两个营驻守，又向凤城前进。第4纵队为了拖住25师，打乱其进攻部署，集中11师、12师主力，于24日夜向赛马集发起进攻，在9门野炮的配合下，激战一夜，歼敌 200 余人。残敌向小市方向逃窜，我军夺回赛马集。

敌 52 军为了保证其侧翼安全，急令 25 师回援，重占赛马集。然后 25 师又向宽甸进攻。我军在前一阶段战斗中虽然打得很顽强，但总是分兵把口打击溃战，无法达到全歼敌人的目的。

当左路国民党新 1 军主力发动进攻时，我 4 纵 10 师在 4 纵副司令员韩先楚的指挥下，由本溪县草河口向北急行军 4 天向 3 纵队主力靠拢，准备迎击向永陵进攻的敌 195 师。10 月 15 日，4 纵 10 师向驻守永陵的敌 195 师一个团发起攻击，战斗一上午，占领永陵外围高地，将敌军压缩于街内。因友邻部队未阻挡住来增援的敌人，10 师只得撤离。这一战双方都伤亡近 500 人，打了个平手。

四平保卫战之后，东北民主联军第 3 纵队（也称辽东军区第 3 纵队）、独立 2 师、独立 3 师驻柳河、北山城子、小四平一带。8 月，国民党军进攻热河，为惩罚国民党破坏和平的行为，支援热河作战，辽东军区命令第 3 纵队进占西丰县城。驻守西丰之敌是新 6 军整编 207 师一部、60 军重新组建的 184 师新兵营。10 月 2 日中午至 4 日上午，3 纵 9 师 26 团、27 团两个团经过激战，占领西丰，全歼守敌。共毙、伤敌 300 余人，俘敌 860 人，缴获一批枪支弹药。

与西丰战斗同时进行的是打援战斗。3纵7师击溃自西安（今吉林省辽源市）增援之敌，独立2师一部击溃四平出援之敌，3纵8师攻克梅河口六八石区，使梅河口之敌不敢出援，保障了攻城的顺利进行。经过3天的战斗，3纵队共歼敌2500余人。[①]

5日，3纵队乘势向开原进军，当日午后攻占威远堡。6日抵达开原南北地带，切断中长铁路。对西丰之战，党中央和毛泽东充分肯定其对热河我军的配合作用，但是不认为这是东北解放战争的开始，并估计国民党军在东北发动内战要在冬季以后，即不会在冬季发动内战。

3纵占领西丰等地后，遭到国民党军的疯狂报复。10月6日，国民党新6军在开原设指挥所，分3路向西丰、清原、山城镇、草市合击，3纵避敌锋芒，退至柳河、大荒沟、南山城地区组织防御。随后，国民党军大举进攻南满。3纵节节抗击，但敌众我寡、敌强我弱，虽经顽强战斗，还是不能阻敌前进，至14日，国民党军已占领新宾、柳河、金川（今吉林省辉南县金川镇）等战略要点并继续进攻。30日，敌71军91师抵达新宾旺清边门与52军195师会合，向通化进攻，企图在通化与3纵决战。为争取主动，避免打莽撞仗，

① 唐洪森：《国共争战大东北》，科学普及出版社，1999，第508页。

3纵撤离通化，退至铁厂子、二道江等地。至此，3纵进行的通化、柳河保卫战宣告结束。11月2日10时，敌195师占领通化。

二、中共中央东北局关于发起东北解放战争的战略决策

（一）东北局坚持南满的战略决策

东北解放战争时期，中长铁路沈阳至大连、旅顺段以东、松花江以南地区，称辽东地区，又因为是长白山余脉，境内全部是山区和丘陵地带，又称辽东山区。光复后，中共

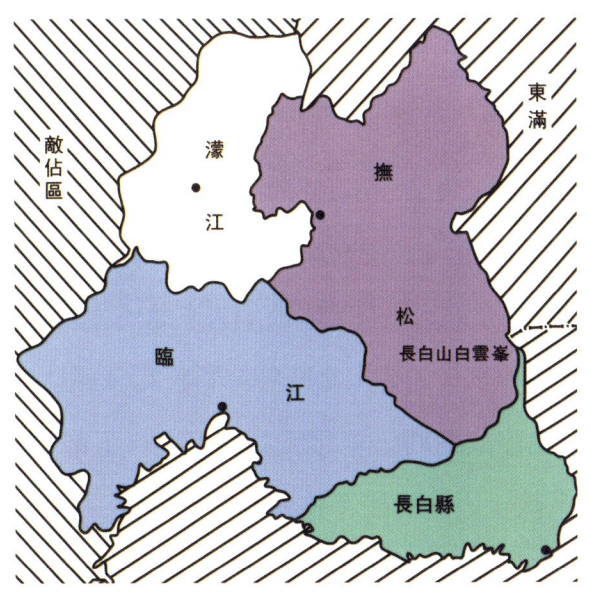

1946年冬南满根据地形势图

中央东北局又把这一带称为东满，成立了东满人民自卫军和辽东省委、辽东军区。1946 年 10 月至 1948 年 1 月，又把这一地区确定为南满地区，成立了中共南满分局和南满军区。

肖华率山东军区部队挺进东北，1945 年 10 月 12 日，以凤凰城（今辽宁省凤城）为首府，成立东满人民自卫军，组成司令部，肖华（时年 29 岁）为司令员兼政委。冀东曾克林部也在鞍山、本溪一带驻扎，扩大发展武装。为了统一我党在这一带的武装力量，应对国民党军的大举进攻，1945 年 12 月 31 日，中共中央东北局上报中央军委批准，决定成立东北人民自治军辽东军区，部队合编为两个纵队。辽东军区以程世才为司令员、罗舜初为副司令员兼参谋长；辽东省委，以肖华、江华为正、副书记兼正、副政委；罗舜初与曾克林部编为第 2 纵队，李天佑、曾克林任正、副司令，唐凯为副政委代理政委；吴克华、胡奇才两部合编为第 3 纵队，吴克华、胡奇才任正、副司令，彭嘉庆任政委。① 根据东北局的决定，1946 年 1 月，东北人民自治军改编为东北民主联军时，辽东军区第 2、3 纵队改编为东北民主联军第 3、4 纵队。

在东北停战期间，东北民主联军进行了部队整编：包括 3、4 纵队在内，野战军整编为 5 个纵队、10 个独立师，

---

① 《彭真传》编写组编：《彭真年谱》第一卷，中央文献出版社，2012，第 363 页。

且组建了炮兵、工兵、铁道兵，各军区以及纵队设骑兵团。到 11 月，东北民主联军总兵力已发展到 36 万人。9 月 19 日，东北局发出《关于准备粉碎敌人进攻的指示》，指出："陈诚飞沈，东北敌顽高级将领集会，各地顽军调动频繁，一切象征证明反动派即将向我哈尔滨、安东、通辽等地大举进攻，并在南满、辽西已开始试探性进攻，东北暂时的休战状况即将为大规模的战争局面所代替，我全党全军必须紧急动员起来，准备粉碎反动派的进攻……对目前情况必须具有清醒的认识，对伴随战争而来的各种严重困难有足够的估计，准备过长期的内战生活。"

10 月上旬至中旬，杜聿明为实现"南攻北守，先南后北"的作战计划，以 3 个师的兵力先后打通沈海铁路和吉海铁路，为其全面发动南满攻势做好了准备。10 月 19 日，国民党军集中 8 个师约 10 万人的兵力，分 3 路向安东、通化地区进攻，重点指向安东，企图将东北民主联军南满主力压缩、围歼于凤城、宽甸、安东地区，进而夺取安东市和整个南满解放区，再全力进攻北满地区。

面对国民党军的大举进攻，中共中央东北局和东北民主联军总部以积极防御的战略战术粉碎国民党军的进攻。1946 年 10 月 31 日，林彪、彭真、高岗、陈云致电中共中央：敌利用松花江阻我北满部队，而集中主力进攻南满和西满，最近正布置进攻洮南，但长春以北敌兵力较空虚。我拟以5个师兵力，以火车运输从哈尔滨经齐齐哈尔绕松花江以南，再步行向敌发起攻势，以破坏敌攻洮南及策应南满。11月1日，中共中央军委复电：你们作战计划甚好，望坚决执行。[①]同日，中共中央东北局发出《对南满战略任务的指示》。指出："目前长春北部空虚，且距结冻期不远，大力向南出击歼灭敌人。你们要极力完成削弱和抑留敌人的战略任务，以便我军歼灭北面之敌，并继续向南进攻。你们更必须准备敌由南满抽兵北上时，猛力歼灭敌人。这是整个东北战略形势上极端重要的一着。"[②]

辽东军区扩大会议全体同志合影

① 《彭真传》编写组编：《彭真年谱》第一卷，中央文献出版社，2012，第466页。

② 朱佳木主编：《陈云年谱》（修订本）上卷，中央文献出版社，2015，第588-589页。

中共中央东北局和东北民主联军总部关于坚持南满的战略决策是针对国民党"南攻北守，先南后北"的战略企图制定的，既是粉碎国民党军在东北发动内战的重要决策，也是极为正确的决策，已为历史所证明。战略决策制定之后，"东总"指挥北满部队 3 个纵队在 11 月初开始松花江以南作战，经过 40 余天的战斗，达到了战略目的，摸清了长春以北地区国民党军防守空虚的实际情况，初步证明"东总"坚持南满、南北配合粉碎国民党进攻的战略战术是正确的，增强了我军胜利信心，是一次达到预期目的的揭幕战。与之相反，南满部队进行的新开岭战役虽然取得胜利，歼灭敌一个整师，但是并没有给国民党军造成重大打击，国民党军继续进攻，南满形势仍然岌岌可危，新开岭战役没有达到认清形势、增强信心的战略目的。从这个角度看，新开岭战役是一场没有达到预期目的的揭幕战。要坚持南满的战略决策仍要做统一思想、坚定信心的工作。

（二）东北解放战争的序幕战之一：新开岭战役

面对国民党军兵分三路的大举进攻，我军兵力不足，双方实力相差悬殊，辽东军区根据我军部署分散的实际情况，认真研究退敌方案。最后确定集中优势兵力，在新开岭对敌 52 军 25 师进行伏击，从而打响了东北解放战争的

第一场揭幕战——新开岭战役。

1946 年 10 月 20 日，辽东军区在安东军区司令部召开军事会议，研究讨论作战方案。与会者在讨论中形成三种意见：一是坚决要求保卫南满的大本营安东，以便将来反攻，这与苏军意见吻合。会前苏军驻安东卫戍司令向肖华建议，死守安东，把安东变成第二个马德里。二是放弃安东，部队暂时化整为零，分散到山区打游击，敌人有飞机大炮，硬扛必然会造成重大伤亡。三是争取消灭敌之一部，挫其凶焰，再寻机反攻。根据毛泽东关于歼灭敌人有生力量，而不计较一城一地之得失的方针，再对照东北局和东北民主联军总部的电报指示，辽东军区司令员兼政委肖华明确表示倾向于第三种意见。

无疑，这是一种积极防御方案，但是，辽东军区能够集中使用的部队也只有 4 纵的 11 师、12 师两个师。

总的作战方针已定，但在打哪路敌军的问题上又形成不同意见。有的人主张打左路之敌 195 师，理由是该师在各路进攻之敌中位置最为突出，不久前曾受到我军打击，我军对其了解，有战胜把握；有的人则持反对意见，说 195 师挨过一次打，在这次进攻中不会一味前突，不如先打敌 25 师。肖华权衡再三，决定采纳第二种意见，打敌 25 师。他还分析了消灭敌 25 师的五个优势：一是我军可以同时集中 8 个团的兵力，2 倍于敌，从局部上看，我军占优势，是一场有准备的优势歼灭战；二是在敌 25 师进攻方向上，有较为理想地形作为我军的预选战场；三是在设置战场一带有较好的群众基础；四是我军经过教育整训，士气旺盛，装备较之以前也有很大改善；五是辽东军区已建立起了一支防空部队，可以减轻战场上敌军施加的空中压力。

肖华谈了想法后，大家又进行了热烈讨论，意见渐趋一致。在讨论中，大家还仔细研究了敌军的情况，分析了歼敌 25 师的可能性。大家认为：敌人对我兵力估计不足，不会料到我军会一下子集中起来 8 个团的兵力；敌 25 师一向盲目骄傲，时常孤军深入，以长驱直入、单刀赴会的战法在国民党军中屡获殊荣。这一次仍是这样，且其距其他部队越来越远，估计至少要有两天路程；敌 25 师骄兵必败，又得不到及时支援，我军全歼该敌是可能的。敌 25 师被吹嘘为"千里驹"，是国民党的一支王牌部队，与我决战心切，此时预设伏击圈，容易引其上钩；敌 25 师在本溪、碱厂、赛马集等地多次战斗中，部队减员，新兵增多，战斗力明显下降；打敌 25 师比打 195 师对敌军震撼大，客观效果明显。

综合以上敌我各种因素，肖华最后决定，集中优势兵力，消灭敌 25 师。具体战场设在新开岭地区，战役实施由第 4 纵队承担。为保证打好新开岭战役，肖华决定，暂时放弃

安东，将军区机关转移到临江，在战役期间，军区司令部
移至安东以北的宽甸县。

我民主联军 4 纵在新开岭战役前召开动员大会的场景

新开岭位于宽甸以西约 70 里处，包括叆阳边门、黄家
堡子和潘家堡子等地。四面皆为高山，宽甸至赛马集的公
路和叆河从山间穿过。两岸谷地地形比较开阔，北面有老
爷岭（又称老爷山）为制高点，当年日军在老爷岭顶修建
了碉堡，可以控制东北、西北、正北 3 个方向；叆阳边门
东山可以控制公路向东的出口，西边潘家堡子和 586 高地
可以封闭公路向西的出口，南有 404 高地可以俯视黄家堡
子一带，新开岭是集中兵力打一场大伏击战的理想战场。

10 月 30 日下午，国民党敌 25 师先头部队接近新开岭
的黄家堡子。我 4 纵 11 师阻击敌军，迟滞敌人行动，争取

时间让尚在新宾境内的 10 师主力赶来参加战斗。傲慢的敌
25 师未把我军放在眼里，直接进攻老爷岭，夺取制高点。
守在山头的 11 师警卫营及 33 团 2 个连因伤亡过大被迫撤
离阵地，老爷岭失守。10 月 31 日下午，10 师主力急行军
刚刚赶到，没来得及很好组织火力便匆匆投入战斗，与敌
人展开正面遭遇战。敌军占有老爷岭山顶的日军碉堡，地
形对我军不利。从黄昏开始，10 师 28 团的一个营向老爷岭
发起进攻。因战术指挥不灵活，只从正面硬攻，又没有炮
火支援，在敌人密集火力封锁下，虽然有 3 个战士冲到山
顶碉堡下，但后续部队上不来，突击未能成功。11 师隐蔽
在暖阳边门的黄家堡子，敌 25 师为了冲开南进道路，以一
个团兵力向黄家堡子山头进攻。守卫阵地的 32 团 2 营在敌
人强大火力压制下丢失了阵地，但 11 师并未后退，仍然卡
住了暖阳边门的通道。这一夜我军对敌 25 师已形成三面包
围，但制高点多被敌人控制，出现了对峙局势。11 月 1 日，
10 师 29 团经一夜激战后，攻占黄家堡子西北两个高地，威
胁到老爷岭敌军之侧翼。敌军为了巩固阵地向外冲击，集
中兵力收缩到老爷岭，组织防御。11 师乘势占领暖河南岸
高地，12 师攻占了潘家堡子高地，完全切断了敌 25 师的退
路，但敌 25 师仍未查清我军兵力，认定我军无力歼灭他们。
当沈阳国民党东北保安司令部用无线电与敌 25 师联络时，

25师师长李正谊[①]狂妄地高喊："只要炮弹，不要援兵。"此时，4纵10师不顾疲劳和伤亡严重，连续向老爷岭发起攻击，但是，没有采用正确的战术，炮火配合不当，伤亡500余人仍未成功。此时天公不作美，雨雪交加，指战员们没有遮雨用具，也撤不下来，在山坡上冻了一宿，许多干部战士浑身冻僵。

东北民主联军4纵在新开岭战役中的机枪阵地

---

① 李正谊（1903—1992），别字时若，陕西省乾县人。1925年到广州，入黄埔军校第四期学习，毕业后参加北伐战争。历任国民革命军新编第1师第1团排长，第一军独立第15旅连长，第85师149团2营营长，参加长城古北口抗战。全面抗战爆发后，任第52军75旅副团长、团长，第25师副师长，参加徐州会战、武汉会战和第一、二、三次长沙会战。1945年初起任第52军25师师长。1946年10月底在东北新开岭与东北民主联军作战时被俘，后返原籍定居。新中国成立后，任陕西乾县政协委员、常委，咸阳市政协委员，陕西省黄埔军校同学会顾问等职。

11月2日，新开岭战役到了关键时刻。我军与敌军鏖战两昼夜，都已相当疲劳。号称"虎师"的国民党新6军新22师由草河口前来增援，不到一天的路程，其余各路敌军分别占领了通化、宽甸和安东。敌人飞机给25师空投弹药，并投下杜聿明给李正谊的信件，叫他固守待援。

在这种情况下，是打还是撤？4纵司令部发生争论。有人认为不能打了。咱们3个师2万来人，敌人一个师8000多人，兵力上咱们不占绝对优势，装备差得更远。援军将到，敌人肯定拼命抵抗，再僵持下去，想走都走不了了。有人认为若是不打，撤，将前功尽弃，快瘫的"千里驹"立刻会蹦起来，气焰更加嚣张。眼下我们困难，敌人更困难，主动权还在我们手里。只要组织好炮火，老爷岭一定能打下来。副司令员韩先楚建议集中全部榴弹炮、野炮、山炮和各团的数十门迫击炮，统一组织起来，以所有的榴弹炮与迫击炮射击山后的敌预备队，以所有的野炮、山炮压制山头上的堡垒，密切配合强大的突击队，强攻746高地。

关键时刻,4纵司令员胡奇才一锤定音:就这样决定吧!打! 他说："现在就是我们常说的那个'坚持最后5分钟'的时候，我们要不惜代价打下去。成败系于老爷岭。我们要集中兵力，争取时间迅速拿下老爷岭，这盘棋就能活起来。"当即决定，次日拂晓发起总攻，不留预备队，全纵人员都投入战斗。司令员胡奇才、政委彭嘉庆指挥 10 师强攻，副司令员韩先楚负责组织炮火，11 师、12 师从侧后攻击，计划 12 点前结束战斗。

2 日早晨，11 师渡过矮河，进至北岸，使老爷岭侧后暴露，对敌形成严重威胁。而后由潘家堡子向老爷岭旁边的丛家堡子小高地进攻，拿下敌人的重要据点——大庙，老爷岭敌阵地更加孤立。10 师预备队、30 团此时都已到达老爷岭下，30 团的两个营向老爷岭西北、正北侧翼发起攻击。10 师炮兵集中火力，将山顶的碉堡摧毁。28 团因连日作战伤亡太大，进攻迟缓，有的人员擅自脱离战场。作战科副科长段然奉命前去鼓舞大家的士气，组织队伍重新发起攻击。段然高举手枪，风一样地向敌人冲去。刹那间，28 团"战士们一跃而起，如万箭齐发，直向山顶飞奔，又重新向山上冲去"[1]。经过反复 9 次争夺，老爷岭阵地终于被我军占领。此刻敌 25 师全线混乱，兵败如山倒。先前是向南突围，被 11 师堵回；又向潘家堡子突围，被 12 师堵回。10 师不顾敌机轰炸，又从老爷岭上冲杀下来。11 师也全体出击，四面山上杀声震天动地，敌 25 师残部被压缩在黄家堡子河套内，全部歼灭。

---

[1] 赵梗：《大战"千里驹"》，载《星火燎原选编之八》，中国人民解放军战士出版社，1982，第 320 页。

被我东北民主联军俘虏的国民党军士兵

新开岭战役共毙、伤敌团长董显武以下官兵 2100 余人；俘敌师长李正谊，副师长段培德、黄建庸（于押送途中逃脱），第 73 团团长李公言，第 75 团团长赵振戈等以下官兵 6200 余人；缴获轻重机枪 270 挺、各种枪 2642 支、各种炮 117 门、装甲车 4 辆、汽车 3 辆、电台 13 部半、电话机 21 部、马 275 匹、大车 49 辆，以及大批弹药物资。累计草河口、雪里站、分水岭、赛马集、双岭子、新开岭诸次战斗，共歼敌第 25 师 9227 人。①

新开岭战役具有重大的政治、军事意义。

第一，新开岭战役揭开了四保临江战役和东北解放战

———————————

① 唐洪森：《国共争战大东北》，科学普及出版社，1999，第 525 页。

争的序幕，标志着我军正式结束了争取和平民主阶段的军事冲突，与国民党转入正式的战争状态。这次战役沉重地打击了国民党军的嚣张气焰，拖延了国民党军对临江地区的进攻，保证了辽东军区机关与后方机关的安全转移，鼓舞了士气，增强了斗志，对坚持南满斗争具有重要意义；在一定程度上坚定了南满军民打赢"四保临江"战役和东北解放战争的必胜信心。

第二，新开岭战役是东北民主联军第一次全歼国民党军一个整师的歼灭战。敌 25 师骄横自负，盲目轻进，在被包围时还拒绝增援，最终全军覆没。这个胜利极大地鼓舞了我军的士气，打掉了国民党军队的威风。25 师被歼让杜聿明相当震惊，他完全未料到"共军"会有如此强大的战斗力。他在对新 1 军 38 师校级以上军官训话时说："今天我们应切戒骄傲，对共军战斗力万不可再存轻视心理。这次 25 师疏忽冒进，以致全部被消灭。25 师这样好的部队，如此下场真令人痛心至极。如果大家今后都像 25 师，就会亡党亡国。"杜聿明把责任都推给 25 师，认为新开岭的失败是师长无能所致。他仍旧坚持既定战略，向南满大举进攻。

第三，新开岭战役证明我军"集中优势兵力打歼灭战"作战方针的正确性。在敌强我弱、敌众我寡的总体情况下，我军必须在战术上集中超过敌军数倍的兵力，方能促成我强敌弱、我众敌寡的态势，方能取得胜利。新开岭战役中，我军集中 4 纵队 8 个团（每团 300~1400 人），虽然只是敌军人数的 2 倍，武器装备也落后于敌军，但全纵队指战员下定决心，连续作战，终于取得最后胜利。

第四，新开岭战役是我军"一不怕苦、二不怕死"革命精神和战斗意志的胜利。在 11 月 1 日，老爷岭阵地久攻不下，伤亡增加，敌人援兵路程不到一天，天降雨雪等诸多不利条件下，指挥层多数主张撤退，司令员胡奇才主张坚决打。正是胡奇才的一锤定音，坚持打下去，才保证了战斗的最后胜利。新开岭战役本质上是革命精神和战斗意志的胜利。

新开岭战役也给我军提供了经验和教训。战役之所以长达 4 天时间，主要是因为在主攻时未能集中绝对优势兵力猛攻一点，而是分散了兵力，在炮火支援上也有不足。4 纵指挥层认识到，今后作战应当快刀杀敌，避免兵力展开过宽，削弱攻击力；越到最后关头越要坚持，我们固然困难，但敌人比我们更困难；只要还有一线胜利的可能，就决不动摇地打下去；战斗中要讲战术，要强调"一点两面"，而不是正面硬攻，造成不必要的伤亡。战争是最好的老师，在战争中学会打仗，总结经验，就能使我军不断成熟起来。

尽管有诸多教训，但是，新开岭战役的胜利还是振奋了军心民心，林彪致电嘉奖4纵和南满部队全体指战员，称赞他们创造了"东南满自卫战辉煌成绩"。11月9日，毛泽东看到新开岭战役的经验总结报告后，以中央军委名义复电南满肖华并告林彪、西满军区司令员黄克诚、东满（吉辽）军区司令员周保中等同志说："你们此次作战经验很好。（一）第一次集中五个团打二十五师未能奏效，第二次（酉世至戌冬）集中八个团打该师，就胜利了。以后作战凡打大一点的仗总要集中十团八团兵力，最好能集中十二个团打，以期必胜。这是战役上必须集中兵力。（二）战术上亦须集中兵力，你们世日包围二十五师，冬日九次攻击皆未奏效，冬日拂晓，集中炮火攻破南北山一点，从此扩张战果，即于半天内将该师全部歼灭。而后作战每次均须采取此种方法。"①

毛泽东又亲自起草了中央军委给辽东军区政委肖华的电报："（一）庆祝你们歼灭敌人一个师的大胜利。望对有功将士传令嘉奖。（二）这一胜仗后南满局势好转，望集结主力，争取新的歼灭战胜利。"

1983年，萧劲光说：对"四保临江"之前的新开岭战

---

① 毛泽东：《战役和战术上均须集中兵力以期必胜》，载《毛泽东军事文集》第三卷，军事科学出版社、中央文献出版社，1993，第555页。

役要有足够的估计。没有"新开岭战役"消灭敌 25 师的胜利，敌人气焰那么高打不下去。新开岭的胜利，对南满是有很大意义的。给"四保临江"创造条件，鼓舞了我们的士气，争取了时间，打击了敌人的气焰，以后敌人有点儿害怕了，所以对"四保临江"有很大意义。[①]

（三）东北解放战争的揭幕战之二：北满部队过江作战

1946 年 10 月，国民党军在大举进攻南满的同时，还虚张声势，叫嚣进攻西满和北满，并派 71 军 87 师、88 师两个师向通辽和郑家屯、洮南方面发动进攻。

1946 年 11 月初，中共中央东北局和东北民主联军总部决定派驻北满东北民主联军第 1、2、6 纵队，吉林军区、辽吉军区部队发起西满和长春以北地区作战，揭开了东北解放战争的第二场揭幕战——北满部队过江作战（也称"一下江南"作战）。

由于松花江尚未封冻，且东北民主联军尚不具备架桥和利用其他方法渡江的能力，东北民主联军总部决定部队乘火车绕道齐齐哈尔从辽吉根据地的大赉（今吉林省大安市）过江，向敌进攻。

---

① 李镜：《儒将肖华》，解放军文艺出版社，1998，第 461 页。

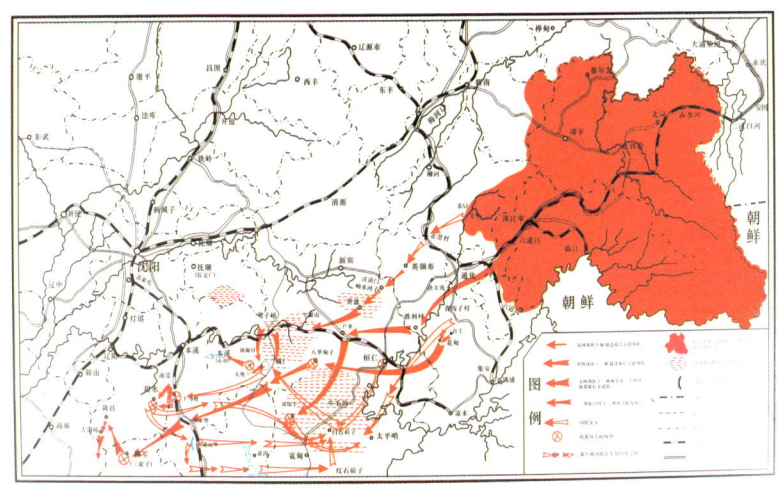

临江根据地及外线部队作战示意图

4日，东北民主联军总政治部发布训令，指明"我军决乘北线敌人空虚，并在松花江南岸广大地区发动攻势作战"，并提出此次战役目的有四：其一，乘敌兵力分散北线空虚，首先集中兵力拔除敌人据点，开辟江南阵地，利用冰冻期到，打通江南、江北联系，以利今后之作战；其二，调动敌人，打击敌之增援部队，我以大兵行动，必引起敌之增援，我便取得了运动战的机会，对南满、西满则可减弱敌之攻势，利于反攻与收复失地；其三，大举破坏国民党管制的铁路、桥梁，摧毁其反攻的重要设施，增加反动派的困难；其四，我向江南行动直接保卫了江北解放区，同时又可阻止迟延敌人对东满、西满的进攻，便于争取时间，使东满、西满、

东北民主联军第 1 纵队第 2 师正构筑防御阵地，待机歼敌

北满群众工作继续深入，故此次战役作战的意义甚大，全军必须重视，务求达成目的。6 日，"东总"又发布战役行动动员口号，共分 17 条。

东北解放战争时期的长春以北地区包括九台、德惠、农安等县，由国民党新 1 军、杂牌武装和一些土匪驻守。军部、直属部队 3500 人，其他部队 4500 人，共 8000 人驻守长春；第 50 师师部和直属部队驻守德惠县城，148 团 3 营、警备 11 支队、东北保安暂编第 14 支队驻守农安县城，50 师 147 团驻守农安靠山屯，"东保"暂编 1 支队 500 人驻守农安高家店，东北保安 3 支队驻守农安于家店，300 名土匪驻守农安万金塔，骑兵团 200 人驻守农安三盛玉，东北保安 9 支队 500 人驻守伏龙泉。[1]

东北民主联军的作战计划是第 2 纵队 3 个师从大赉乘火车过江后，向农安伏龙泉、四平郑家屯前进，执行破路、寻机歼敌任务；第 1 纵队 1、2 师配合 2 纵行动，3 师集结于蛟河监视吉林之敌。6 纵 16 师随 2 纵行动。6 纵 17 师、18 师两师进至扶余三岔河待机行动。吉林军区吉南军分区第 24 旅、吉北军分区独 3 师，辽吉纵队保 1 旅在东西两侧配合主力部队行动。

11 月 1 日，第 2 纵队第 5 师首先出动，由呼兰乘车运至大赉集结，第 4 师原已集结于前郭旗，第 6 师正由库伦北进舍伯吐转赴保康（今内蒙古自治区科左中旗）准备出击郑家屯。8 日，第 1 纵队 1、2 师由拉林、五常一带，分别运至大赉下车，准备进抵农安以西配合第 2 纵队作战。6 日，"东总"直属队到达大赉，继进农安哈拉海，总司令林彪和总政治部主任谭政亲自为先行赶到战区的第 2 纵队作动员报告。第 6 纵队第 16 师经大赉东南之新庙随第 2 纵队 4 师南进。吉林军区和辽吉军区部队在东、西两面配合行动。

7 日，"东总"命令部队执行大破路任务。辽吉纵队保

---

① 中共中央党史资料征集委员会，中国人民解放军档案馆编：《阵中日记（1946.11—1948.11）》上册，中共党史资料出版社，1987，第 2 页。

1旅破坏公主岭到四平之间的铁路，6纵16师和2纵4师破坏长春至公主岭段的铁路，2纵5师破坏长春至吉林段的铁路。9日，东北民主联军第2纵队司令员刘震率2纵4师到达农安县伏龙泉（今吉林省农安县伏龙泉镇）。此时，敌新1军50师148团3营和保安团进至伏龙泉东南方的尤家屯、纪家窑等4个土围子固守。11日，4师第11、12团向纪家窑、尤家屯同时发起攻击。12日，炮兵团赶到，轰击纪家窑之敌，守敌向农安溃逃。16日，4师向农安、伏龙泉、哈拉海方向前进，破坏了长春至农安段的铁路。

23日，2纵5师攻击农安靠山屯之敌。战斗中，我军出动3辆坦克，进行步兵、炮兵、坦克协同作战。24日晨战斗结束，全歼守敌一个连。"毙敌105人，伤敌86人，俘虏362人，合计553人。我阵亡41人（有副营长1人、副政指1人、排长2人），负伤212人（有副营长1人、副政教1人、作战副科长1人、连级8人、政指3人、排级21人），失踪战士1人，合计减员329人。缴获六零炮4门、重机枪1挺、轻机枪20挺、冲锋枪23支、自动步枪1支、短枪36支、步枪251支、掷弹筒2具、汽车4辆、大车5辆、电话机2部、骡马149匹，以及各种弹药3万发。"①23日中午，为配合2纵围歼靠山屯之敌，1纵2师在刘家屯、金

---

① 东北民主联军第二纵队第五师：《靠山屯战斗详报》，1946年12月。转引自唐洪森：《国共争战大东北》，科学普及出版社，1999，第597页。

家屯同德惠增援之敌 600 余人展开激战，毙、伤敌 200 余人。在东北民主联军的打击下，国民党东北保安司令部急调新 1 军新 38、30 师和新 6 军新 22 师一部北进，向东北民主联军反扑，有大举进犯哈尔滨的征兆。12 月 11 日，鉴于调动敌军北进的目标已经实现，"东总"决定结束此次作战。

北满部队过江作战，同新开岭战役一道，揭开了东北解放战争的序幕。此次作战共歼敌 2000 余人，破袭铁路数段。此次过江战斗属于战略侦察性质，摸清了国民党"先南后北"的战略意图和松花江南岸国民党军的部署情况，对国民党进攻南满有一定的牵制作用，锻炼了部队，熟悉了松花江以南、长春以北地区的地理民情，起到了实战演习的作用，认清了国民党军的虚弱本质，增强了必胜信心，为"三下江南"战役的胜利打下重要基础。

三、中共南满分局的成立与七道江会议

（一）中共南满分局的正式成立

鉴于国民党军大举进攻南满根据地和南满的严峻局势，东北局于 1946 年 10 月 28 日召开会议，决定坚持南满根据地，并派东北局副书记陈云、东北民主联军副总司令萧劲光兼参谋长前去领导坚持南满根据地的斗争。为加强对南满根据地的统一领导，东北局于 10 月 31 日决定并经中共中央同意成立南满分局（也称辽东分局），陈云兼任分局书

记、辽东军区政委，萧劲光兼任分局副书记、南满军区司令员，肖华任分局副书记、南满军区副司令员兼副政委。

11月3日，陈云、萧劲光离开哈尔滨，乘火车前往南满。为保密，他们一路途经佳木斯、牡丹江、宁安、东京城等地，由图们取道朝鲜，经平壤从满浦过境到辑安（今集安），于11月27日到达辽东军区驻地临江（今吉林省临江市）。

此时，南满根据地只剩临江、长白、抚松、靖宇、辑安5县40万人口，并面临被继续压缩的危险，而且严冬已至，部队衣食、弹药都极为紧缺。陈云和萧劲光到来后，立即找辽东军区和辽东省委的领导干部谈话，了解情况，摸清思想。

12月2日，辽东军区召开庆祝朱德总司令六十大寿干部大会，陈云在会上发表了题为《反动派一定要被打倒，胜利一定要来到》的讲话。他指出，现在我们要做三件事情：第一件，仗要打好。第二件，依靠人民。第三件，要站好个人的岗位，积极工作，加强责任心。要勇敢地去迎接困难的任务，哪里有困难，就向哪里去，战胜困难。退却逃跑，躲避困难，是可耻的。

陈云的讲话，不但鼓舞斗志，坚定了革命斗争信心，抓住了依靠人民，让农民翻身的根本，而且把坚持南满斗争的战略战术表达出来，这就是正面集中兵力打歼灭战，在敌后开展游击战，牵制敌人。

12月4日，南满地区党政军负责人会议在临江召开，宣布南满分局成立和分局领导成员分工。陈云传达了中共中央和东北局对南满工作的指示，肯定了辽东省委和辽东军区过去一年的工作成绩，指出了存在的问题和困难，要求大家团结一致，坚持南满的对敌斗争。萧劲光就坚持南满问题作了讲话。12月6日，南满分局宣布撤销辽东省委，并将辽宁、辽南、安东3个省分委升格为省委。辽宁省委的成立，标志着吉林省境内的三大省委全部成立，东满、南满、辽吉三大根据地初步形成。

在此之前，1946年9月25日，东北各省、市行政联合办事处发布第三号命令，经东北行政委员会第五次会议决定，在南满成立东北行政委员会辽东办事处，任命张学思①为办事处主任，进行筹备工作。1947年1月1日，东北行政委员会辽东办事处在临江正式成立。至此，南满党、军、政领导机关全部建立，标志着南满根据地正式形成。

---

① 张学思（1916—1970年）字述卿，化名黄树藩，又名张昉，辽宁省海城县人。张作霖第四子。1933年加入中国共产党。从事党的统一战线工作。1939年参加八路军。全面抗战时期，历任中国人民抗日军政大学东北班干部队队长，冀中军区司令部参谋处处长，冀中军区副参谋长兼第一科科长，晋察冀军区司令部参谋处处长，平西军分区参谋长，第一军分区副司令员兼参谋长。东北解放战争时期，历任辽宁省政府主席兼辽宁军区司令员，东北行政委员会副主席兼辽东办事处主任，安东海军学校副校长。新中国成立后，任大连海军学校副校长兼副政治委员，中国人民解放军海军副参谋长。后赴苏联求学，1958年于苏联伏罗希洛夫海军学校毕业。回国后，任中国人民解放军海军参谋长。1955年被授予少将军衔。获二级独立自由勋章、一级解放勋章。第一届全国政协代表，第一届全国人大代表。于1970年5月29日在北京逝世。

南满地区党政军负责人会议之后，陈云、萧劲光还分头召开座谈会，就南满到底应不应该坚持、能不能坚持和怎样坚持等问题开展调查研究。萧劲光到七道江与3纵、4纵和各军区主要领导研究作战方案，陈云留在临江继续进行调查研究工作。12月13日，陈云与江华联名给东北局和中央发出了关于辽东敌后情况及对策的报告。陈云和江华在报告中提出7条对策措施：

1.南满只剩5个县40万人口，坚持敌后是成败关键，须派出相当主力去敌后。

2.打击反动地主、警特，保护农民已得粮食，破坏抽丁。

3.力争游击区存在，创造游击根据地，以便适当时机恢复某些根据地。

4.调整敌后干部，注意精干、经验、坚定、团结、共甘苦等条件。

5.特别注意培养本地干部。

6.对受骗被迫服务的村长、农会人员，一般不以反革命对待。

7.可能失守的县区及敌后，须分散掩埋必需物资，必须亲自动手埋，不损失。①

这份报告把如何坚持南满斗争的对策进一步具体化，

---

① 陈云：《辽东敌后情况》（1946年12月13日），载《陈云在东北》，辽宁人民出版社，2019，第93页。

特别是关于派主力去敌后的思想，在第二天的七道江会议上，得到与会者赞同，成为"一保临江"战役取得胜利的关键决策之一。

肖劲光与杜光华在奔赴"七道江会议"的路上（影视资料图片）（肖劲光即萧劲光）

（二）七道江会议——东北解放战争的发起会议

针对国民党军即将开始的对临江的军事进攻，南满军区于12月11日至15日在七道江村（今吉林省白山市浑江区七道江村）前线指挥所和临江两地召开南满军区师以上干部军事会议，会议讨论决定坚持南满斗争和作战方针问题，

统一了思想，保证了"四保临江"战役的胜利，史称"七道
江会议"。

　　会议由南满军区副司令员兼南满分局副书记肖华具体
组织，在原伪满通明炭矿办公室举行。参加会议的有南满
军区司令员兼南满分局副书记萧劲光，南满军区副司令员
程世才，安东省委书记江华，南满军区参谋长罗舜初①，南
满军区政治部主任莫文骅②、副主任唐凯，第3纵队司令员
曾克林、副司令员曾国华、副政委刘西元，第4纵队政委

---

① 罗舜初（1914—1981），福建省上杭县人。1929年参加闽西农民武装暴
　动，同年加入中国共产主义青年团。1931年参加中国工农红军。1932年
　转为中共党员。土地革命战争时期，历任少共区委组织委员，闽西独立团
　班长，红一方面军司令部参谋，红四方面军司令部二局科长、代局长、军
　委二局副局长。参加过长征。全面抗日战争时期，历任军委总参谋部二局
　局长、八路军总部作战科科长、八路军第一纵队参谋处处长、山东纵队参
　谋长、鲁中军区司令员兼政治委员、中共鲁中区委书记。东北解放战争时
　期，任辽东军区副司令员兼参谋长，南满军区副司令员兼参谋长，东北民
　主联军第三纵队政治委员，中国人民解放军第四野战军四十军政治委员、
　军长。新中国成立后，任海军参谋长、第二副司令员，国防部第十研究院
　院长，国务院国防工办副主任兼国防科委副主任，沈阳军区副司令员、顾问。
　1955年被授予中将军衔。是中国人民政治协商会议第五届全国委员会委员。
② 莫文骅（1910年—2000），男，广西人。1926年加入中国共产主义青年
　团。1929年参加百色起义。1930年加入中国共产党。土地革命战争时期，
　历任红七军直属政治处主任，中央苏区军委会总司令部直属政治处主任，
　红军干部团政治处主任，红军大学政治部主任等职。长征、抗日战争时期，
　历任中国人民抗日军政大学政治部主任，八路军留守兵团政治部主任，
　东北野战军第4纵队政治委员等职。中华人民共和国成立后，历任广西
　省军区副政治委员兼南宁市市长，东北军区政治部主任，中国人民解放军
　政治学院院长，福州军区副政治委员，中国人民解放军装甲兵政治委员。
　1955年被授予中将军衔。2000年5月31日，在北京逝世，享年90岁。

彭嘉庆^①、副司令员韩先楚、副政委欧阳文，第 3 纵队 7 师师长邓岳、7 师政委李伯秋、8 师政委刘光涛、9 师政委谭开云，4 纵 10 师师长杜光华、11 师政委李丙令、12 师师长江燮元，安东军区副司令员沙克^②等 20 余人。

会议的主要任务是研究"怎样打的问题"，可是，由于大家对能否坚持南满缺乏信心，没有形成统一意见，会议很快由研究"怎样打"的战术制定会议，变成"能不能打"的战略决策会议。大敌当前，对于南满能不能坚持，怎样

---

① 彭嘉庆（1909—1993）江西省吉安县人。1928 年参加中国工农红军。1930 年加入中国共产党。土地革命战争时期，历任班长、排长、分队长、连长兼政治指导员、团政治委员、红五军团直属队总支部书记、营政治教导员、团卫生部政治委员、供给部政治委员等职。参加过长征。全面抗日战争时期，历任八路军一一五师卫生部政治委员，鲁东支队政治委员，苏鲁支队政治委员，鲁南军区政治主任，胶东军区政治部主任兼第五师政治委员。解放战争时期，历任东北民主联军第四纵队政治委员，辽北军区副政治委员、司令员，辽西军区司令员。新中国成立后，任中国人民解放军炮兵副政治委员兼政治部主任，山东军区副政治委员，济南军区副政治委员，中国人民解放军后勤部副政治委员兼后勤学院政治委员，广州军区副政治委员、顾问。1955 年被授予中将军衔。1993 年 8 月 14 日在北京病逝。

② 沙克（1907—1994）辽宁省丹东市人。1927 年毕业于东北陆军讲武堂。曾任东北军第 53 军 647 团团部副官、连长，第 691 团团部副官、代营长。1936 年参加东北武装同志抗日救亡先锋队。1937 年加入中国共产党。全面抗日战争时期，任冀中人民自卫军特种兵团团长，冀中军区第三军分区司令员，冀中军区司令部参谋处处长，冀中军区副参谋长、参谋长，晋察冀军区副参谋长。解放战争时期，任冀热辽军区副司令员兼参谋长，安东军区副司令员，辽东军区参谋长，东北民主联军第四纵队副司令员，安东军区司令员，东北野战军第三纵队副司令员，第四野战军特种兵司令部炮兵第二师师长。新中国成立后，任中国人民解放军空军训练部副部长、军训部部长、空军学院副院长。1955 年被授予少将军衔，获得一级独立自由勋章、一级解放勋章。

坚持，必须统一认识、统一思想。

军区司令员萧劲光首先在会上作报告。萧劲光在报告中分析了敌我情势，讲清了坚持南满的理由，分析了敌人的长处和短处，我军的长处和短处，提出"以军事反'清剿'为主，以有力的游击兵团深入敌后，广泛开展游击战争，破坏敌人的'清剿'。恢复广大乡村，恢复政权，迟滞与打击敌人的新进攻。主力集中于适当位置，准备于敌人进攻中，消灭其一部，配合游击战争"③的军事行动方针，以及伤员如何处理的办法。萧劲光指出，"从目前来看，南满的严重情况已经到来，而且可能发展。但这决不能改变我们坚持南满的决心。我们要有克服困难和长期打算的思想。在任何情况下，应坚持南满"④"决不因某种情况而动摇此方针，防止两种偏向：（1）在严重困难面前悲观失望，以致退却逃跑现象，苟安思想在一部分干部亦开始生长。如发展下去，正是合乎敌人的要求。计划'到那里去'不面向敌人而是面向抚松、长白、北满、朝鲜。（2）我一部同志对敌强我弱形势尚无明确了解，产生轻敌急躁，无坚韧性，即便关内某些地区转入反攻，我们还是不平衡的。'戒骄戒

③ 刘统：《决战：东北解放战争 1945—1948》，上海人民出版社，2017，第 271 页。
④ 萧劲光：《四保临江的战斗岁月》，载《辽沈决战》（上），人民出版社，1988，第 254 页。

躁',小资情绪,想一下改变东北与南满的局面。恰当的估计敌我力量,恰当的规定斗争方针"[1]。萧劲光作完报告后,与会人员进行了讨论。由于南满分局未成立以前,东北民主联军总部有从南满撤退到北满的决定,3纵和4纵在新开岭战役后已经做了相应的准备,如过长白山区所需的斧子、锯子、绳子、辣椒等。所以,会议开始后不久,就由研究"怎么打"的问题,转为"打不打"的争论,在是坚持南满斗争还是把主力撤往北满这个问题上出现了不同意见,两种意见尖锐对立,谁也说服不了谁。多数人认为长白山区地形狭窄,没有回旋余地,主张将主力撤到松花江以北,以保存实力,将来还可以再打回来,只有少数人同意坚持南满斗争。认为如果将来还要回来,倒不如现在就不走。会议讨论持续两天,与会者各执己见,相持不下,意见难以统一。

12日晚,正当会议讨论激烈之时,传来国民党军已开始向梅河口和辑安(今集安)进攻的消息,萧劲光即令军事指挥干部返回各自部队,准备作战,政委和其他人员留下继续开会。因坚持南满事关全局,必须统一认识和思想,于是,莫文骅建议萧劲光请南满分局书记、军区政委陈云

---

[1] 萧劲光:《在七道江军事会议上的讲话》(1946年12月11日),载中共通化市委党史研究室编:《四保临江文献资料汇编》,2021,第51页。

来作最后决定。萧劲光接受了这一建议，打电话给在临江的陈云，请他到会作最终决断。

萧劲光回忆说："他们这些同志集中在七道江，我到前面去开个会研究一下怎么打。可是，会议一开始就提个坚持不坚持南满问题，是坚持南满还是向北撤退问题，会上意见很不一致，实际上部队已经做了退出南满的准备。有的公开不同意，他们提出'留得青山在，不怕没柴烧'。要转移到北满，他们要走。只有韩先楚、唐凯等几个人跟我的观点一样，我是少数派。这就得求救陈云同志，他是政委呀！他是南满分局书记呀！大家对他心悦诚服，对他有崇高信仰。"①

陈云接到萧劲光打来的电话后，不顾身患感冒，于 13 日 22 时由临江出发，乘火车到八道江，然后乘汽车赶到七道江村，赶到时已是午夜零时。陈云在去七道江之前，征求过辽东军区参谋长吴克华的意见。吴克华坚决主张坚持南满斗争，他说："我们不能去北满。那么一来，南满不是完了？有两个纵队留在南满至少可以牵制国民党军三四个军的兵力，使其主力不能向北满发动大规模的进攻。我们集中到北满，至多去五个师，对战局能起什么作用？

---

① 李树基、吴景尧：《萧劲光同志访问记》（1983 年 6 月），载中共通化市委党史研究室编：《四保临江在通化》，2021，第 367 页。

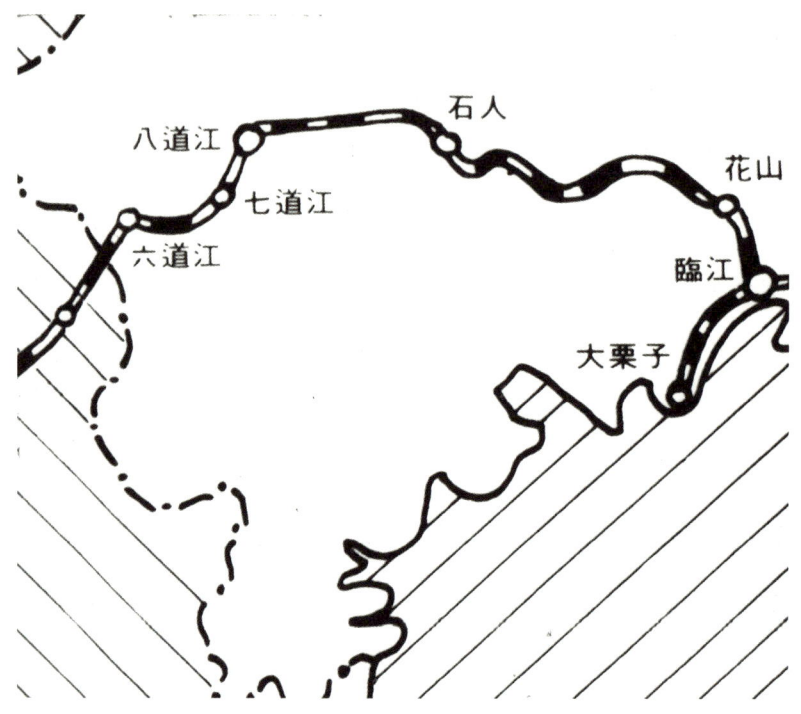

陈云从临江去七道江会场乘坐火车的铁路线路图

将来再想打回来收复长白山就非常难了。我反对这一方针。"①

　　陈云未休息，连夜和萧劲光、肖华、程世才、罗舜初、曾克林、莫文骅、彭嘉庆等同志交谈、了解情况，听取大家意见，直到凌晨3时才休息。

───────────

① 张团，邓竹青：《吴克华传》，载《塔山名将吴克华》，解放军出版社，2000，第510—511页。

第二天，即 14 日 9 时，陈云主持会议。与会者各抒己见，又讨论了一天。到了晚上，陈云问大家："你们看，南满还有没有文章可做？"有的同志回答："文章还是有得做的，看是什么文章，是做大文章还是做小文章。"当会议进行到了晚上，陈云问："南满能容纳多少部队？"彭嘉庆说："看怎么放法，要下决心的话，长白山正面可放一个军，安东一线可放一个军，本溪、抚顺外围可放一个军。"①

接着，陈云实事求是地说：现在南满的形势确实很严峻。辽东的领导过去对敌人的进攻估计不足，在战略部署上有错误，结果在敌人大举进攻时思想不一致、不团结，下面群众就有群龙无首、无所适从的感觉。所以，地方部队大部散、小部叛，群众情绪非常波动。南满的形势如同"风雨飘摇下的豆油灯"②，有随时熄灭的风险。在这种形势下怎么办？有人主张躲避起来，不再出战；有人不顾现实，空喊"坚持"。陈云批评了这两种错误倾向，他给大家讲毛泽东、朱德在井冈山会师，鼓励大家在困难面前不要灰心，要坚持"爬过山顶"，不利局面就会改变。③

---

① 李树基、吴景尧：《萧劲光同志访问记》（1983 年 6 月），载中共通化市委党史研究室编：《四保临江在通化》，2021，第 367 页。
② 刘统：《决战：东北解放战争 1945—1948》，上海人民出版社，2017，第 272 页。
③ 1949 年 4 月 20 日，东北局高干会议《关于辽东历史问题的 结论》，载《党的工作》第 17 期。

他分析道:"大敌当前,我们不能只从暂时的、局部的利益考虑问题。如果我们过江去朝鲜,或者把主力撤到北满去,或者撤到长白山里去,部队暂时伤亡都会少一些。但是敌人正想把我们赶进林海雪原,那可真有被冻死、饿死、困死的危险。一旦主力往南撤,或往北撤,敌人也就顺利占领了南满,等于说南满的灯灭了。南满是整个东北的南大门,只要大门一开,狼就进屋了,北满困难就加大,整个东北的形势也就危急了。所以,我们还是点亮南满一盏灯,坚持斗争顾大局为好。有的同志讲,现在撤出,以后还可以打回来的,但那就要付出更大的代价啊!"①

接下来陈云做了一个形象的比喻:东北的敌人好比是一头野牛,牛头牛身子是朝着北满去的,在南满留了一条牛尾巴。如果我们松开了牛尾巴,那就不得了,这头牛就要横冲直撞,南满保不住,北满也危险。如果抓住了牛尾巴,那就了不得,敌人就进退两难。因此,坚持南满,抓住牛尾巴,使南北满形成掎角之势,是东北全局的关键。

---

① 唐凯:《陈云领导我们坚持南满斗争》,载中共通化市委党史研究室编:《四保临江在通化》,2021,第234-235页。

"七道江会议"会址旧址

对"留下"和"撤走"的利与弊，陈云做了透彻的分析和比较。他说，如果我们不坚持南满，向北满撤，部队在过长白山时要损失几千人。要打仗，从南满撤下来的部队又会损失几千人，如果我们从南满撤了，敌人可以集中主力对付北满，那时北满也可能保不住，部队只得继续往北撤，一直撤到苏联境内。但我们都是中国共产党人，不能总住在苏联，早晚有一天还要打过黑龙江、打到北满、打到南满。在这些战斗中，以前从南满撤下来的部队又要损失几千人，而且，当初主力撤向北满后留下来的地方武装也会受到很大损失。这样，前前后后加在一起，向北满撤会损失1万多人。相反，如果我们留下来坚持南满，部队可能损失四分之三，甚至五分之四，但只要守住南满，就不会失去犄角之势，就可以牵制敌人大批部队，使他们不能集中力量去打北满。"这比撤离南满，北满也可能保不住，部队照样受损失合算，而且，敌人兵力也不够，坚持南满是完全可能的。"①

陈云又进一步分析说：移兵北满，"退到最后还是不能打运动战，而打游击战，北满变南满，将来没有今天"。而坚持南满，即使都到敌后，也无全军覆没之危险。因为有群众基础，有长白山地形，可以在山头上转来转去。"东北对全国有重大关系，辽东不能随便丢掉，如果不坚持，影响后果很坏。"②要是我们5个师北上，敌人在南满无后顾之忧，就会有10个师跟着进北满。就算我们两个纵队都到北满，顶多能对付敌人一个军，但是留在南满可牵制敌人4个军。权衡利弊，还是在南满大有作为。③

陈云接着说：有人说长白山是瓜皮帽，别小看这顶瓜皮帽，还是很有作用的。若是丢给敌人占了，我们即使在北满打了大胜仗，若是要回来就艰难了。只要把长白山留

---

① 中共中央文献研究室编：《陈云年谱》（修订本）上卷，中央文献出版社，2000，第593-594页。

② 《陈云在1949年东北局高干会议发言记录》，载《中央档案馆丛刊》1987年第6期，第22页。

③ 李树基、吴景尧：《萧劲光同志访问记》（1983年6月），载中共通化市委党史研究室编：《四保临江在通化》，2021，第368-369页。

在我们手里，群众就会有信心向着我们。有了根据地和群众，什么事情都好办。不管怎样，我们还有 4 个县嘛，还有两个纵队的主力嘛，南满是不能放弃的！当前我军东北斗争的关键是能否在南满站住脚，保卫南满是中心任务。我来南满就是和大家一起坚持南满斗争。

陈云的科学分析、耐心说服、形象比喻，说得与会者心服口服，信心增强了，认识统一了，纷纷表示要坚持南满斗争。陈云讲完后，肖华率先表示支持坚持南满的决定。程世才等其他与会同志当即表示：一定坚持斗争，加强团结，把已经转移的同志调回来，一个人也不走。

萧劲光看到干部的思想一致了，就请陈云"拍板"作最后决定。

陈云说：萧司令要我"拍板"，我就表态，针对敌人"先南后北，南攻北守"的反革命策略，我们就要"坚持南满，保卫北满"，一个人都不走，拖住牛尾巴，坚持就是胜利。无论如何不让敌人集中兵力过松花江侵占哈尔滨，减轻北满的压力。我们是在背靠沙发（指苏联、朝鲜的支援）的形势下向前进，虽然是艰苦奋斗的前进，可还是比退到北满最后被敌打出国境线再打回来划算。"我们不走了，一个纵队也不走，都留在南满，留下来打。"

陈云同志又负责任地说：如果这个决心下错了，责任由我来负，不怨大家。希望同志们团结一心，共同对敌。不论是早到的、晚来的，山东的、陕北的，"要搞五湖四海"，互相支持。

会议通过了"巩固长白山区，坚持敌后三大块的战略"指导思想，以及正面与敌后两个战场密切配合、内线作战与外线作战相结合、运动战与游击战相结合的作战指导方针，强调在军事上进一步贯彻集中优势兵力，各个歼灭敌人的作战原则。

敌后三大块是指在敌后坚持斗争的安东省委三地委、辽宁省委二地委、辽南一地委和所属军分区，简称安东三分区、辽宁二分区、辽南一分区。

见同志们的思想统一了，陈云和萧劲光开始研究具体战术。按照毛泽东的十大军事原则，确定了实行主力与地方武装相结合、运动战与游击战相结合、内线作战与外线作战相结合的战略方针。怎样打破敌人的进攻，具体实行什么战术？在细心听取了在场每个人的意见后，陈云、萧劲光按照原先的设想，冷静地决定：留一个纵队在临江正面进行机动防御，积极打击敌人，配合敌后行动；另一个纵队趁敌人后方空虚，以最快的速度，猛插进去，积极创造战场，把敌人的后方变为前线，威胁敌人的心脏，迫使临江正面之敌不得不回援后方。不等敌人在正面部署好，就打乱其计划，分散其兵力，而我们可以集中力量，在临江正面和敌人后方寻找、利用敌人弱点，狠狠地打击敌人。

"谁插到敌后去呢？"这时，会议气氛又大变，你看着我，我看着你，都不表态。这种沉默僵持了好一会儿，使人难受。因为已到深夜，不能总这样待下去。陈云、萧劲光用目光询问在场的每个同志。萧劲光鼓励大家说："谁能打出去，请自告奋勇。"大家又沉默了好一会儿，萧劲光又催了几次。

"七道江会议"场景（影视资料图片）

彭嘉庆主动说，"我们4纵刚打完新开岭战役就撤到这里，几千俘虏还来不及消化，部队冬装还未解决。按理说，不应轮到我们出去，但为了顾全大局，如果领导上需要我们出去,就是再困难我们也出去"①"让我们4纵队到敌后去完成任务吧!"②。

陈云见4纵主动请战,马上表态:"那很好!你们放心大胆到敌后去吧,军区和后方的同志都会很关心你们、支援你们的。让刘澜波同志领着安东省委的领导同志和你们一道到敌后去,发动群众,开展工作。并预祝你们胜利!"③说完,陈云、萧劲光同志紧紧地同彭嘉庆等4纵领导同志握手。陈云和萧劲光接着指示3纵、各地方军区和南满军区后勤部门全力支持第4纵队。陈云说:"你们纵队要什么东西,首先保证你们。"萧劲光接着说:"远距离的情报,我们首先保证你们;俘虏未处理,交给其他部队处置;兵员不足,我们从地方部队抽调补充一部分,部队没有冬衣御寒,从3纵队和军区机关抽补给你们。"④陈云和萧劲光的表态让4纵的同志心里非常激动,有许多问题4纵的领导未想到,上级领导已经先想到了。4纵的同志感到陈云、萧劲光两位领导对坚持南满斗争已深思熟虑、胸有成竹了,这更坚定

---

① 彭嘉庆:《艰难时期的正确决策——记陈云主持的七道江会议前后》,载中共通化市委党史研究室编:《四保临江在通化》,2021,第197页。

② 彭嘉庆:《叫敌人听我们指挥》,载中共通化市委党史研究室编:《四保临江在通化》,2021,第346页。

③ 彭嘉庆:《叫敌人听我们指挥》,载中共通化市委党史研究室编:《四保临江在通化》,2021,第346页。

④ 彭嘉庆:《艰难时期的正确决策——记陈云主持的七道江会议前后》,载中共通化市委党史研究室编:《四保临江在通化》,2021,第198页。

了他们坚持南满斗争的必胜信心。

会议确定坚持南满斗争的具体战术是：第 4 纵队出其不意挺进敌后，担负外线作战，牵制国民党军；第 3 纵队负责正面阻击，实施内线作战，集中优势兵力，力求在运动中歼灭国民党军的有生力量。依靠这两条战线，分散、拉垮、各个击破国民党军，达到坚持南满的目的。

最后，萧劲光做会议总结。他首先指明坚持南满斗争的重要意义："东北的局面，仍依赖东北的斗争和坚持，不能从关内调兵，各战场上的配合，等于帮助东北，预计东北可能有极不利的情况到来。首先到的是南满，敌对南满的战争是不会放松的。南满的存在对东北有严重意义，可以牵制敌人，不使北进，我们坚持越好，效果越大。如能争取较长时间给北满进行根据地工作好处更多。我之艰苦坚持，对东北全局有重大作用。动员全党全军担负这一任务，是考验共产党员的作用的时候，是最光荣的事业。"关于建立敌后根据地问题，萧劲光指出："我们还要争取生存问题，要在南满生存，没有长白山是不能的，仅有一个长白山也不可能。长白山为后方依托，全无后方不能持久坚持，但长白山仅 40 万人口，不足以供给几万军队，至多能供给万人，故必须要长白山外更大地区，如此才能补给地区及战场。必须扩大深入敌后，只有如此才能改变我被动情况。

争取建立敌后根据地有无可能呢？可能性是存在的，过去我有初步工作。敌人分散，兵力不足，越远越空，前紧后松，前强后弱。"总结最后强调军事布置、冬季作战的卫生保护、节约粮食弹药等若干问题。①

15 日，会议转至临江，又讨论了一天。②在临江主要是召集后方的领导同志就坚持南满、派主力深入敌后和一切保证主力部队的需要等问题进行深入讨论，再次明确全党全军坚持南满的决心。③16 日，南满分局致电东北局并告中共中央："在此情况下已决定四纵队全部伸出通化、桓仁、浑江以西，安奉路两侧，'大闹天宫'，消灭弱敌，调动敌人，支援地方。如敌围歼计划不变，则决以三纵一部坚持长白山区外，主力亦到敌后。那时除长白县城外，其余城市都将被占。同时我们估计两个大兵团到敌后作战，在伤兵、减员、补充等问题上极端困难。但不经反复长期艰苦斗争，不能坚持南满。"④萧劲光称："这是关键时刻决定性的一板。"

①《李伯秋 1946 年工作笔记》。转引自唐洪森：《国共争战大东北》，科学普及出版社，1999，第 539—540 页。

②陈云：《坚持南满根据地的斗争》（1946 年 12 月 20 日），载《陈云文选》第一卷，人民出版社，1995，第 327 页。

③中共中央文献研究室编：《陈云年谱》（修订本）上卷，中央文献出版社，2000，第 594 页。

④《萧劲光、陈云、肖华、程世才致林彪、东北局并中共中央电》（1946 年 12 月 16 日），载《陈云文选》第一卷，人民出版社，1995，第 320—321 页。

中共南满分局和南满军区在七道江会议上作出的坚持南满斗争的决议和具体军事部署，完全符合中共中央东北局和东北民主联军总部的战略意图。正当南满召开七道江会议之际，中共中央于 1946 年 12 月 13 日电示东北局："南满方面应集中兵力各个歼敌，收复失地，于拖延敌对北满进攻必有帮助。"东北局和"东总"按照中共中央的指示，决定采取南打北拉、北打南拉，南北密切配合，集中优势兵力，主动打击国民党军的战略方针。12 月 17 日，林彪、彭真、高岗在给辽东分局的复电中指出："如果你们估计集中主力在内线能寻得好仗打时，则可采取先在内线打一仗，后再看的办法；否则可采取一个纵队应到敌后去，一个纵队留在内线作战；或采取少数留在内线，主力应到敌后。以上三种方式，望依照具体情况而酌量决定，并不失时机地实行。南满斗争准备要如同热河或冀东及华北抗战困难时期的那种局面下的奋斗，主要是巩固内部、结合群众，依托广大山区，加强下层领导。采取大胆而精细的处置，各个歼灭分散的敌人，使敌人不敢分散，使敌劳而无功，且常被我逐一歼灭，只有在这种斗争中来争取局面的坚持，以待东北与全国形势之逐渐好转。"①

---

① 朱佳木主编：《陈云年谱》（修订本）上卷，中共中央文献出版社，2015，第 595-596 页。

（三）七道江会议的重大意义

发起东北解放战争的战略决策是中共中央东北局和东北民主联军总部集体作出的，并报经中共中央批准。成立南满分局和南满军区是为了坚持南满斗争，就是要在南满首先发起东北解放战争，南满与北满相互配合，打破国民党"南攻北守，先南后北"的战略图谋。国民党首先在南满地区挑起内战，面对此种情况，对进攻南满的国民党军是应战还是避战，是在南满坚持斗争，还是先撤退到北满，决定着东北解放战争发起的地点和时间，决定着东北解放战争的历史走向。七道江会议就是落实中共中央东北局和东北民主联军总部发起东北解放战争战略决策的会议。决

七道江火车站旧址

策是重要的，重要在于其正确性、科学性；而关键环节在于如何落实决策。决策再好，不落实或落实不好也是枉然。从这个意义上讲，七道江会议是一次重要的落实正确决策的会议，没有这一重要的落实会议，东北局和"东总"的正确决策也许会化为泡影。因此，七道江会议有五个方面的重大意义。

第一，七道江会议是东北解放战争的决策会议和发起会议。由于国民党军大举进攻南满，敌强我弱，东北民主联军总部和辽东军区原先就有先撤退到北满的计划，所以七道江会议本来是一次确定"怎么打"的会议，就此变成"打不打"的会议，即由执行、落实的会议，变成决策的会议；由研究怎样落实"东总"坚持南满、与北满相互配合粉碎国民党军的进攻的战术会议，变成研究是否坚持南满的战略会议。会议在陈云的主持下，经过科学分析，最后在坚持南满、坚决打退国民党军进攻问题上达成了共识，统一了思想和认识，从而使七道江会议变成东北解放战争的决策会议和发起会议。七道江会议使"东总"的发起东北解放战争的决策变为现实；没有七道江会议中陈云的果断拍板，东北解放战争就不会发起或会推迟发起。所以说，七道江会议是东北解放战争的决策会议和发起会议。正如萧劲光所总结的那样："七道江会议的意义，就在于统一了大多数同志的思想，确定了坚持南满的基本方针，并决定了正确的战略指导思想和作战方针，为挽救南满的危局迈出了第一步。这是坚持南满斗争的基石。在此基础上，才有以后'四保临江''夏季攻势'的胜利以及坚持整个南满根据地的胜利。因此，七道江会议的意义是十分重大的。"①

第二，七道江会议挽救了南满的危局，奠定了"四保临江"战役胜利的基础。国民党军集中主力部队大举进攻南满根据地，将南满东北民主联军和党政军机构压缩到长白山腹地的原始森林地带，南满根据地只剩下 4 个县，人口不足 23 万人，一山夹两沟，回旋余地很小，时值严冬，物资奇缺，防寒衣物和粮食严重不足，导致人心不稳、信心动摇，"战""撤"不定，南满到了危急关头。在这决定历史命运的关键时刻，七道江会议从争论到基本统一思想认识，从准备放弃南满到确定坚持南满战略，并决定了正确的军事部署和作战方针。南满军民随后发起"一保临江"战役，并取得了胜利，为挽救南满危局迈出了第一步。

第三，七道江会议是决定东北解放战争前途命运的一次关键性会议。这次会议不但奠定了"四保临江"战役胜利

---

① 萧劲光：《在南满的战斗岁月里》，载中共通化市委党史研究室编：《四保临江在通化》，2021，第 174 页。

的基础，而且为 1947 年 5 月至 1948 年 3 月的夏、秋、冬三大攻势之发起和胜利奠定了坚实的基础。

第四，七道江会议充分发扬军事民主，实现科学决策，是一次无私团结、共同对敌的会议。会议之前，中共南满分局和南满军区领导人陈云和萧劲光在多种场合正式宣布了坚持南满的方针。但是，在七道江会议上，萧劲光没有搞"一言堂"，在军事会议上，也没有直接下命令，而是让大家把自己的意见全部讲出来。一时间，撤离派成了多数派，坚持派成了少数派。不得已，萧劲光请陈云来"拍板"。陈云到来后，更是广泛征求意见，在 14 日白天，还是让大家畅所欲言，把所有的主张都讲出来。晚上陈云讲话时，也是征求意见式的，讲道理、循循善诱，比喻形象、语言风趣，让与会者在轻松愉快的氛围中统一了思想。中国共产党是民主集中制的党，人民军队是官兵平等、作风民主、有共同信仰信念的新型军队。七道江会议充分体现了党和军队的性质和党的优良作风。

第五，七道江会议是全面贯彻毛泽东军事思想的会议。会议制定的运动战的战术，内线与外线相配合的战术，集中优势兵力打击敌人的作战原则，发动群众、依靠群众的人民战争方式方法，都是毛泽东军事思想的具体落实和在具体环境下的实事求是的展开。靠着人民战争的战略战术，"四保临江"战役的胜利，说到底是毛泽东军事思想的胜利。

四、"四保临江"、"三下江南"——东北解放战争的发起战役

"四保临江"是四次临江保卫战的简称，"三下江南"是三次南下松花江战役（作战）的简称。七道江会议以后，南满所有参战部队一面领会会议精神，一面抓紧作战准备。

1946 年 12 月 14 日晚，即七道江会议结束的当天晚上，第 4 纵队第 12 师第 34 团，作为 4 纵的先遣部队，首先挺进敌后，"四保临江"战役中的"一保临江"战役正式开始，至 1947 年 4 月 3 日，第四次保卫临江战役胜利结束；另外，北满主力部队于 1947 年 1 月 5 日至 3 月 16 日"三下江南"作战，历时约三个半月计 111 天。"四保临江"、"三下江南"既是两个战役，又是统一的战役总体，成为东北解放战争的发起战役，东北民主联军南满、北满部队密切配合，东满、西满部队主动出击，予以策应支援，共歼灭国民党军 4 万余人，收复城镇 11 座，挫败了国民党"南攻北守，先南后北"的战略图谋，东北民主联军由战略防御转为战略反攻，国民党军则由战略进攻转为战略防御，"四保临江"、"三下江南"战役的胜利，奠定了东北解放战争胜利的基础。

（一）"一保临江""一下江南"作战

1946 年 12 月 14 日至 1947 年 1 月 20 日，东北民主联军第 3、4 纵队和辽南独立 1 师、辽宁军区独立 2 师、安东独立 3 师以及南满地区广大人民群众，在以陈云、萧劲光、肖华为首的中共南满分局和南满军区的正确领导下，坚决贯彻执行党中央、东北局制定的"坚持南满、巩固北满"的战略方针，依托临江、长白、抚松、靖宇 4 县的狭小根据地，在极其艰苦的条件下，经过 38 天的浴血奋战，打退了国民党 3 万军队的大规模进犯，取得了"一保临江"战役的重大胜利。其间，东北民主联军第 1、2、6 纵队发起"一下江南"作战，实行"围点打援"战术，全面动摇国民党军松花江防线，国民党在长春北部地区的统治全面崩溃。国民党东北保安司令长官部被迫从南满调军北援，南满我军乘势反击，南北配合，成功地击退了国民党军对南满根据地的第一次进攻。

第一次临江保卫战

第一次临江保卫战，简称"一保临江"战役。1946 年 12 月 17 日，国民党东北保安司令长官杜聿明命令副司令长官郑洞国在辽宁新宾设指挥所，指挥 9 个师的国民党军正规师约 10 万人的部队部署驻扎在南满各地，并调动其中 6 个师、约 3 万人的兵力向南满根据地发动第一次进攻，首

要攻击目标为辑安县城；22 日，国民党军占领辑安县城后，
继续向临江进攻。

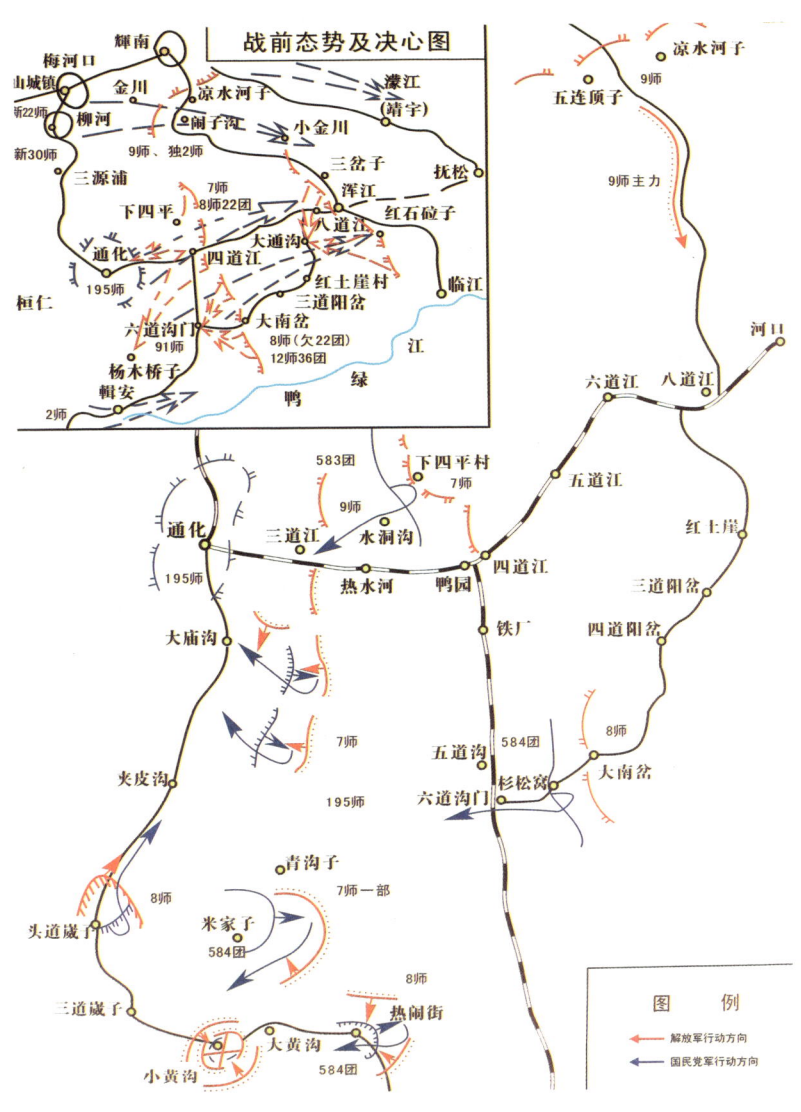

"一保临江"作战要图

国民党军的进攻部队有第 52 军 195 师、2 师，第 71 军 91 师，新 1 军 30 师第 88 团，第 60 军 182 师 546 团，第 60 军暂编 21 师 1 团一个营，总计 6 个师、3 个师的兵力。

具体部署为：分左、中、右、后四路进攻。右路为第 52 军 2 师，由辑安出发，沿鸭绿江北上，直取临江，并命令部队不许向对岸开枪，因为苏军尚驻在朝鲜。中路为第 71 军 91 师，由桓仁出发，配合 2 师攻占辑安；然后与 195 师会合于八道江，向临江进攻。左路为第 52 军 195 师，由通化出发，向八道江、临江进攻，主力向六道沟门进攻，配合 91 师进攻八道江。后路为新 1 军 30 师 88 团、第 60 军 182 师 546 团、第 60 军暂编 21 师 1 团一个营，由柳河、辉南县出发，佯攻靖宇，配合右、中、左三路进攻临江。27 日，郑洞国将前线指挥所由新宾永陵移至通化，坐镇指挥。作战计划的第一步打通通（化）辑（安）线，然后逐步将南满我军压缩至临江附近的长白山腹地，最后消灭我军。

国民党军后方防守部队为 6 个师，分区守备各战略要点，巩固占领区，并负责"肃清"本地区我党我军坚持敌后斗争的部队。以新 6 军 14 师守备凤城、赛马集、岫岩、貔子窝等地，并"扫荡"本地区；整编 207 师守备抚顺、西丰、东丰、西安（今辽源市西安区）、新宾、清源等地，并"扫荡"小四平、李家台等地；新 1 军新 22 师于 26 日自梅河口、海龙南调，"扫荡"柳河以南地区；以第60军重建的184师守备营口、大石桥等地，并"扫荡"该地区；以第60军暂编21师主力及杂牌武装——吉辽安边区指挥部司令兼第二保安支队司令孔宪荣的部队，守备辉南、梅河口、海龙、朝阳镇、柳河等地，并"扫荡"该地区；182师主力守备磐石、桦甸等地；2师6团守备宽甸直至鸭绿江岸。国民党军以占领地盘为主要战略目标，然后分兵防守。这种战略造成兵力分散、防守空虚，利于我军集中优势兵力挺进敌后，"大闹天宫"，各个击破。

12月17日，郑洞国以第52军2师4团、5团两团为主攻，由桓仁东南之沙尖子向辑安进犯，以第71军91师（欠1个营）由桓仁向六道阳岔进攻，协同2师攻取辑安。20日，进犯至霸王朝一线。敌195师由通化向东攻击至抽水河子、水河子、杨木桥子、通天沟、大蚊子沟、榆树林一线。22日，国民党军占领辑安，南满根据地只剩临江、长白、抚松、靖宇4县23万人口，形势更加严峻。

12月22日，国民党第52军第2师主力占领辑安后，经大石岔、果松川沟门、小石人沟等地，沿通（化）辑（安）铁路向临江攻击前进。敌71军91师主力由桓仁向六道阳岔进攻，配合2师行动。敌91师主力向六道沟门、铁厂子、杉松窝一带进攻，准备经由三道阳岔迂回八道江，进逼临江。28 日，91 师进占六道沟门。敌 195 师留一个营守备通化，师主力由通化出动向临江方向佯攻，主力经由二道江进占六道沟门，准备经红土崖迂回八道江，协同敌 91 师攻取临江的行动；新 30 师第 88 团由三源浦向东迂回八道江；敌 182 师第 546 团和暂编 21 师一个营从辉南、金川（今吉林省辉南县金川镇）佯攻靖宇地区，欲切断我军之退路。

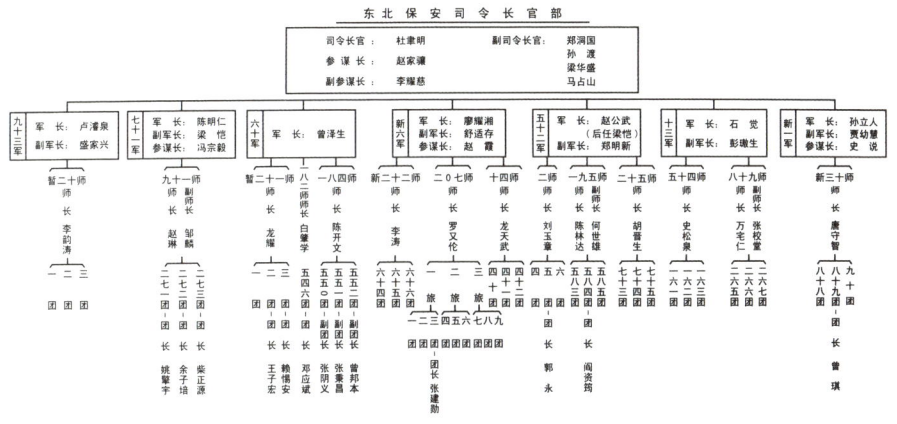

国民党军进犯临江部队序列表

面对来势汹汹的敌人，南满军区从容不迫，以外线和内线相配合的战术，于 1946 年 12 月 14 日夜向国民党军发起反击，打响了"四保临江"战役中的第一次战役，即"一保临江"战役。

辽东军区按照七道江会议的部署，决定采取内外线配合的作战方针，以第 4 纵队（欠第 36 团）分路深入敌后，到安奉路两侧地区作战，开辟敌后战场，调动正面进攻之敌回援。

南满军区在内线正面以第 3 纵队附 4 纵队第 12 师第 36 团和独立 2 师在临江、通化地区实施运动防御，寻机歼灭敌人有生力量，粉碎敌之进攻。内线作战具体部署：第 3 纵队第 7 师附 8 师第 22 团集结于四道江、五道沟、下四平、旱葱沟等地，构成第一道防线；第 8 师（欠第 22 团）第 24 团位于七道江做第 7 师预备队，师主力 23 团、36 团集结于大南岔、三道阳岔、四道阳岔、红土崖村等地。7 师、8 师两师采取运动防御，利用有利地形，节节抗击，杀伤与消耗敌军实力，至三岔子、浑江、红石砬子一线，并作为其最后一道防线，而后协同反击，求歼进犯之敌一部于三岔子、林子头狭窄地带。第 9 师位于凉水河子、闹枝沟、老岭一带，在独立 2 师主力、第 4 军分区独立团、李红光支队一部配合下，抗击自柳河、金川、辉南进犯之敌，并防敌向靖宇迂回切断长白山与东满之战略联系。

"一保临江"战役首先在外线打响，作战部队是东北民主联军第 4 纵队（欠 36 团）。第 4 纵队按照七道江会议制订的作战计划，于 12 月 14 日至 18 日，从通化兵分三路挺进敌后，插入抚顺、本溪、宽甸、桓仁、凤城地区，至 1947 年 1 月 12 日转战 20 多日，横扫 200 里，先后攻克据点 20 余处，歼敌 1000 余人，严重地威胁了敌军后方，迫使国民党军从前线抽调新 6 军 22 师、71 军 91 师回援，减轻了正面之敌对我临江地区的压力，达到了战略目的。

12 月 14 日夜，第 4 纵队 12 师 34 团作为挺进敌后的先遣部队，在师长江燮元、政委潘寿才的率领下，从辑安横路、台上一带出发，越过浑江，向宽甸、桓仁、凤城一带前进，直插安奉路两侧的青城子以东、灌水以西地区，寻机歼敌。如情况不利，即转入辽南地区与辽南独立 1 师会合，坚持斗争。12 月 18 日，4 纵 10 师组成挺进敌后的右路纵队，在师长杜光华、政委葛燕章的率领下，从通化县东升村一带出发，越过梅辑铁路西进。先插到平顶山以西地区，然后再进入抚顺、本溪、营盘三角地带活动。4 纵 11 师组成左路纵队，在第 4 纵队政委彭嘉庆、副司令韩先楚、副政治委员刘澜波和欧阳文的亲自率领下，从六道江一带出发，插向桓仁以西之牛毛坞，与安东第 4 军分区取得联系，然后向新宾一带挺进。4 纵挺进敌后，实行无后方作战，向国民党防守薄弱的宽甸、桓仁、凤城、赛马集等安奉路两侧地区进行远程奔袭，出其不意、攻其不备，很快就打乱了国民党军的战略部署。

我南满第4纵队10师28团在挺进敌后作战前开"动员大会"

12月24日，4纵12师34团攻克桓仁的八里甸子，歼灭地主武装大团，即原伪警察武装170余人，国民党正规军一个班，[1] 开辟了前进道路。28日，越过安奉路，转战至通远堡以西一带，该团3营连续攻占鞍山、海城外围据点隆昌城、吉洞峪，守敌不战而逃。1947年1月13日，第34团第1营攻克海城以东之三家子，歼守敌独立第9师一个运输连及大团一部共300余人。34团活跃于敌腹心地区，向西威胁着鞍山、海城和中长路。国民党急调新6军第14师由连山关向西、第52军第25师由海城向东，独9师、

---

[1] 陈云：《坚持南满根据地的斗争》（1946年12月24日），载《陈云在东北》，辽宁人民出版社，2019，第100页。

独 10 师尾随跟踪，企图合围 34 团。由于情况紧急，34 团转兵南下，进抵辽南耐马峪一带，在此获悉敌新 22 师第 65 团、66 团已赶到附近，为避敌锋芒，按照出发前纵司首长的作战原则，34 团向辽南挺进，在海城一面山与辽南独 1 师第 3 团会合，跳出敌人的合围圈。

4 纵 10 师在师长杜光华的率领下，克服严寒天气，于 19 日将新宾东昌台守敌逼退。22 日，部队在红庙子、英盈一带与安东第 3 军分区会合，而后即向抚顺、本溪、营盘三角地区前进。23 日，攻克平顶山，迫使守敌撤走，该师即在此分兵作战，开辟平顶山一带敌后战场的新局面。27 日，该师第 28 团（欠第 2 营）攻克新宾之苇子峪据点，歼守敌保安第 2 团第 4 连及叛变民兵 70 余人，但 28 团由于战术不当及缺乏冬季作战防寒知识，造成冻伤 40 余人，战斗负伤 31 人，阵亡 11 人。29 日，第 28 团配合第 29 团攻占碱厂、田师傅，歼守敌保 2 团一部。31 日，第 29 团继向小市之敌保 2 团、保 11 团各一部发起攻击，守敌曾以装甲车反击两次，均未得逞，随即逃往牛心台方向。第 29 团毙、伤敌 30 余人，俘虏 92 人，击毁装甲车 2 辆、汽车 10 余辆。至此，第 10 师顺利实现作战计划，打开了平顶山以西、碱厂以北宽广地区，直接威胁着抚顺、本溪。

4 纵直属部队和第 11 师，由纵队政委彭嘉庆、副司令

韩先楚、副政委刘澜波和欧阳文亲自指挥。部队于 12 月 18
日越过梅辑铁路西进。21 日，11 师在桓仁二户来（今辽宁
省桓仁县华来镇）同一股敌人相遇，纵队首长本想不打这
股敌人，以免过早暴露目标，耽误插入敌后，但是不打的
话就要绕道行军，翻山越岭，同样耽误时间，还增加困难，
最后决定打击敌人，开辟道路。这场战斗我军取得了胜利，
并抓了一批俘虏。为了不给部队增加管理俘虏的负担，决
定释放这些俘虏。结果，这些俘虏回去马上报告说共军的
主力部队来了。这个消息传到国民党东北保安司令部，使
敌人慌了手脚，马上开始从临江前线调回部队，对 4 纵进
行围追堵截。4 纵达到了挺进敌后的战略目的。正如 4 纵政
委彭嘉庆所评价的那样："二户来一仗并不大，但像一颗红
色信号弹划破夜空，向蒋军表明我们已掉头南下，深入其
腹地。其作用大大超过了战斗行动本身，产生了我们所预
料不到的效果。实践证明，陈云在会议上关于牵制敌人的
分析是正确的。"[1]

　　二户来战斗是 4 纵挺进敌后第一仗，也是"一保临江"
和整个"四保临江"战役的第一仗，虽战果不大，但其战略
意义胜过战术意义，成功地调动了敌人，达到了 4 纵队挺

---

[1] 彭嘉庆：《艰难时期的正确决策——记陈云主持的七道江会议前后》，载
中共通化市委党史研究室编：《四保临江在通化》，2021，第 202 页。

进敌后的战略目的，证明了七道江会议确定的外线与内线相互配合战略战术的正确。

22 日，11 师攻克钓鱼台；25 日，占领双山子，附近其他各据点的敌大团武装望风而逃。26 日，纵直机关进驻八里甸子发动群众。群众控诉国民党的罪行，主动支援部队棉鞋等防寒物品。31 日，第 33 团攻克宽甸之牛毛坞，歼敌警察、大团武装计 100 余人。1947 年 1 月 1 日，第 31 团攻克宽甸之太平哨，击溃守敌第 2 师一部。

12 月 30 日，由于第 4 纵队在敌后"大闹天宫"，连战连捷，敌人被迫从临江前线调 71 军 91 师、新 6 军新 22 师回防抚顺、本溪、凤城，配合第 14 师、整 207 师守备部队寻找第 4 纵队作战，企图围歼第 4 纵队。敌以第 195 师和第 2 师主力在通（化）辑（安）方面、新 30 师第 88 团及暂编 21 师在金川方面暂取守势，与我军对峙。这种局势下，正面第 3 纵队的压力减轻了，我军达到了战略目的。

1947 年 1 月 1 日，国民党军第 52 军 195 师第 584 团（欠一个营）进至六道沟门、铁厂子、杉松窝一带，接替第 91 师防务。2 日，第 195 师 583 团继续东进，遭到第 3 纵队第 7 师阻击后，即于午后退至热水河子，企图控制通（化）辑（安）封锁线，掩护第 91 师、新 22 师西调。3 日，敌 195 师接替 91 师的防区。

敌人从1月6日开始执行其"清剿"计划。以第91师向清河城、平顶山、碱厂、赛马集以西及以南地区合围，以第14师第40团由暖阳边门向东北地区进攻，保2团由赛马集向东南地区进攻。整编207师第1旅在新宾外围"扫荡"，新22师由海龙运至本溪作机动部队，驻宽甸第14师一部分向通远堡及西南配合师主力从凤城东进，企图将第4纵队压制在石头城一线进行决战，以此阻止第4纵队攻其核心区域。第4纵队为能更多吸引正面之敌，决定趁敌大规模"扫荡"未发动之前，命令各师积极活动，以扩大战果。

4纵10师接到纵队命令后，兵分两路：一路由第30团组成，在第3军分区基干3团部配合下，于1月1日攻打马郡群、救兵台之敌保安团及警察等，马郡群之敌收缩至救兵台固守。战至当日午后，因援敌整编207师一部赶到，第30团即撤出战斗。2日，第30团又配合基干3团攻击抚顺之孤家子守敌整207师一个搜索连，也由于延误时间，驻四家子敌搜索营主力前来增援，以致未能全歼该敌。第30团即经湾甸子、旧门等地，东进辑安之霸王朝。另一路由师主力组成，经小市、牛心台、蓝河峪、步达远、沙尖子等地东进，17日，10师完成预定任务，返回辑安霸王朝一带。

我军将士在严寒中抗击敌军

4纵司令部率领第11师于1月2日向宽甸以南进军，拟与活动于永甸一带的安东第4军分区打通联系，而后视情再进出凤城、灌水公路以东地区。4日下午，第32团攻克宽甸之永甸据点，全歼守敌第2师第6团一个连及警察、大团等武装共300余人。接着第32团东进，途经蒿子沟时，与自宽甸出援之敌第6团一个营相遇，当即将其击溃。纵队警卫营则插向白菜地运输物资，沿途横扫警察、大团武装。11师在敌后战术灵活，以消灭敌人有生力量为主，"打得赢就打，打不赢就走"，同敌人兜圈子、捉迷藏，始终不让敌人咬住。部队虽然很疲劳，可敌人也被我军拖得更加人困马乏，厌战情绪越来越大。11师侦察参谋杨凤山在向东转移途中，率领一个小组绕到敌人后面，抓住了一个背着两只鸡的敌人，要他缴枪时，他很干脆地说："我是团长的伙夫，在这冰天雪地里天天行军，不给你们打死，也给你们冻死、累死，缴枪就缴枪。"①

南满军区根据正面敌情变化和第 4 纵队挺进敌后作战情况，决定第 4 纵队适时以师为单位撤回根据地边缘地带活动。命令第 10 师进至通化、柳河间寻机打击敌人，令第 11 师东进宽甸、桓仁、辑安间扫除敌地方武装，掩护我浑江补给线的安全。12 日，第 11 师渡过浑江东进，抵达霸王朝一带，17 日与第 10 师主力会师，积极捕歼新宾、桓仁以东地区敌警察、大团武装，威慑通化。

第 4 纵队自兵分数路插入外线作战起，在 30 余天冰天雪地转战中，克服 -40℃ 严寒，以及缺少御寒物品、敌情侦察不易、伤员不好安置、遍地是地主武装等重重困难，连续战斗 50 余次。攻克据点 40 余处，累计歼敌 2000 余人，缴获轻、重机枪 20 余挺，扫清了牛毛坞以北、碱厂以东、救兵台以南、永（陵）桓（仁）公路以西，纵横 75 公里之内无敌踪。第 4 纵队深入敌后"大闹天宫"，成功地牵制了敌人，减轻了正面战场的压力，前后方密切配合，对

---

① 彭嘉庆：《叫敌人听我们指挥》，载中共通化市委党史研究室编：《四保临江在通化》，2021，第 356 页。

于取得"一保临江"战役的胜利具有至关重要的意义。"东总"对此给予充分肯定,指出:"4纵队的伸出,是一个胜利,今后必须坚持勇敢地在敌后积极地歼灭小敌,耐心地争取群众,扶植民兵的办法,这是极重要的。"中共中央毛泽东主席赞扬4纵外线作战的战术,指出:"南满4纵20天敌后作战经验亦指明,只有采取勇敢进攻方针,才是胜敌之道。他们还要勇敢一点,要敢于进攻一营两营驻守之敌而歼灭之,并且每次均一定要准备打援兵。"①

在内线战场,由于敌强我弱,敌人气焰很嚣张,天气又很冷,我军处境非常艰难。南满军区司令员萧劲光没带电台,只带一个参谋、两个警卫员岳天培和肖剑飞,4个人直接到3纵队指挥部指挥。

萧劲光和3纵队司令员曾克林决定乘敌91师和195师交接防务未就绪之际,抓住战机,首先歼灭刚到六道沟门之敌52军195师第584团,以减轻通(化)辑(安)方面敌军对我军的压力,而后再移兵通化以北,实施机动作战。为此重新调整部署:决定以军区警卫团一个营向辑安警戒;以3纵9师一个团和独2师主力在凉水河子一带向金川、辉南警戒,9师主力位于小四平,做预备队;以3纵第7师

---

① 毛泽东:《围城打援是歼敌的重要方法之一》,载《毛泽东军事文选》第三卷,军事科学出版社、中央文献出版社,1993,第612页。

主力佯攻通化，钳制敌 195 师主力；集中第 8 师、第 7 师第 19 团、4 纵第 12 师第 36 团和纵队炮兵团，以优势兵力反击六道沟门。4 日，战斗发起后，由于第 8 师兵力使用不当，动作较为迟缓，加上敌第 584 团已察觉我军意图，立即收缩西逃。我第 8 师等部跟踪追击至头道崴子，歼敌一部。1 月 8 日，敌第 584 团复占通化东南之辑安县的米架子、热闹街、杨木桥子等地。第 3 纵队当即调整部署，令第 8 师分别围歼杨木桥子、热闹街之敌，令第 7 师第 19 团进击米架子，而后南下配合第 8 师歼灭热闹街之敌。

第 8 师按照命令，以第 24 团向杨木桥子攻击，在该地以北与敌相遇，一经接触，该敌即刻逃往米架子，第 24 团随即进占杨木桥子。第 23 团经龙爪沟、大小蚊子沟迂回热闹街，协同第 24 团围歼守敌，但当第 23 团抵达龙爪沟时，突然与敌人相遇并展开激战，该团第 2 营迅速抢攻，很快攻占了热闹街，守敌退缩至头道崴子。10 日晨，第 19 团向米架子发起攻击，但因各部协同欠佳，而与敌打成对峙局面。当天午后，敌撤往小苇子沟，第 19 团跟进追击，至通化之夹皮沟歼敌一部。同日，驻通化之敌第 195 师主力为策应第 584 团作战，并为保持通化与头道崴子道路联系，向南边的青沟子（今通化县光华镇长春村）、龙头村我第 7 师阵地进攻，且一度占领 1038 高地和龙头山。第 7 师主力顽强抗击，奋力夺回龙头山和 1038 高地，将敌打退。就在战斗即将胜利结束时，突然一颗炮弹打中第 20 团团长温世友[①]，致其当场壮烈牺牲。在这次战斗中，共有 50 多名指战员献出了宝贵的生命。11 日，敌第 584 团再次进攻龙头村一带，又被第 7 师击溃。

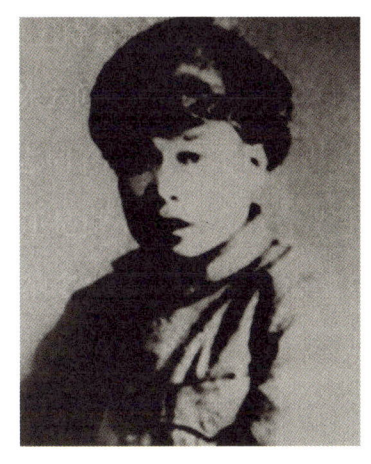

温世友

第 3 纵队发现头道崴子守敌已被孤立，决定转移兵力，令第 8 师继续进围头道崴子，协同第 7 师歼灭该敌，并寻

---

① 温世友（1908—1947）原名温毓珍。江西省宁都县竹笮乡九塘村人。出身贫苦农民家庭。1932 年 1 月参加中国工农红军，编入地方红军独立团。1933 年 3 月加入中国共产党。1934 年随部队编入红 3 军团第 8 军，参加过中央苏区第三、四、五次反"围剿"。红军长征时，编入红一方面军干部团。1938 年上半年任八路军 115 师 343 旅补充团 1 营 1 连连长，不久升任营长。1939 年 4 月任晋西洪赵游击第 3 大队大队长，同年 10 月改任晋西支队 1 团 2 营营长。1941 年初任山东纵队青年团团长。1942 年，山东纵队改为山东军区，调任鲁中军区后勤处管理员。不久，调任军区教导队军事教员。1943 年进入中共山东分局高级党校学习。1945 年 8 月任山东八路军第 3 师第 8 团副团长。1945 年 11 月，挺进东北。在辽阳与冀热辽第 16 军分区第 20、23 旅会合。1946 年 1 月，第 8 团改编为东北民主联军第 3 纵队第 7 师第 20 团，任团长。随后，率部参加了本溪保卫战、四平保卫战、黑山镇等战斗，歼灭大量国民党军。1947 年 1 月 10 日，在"一保临江"战役中的龙头山战斗中光荣牺牲，时年 39 岁。温世友是东北民主联军在"一保临江"战役中牺牲的级别最高的将领。

机打击通化出援之敌。13 日上午，第 8 师第 22 团向头道崴子守敌第 584 团发起猛攻，战至黄昏，歼敌 100 余人，夺取了该地。此战因未能切断守敌退路，致使该敌大部突围回到通化。

这时，通（化）辑（安）公路已被我切断，驻辑安之敌第 2 师于 16 日出动第 5 团、第 4 团一个营和炮兵营北援，沿途与 4 纵第 12 师第 36 团及 3 纵第 8 师一部多次相遇，当日经热闹街占领头道崴子。19 日，通化敌第 584 团南进，企图与敌 2 师部队会合，而后东进打通通（化）辑（安）铁路线。是时，第 4 纵队率领第 11 师跨浑江东进，于 17 日在辑安之霸王朝一带与第 10 师主力会合，并向第 3 纵队主力靠拢。18 日，辽东军区前线指挥部决定集中 4 个师兵力，力争歼灭敌第 2 师主力。第 36 团逼攻辑安守敌第 4 团两个营，调动第 2 师主力南返；第 4 纵队主力由霸王朝向南疾进，赶至辑安以北之大蚊子沟预伏；第 7 师由杨木桥子南进出击，第 8 师主力进至辑安以北之天桥山堵截，第 9 师向通化方向警戒。19 日，敌以第 2 师主力匆忙回援辑安，这正是全歼该敌的极好时机，可惜第 4 纵队因道路不熟、行动迟缓，未能及时赶到指定位置伏击，仅第 11 师第 32、33 团在热闹街与辑安之间截歼一部，俘敌 100 余人，缴获重机枪 1 挺、轻机枪 6 挺、小炮 5 门、步枪 60 余支。当第

10 师 29 团也加入追击时，残敌趁夜逃回辑安。

同日，敌第 584 团秘密南下。15 时进至青沟子。其第 2 营等 5 个连前出至头道崴子东南之小荒沟（今小黄沟），企图向大蚊子沟增援敌第 5 师主力，与 3 纵第 7 师部队接触。第 3 纵队很快便查明该敌属孤军远出，即令第 7 师迅速歼灭该敌，并令第 22 团在三道崴子东山打援。第 7 师第 20 团从 19 日黄昏起开始攻击小荒沟之敌。

因受 –40℃ 奇寒影响，部队冻伤指战员较多，虽彻夜激战却未有进展。20 日凌晨，青沟子敌主力趁机退回通化，第 7 师遂将小荒沟之敌严密包围，第 19 团也投入战斗。天亮后，第 20 团第 1 营、第 2 营分别从东北和东南两个方向猛烈突击村庄，守敌依托工事顽抗。午后，第 7 师增调小炮营支援步兵作战；在炮兵准确射击与步兵强攻之下，终将该敌全部歼灭，共计毙、伤敌营长以下 150 余人，俘副营长以下 500 余人，缴获重机枪 3 挺、轻机枪 30 余挺、六零炮 10 余门、步枪 500 余支、汽车 3 辆。小荒沟战斗的胜利，宣告第一次保卫临江战役胜利结束。

"一保临江"战役中涌现出许多战斗英雄，3 纵 7 师第 20 团第 9 连战士房天静是其中的代表。在小荒沟战斗中，房天静机智勇猛，单独冲入敌阵，歼敌 1 个班，俘 5 人，荣立大功一次，并获纵队通令嘉奖，获"孤胆英雄"称号。

房天静

"一保临江"胜利之时，南满军民迎来了1947年春节（1月22日），萧劲光和肖华等同志到陈云同志家里拜年。当时，物资上很困难。部队在冰天雪地里钻山沟打仗，吃不饱、穿不暖，但精神上是乐观的，战无不胜的。过年了，大家聚在一起，心情十分激动，主要是打了胜仗，信心提高，团结意识增强，大家都很高兴；但是，形势还没有根本改变，面临着敌人可能的再度进攻，大家的心情仍很紧张。萧劲光回忆说："在那样情况下，陈云对我的工作给予了很大的支持。他积极做一部分领导同志的思想工作，克服消极情绪，努力开展地方工作，发动群众支援部队。由于陈云既坚持原则，又团结同志，使分局形成了坚强的领导核心，这是南满能够胜利坚持的根本保证。"①

---

① 萧劲光：《在南满的战斗岁月里》，载中共通化市委党史研究室编：《四保临江在通化》，2021，第181页。

"一下江南"战役

当东北民主联军第 3、4 纵队在南满与国民党军勇猛拼杀时，为配合南满斗争，在"东总"直接指挥下，驻北满的东北民主联军第 1、2、6 纵队，独立第 1、2 师，吉北军分区部队和 3 个炮兵团于 1947 年 1 月 5 日突然越过冰封的松花江南下，发起第一次南下松花江作战，即"一下江南"战役。

1947 年 1 月 5 日，北满部队"一下江南"，图为驰骋在松花江边的北满部队骑兵

1946 年 12 月 24 日，"东总"致电辽东军区并报中共中央，提出："鉴于敌第二次发动对你们的进攻，我北满部队决定第二次（'一下江南'）出动，主力向南作战，配合你们。"[①]28 日，南满军区复电"东总"并告中共中央："北满

---

① 《林彪、彭真、高岗致肖劲光、陈云、肖华、程世才、罗舜初并报中共中央电》（1946 年 12 月 24 日）。转引自唐洪森：《国共争战大东北》，科学普及出版社，1999，第 604 页。（"肖劲光"即"萧劲光"）

出兵，对南满是一有力援助，在此严寒酷冷的气候下，宜充分注意部队的装备，特别是鞋袜、手套。"[1] 在 1946 年 12 月 24 日的电报中，林彪提出打"硬拼战"的新战术，即集中优势兵力，实行"一点两面"战术，以死打硬拼的精神拼掉敌人一部分有生力量。

1946 年 12 月 25 日，"东总"向北满各部队下达作战命令，准备战斗，向敌进攻，配合南满反击国民党军的进攻，粉碎国民党"南攻北守，先南后北"的图谋。"一下江南"的作战部署是采取"围点打援"战术，包围九台境内的其塔木，实行攻坚战，是为"围点"或"围城"；吸引九台、吉林、德惠三个方向的敌人前来增援，在半路设伏，争取歼灭敌人更多有生力量，是为"打援"。这是东北民主联军在东北解放战争中使用的重要战术之一，给国民党军以重大打击。

战前，东北民主联军各纵队开展了充分的思想政治工作，加强战胜强敌的信心，进行群众纪律教育，同时进行防寒训练。师首长确定师、团机关干部大多数都下连队，帮助连队做思想政治工作，帮助巩固部队。在行军路上，各部队的思想政治工作都很活跃。1 纵 1 师的许多连队还编了"顺口溜"，例如"革命军人士气高，天气再冷难不倒""乌

---

[1]《各个击破敌人，争取南满的坚持》，载《陈云在东北》，辽宁人民出版社，2019，第 95 页。

拉草，是件宝，又暖和，脚又不打疱""吃菜爱吃白菜心，打仗要打新一军""新一军自称鹰，实际上是只熊，行动像乌龟，打仗像条虫"等，有力地鼓舞着部队的士气。[①]

其塔木围歼战

其塔木守敌是国民党新 1 军 38 师 113 团第 1 营及后勤部队，约 700 人。新 1 军是国民党的王牌军，军长孙立人，抗日战争中在缅甸重创日军，部队老兵多，有丰富的作战经验，全部美式装备，113 团第 1 营尤以善于坚守著称。为了守住松花江的江防，敌人占领村子后，在镇子四周挖了两米多深的壕沟，并埋设了鹿砦、铁丝网，用交通沟连接村内敌各要点。靠村子西侧有一条深宽各约两米的自然河沟，敌人将靠村的一面全切成 90° 的陡坡，泼上水冻成冰坡。壕沟边上紧要的地方又修了土墙，用水泼成了冰坡墙障，通往镇里的各要道口均设置了配有轻重机枪的地堡工事。在村子的街中心修了一个大碉堡，村子的外围修了沿村子一周的大大小小 120 多个地堡，全都用水泼了厚厚的一层冰壳子，有些子弹打在冰上就滑走了。整个村子形成了一个相当坚固的防御体系。对于这些，1 纵在战前侦察敌

[①] 张书麟：《三下江南战役第一仗》，载中共长春市委党史研究室编：《二下江南》，1997，第 194 页。

情时并未详细地了解到。① 守敌狂傲地认为他们凭着有利的地势和坚固的工事，东北民主联军是不可能将之攻克的。

1947 年 1 月 5 日，东北民主联军第 1 纵队从榆树县（今吉林省榆树市）秀水（今榆树市秀水镇）一带，越过冰封的松花江，进攻驻守在对岸的九台县其塔木之敌。作战计划是：1 师在其塔木西南的八家子（今其塔木镇双城村）、段家沟一带阻击九台方向的国民党援军；2 师和吉北军分区部队在其塔木以南的张家屯一带阻击吉林市乌拉街方向的敌援军；6 纵在焦家岭阻击从德惠增援其塔木的援军；1 纵3 师主攻其塔木。1 纵经过急行军，各师于 1 月 6 日中午到达各自的指定地点，3 师包围了其塔木。

6 日黄昏，3 师在 5 门火炮的支援下，向其塔木发起进攻。3 师 8 团 1 营 1 连用炸药包爆破敌军的铁丝网。这是我军第一次同拥有美式装备且有在缅对日作战经验的国民党军打阵地战，又在平原地区，在敌人的地堡前有 300 米的开阔地，敌人的地堡修得又很矮，火力点紧贴地面，火力密集，且正值严冬，敌人又在地堡上面浇水成冰，炮弹和手榴弹打上去就会滑走；敌人又修了许多暗堡，下雪之后，外表同东北农村的粪堆差不多，我军根本看不出来。因此，

---

① 王志远：《攻打其塔木前后》，载中共长春市委党史研究室编：《三下江南》，1997，第 199 页。

东北民主联军战士爬冰卧雪，守卫在前沿阵地

我军在攻击时伤亡较大。当 1 连冲破前沿封锁，占领第一个地堡时，全连大部牺牲，只剩下 30 多人。他们连续打退敌人 5 次反击，攻下第二个地堡，这时全连 120 余人仅剩下 10 余人，无力再战。随后 2 连和 3 连相继发起进攻，但遭到守敌的顽固抵抗。敌我双方一个地堡或一间房屋反复争夺，我军指战员不如敌军老兵经验丰富，伤亡过大，被迫停止了进攻。

第二天早上，战斗了一夜的 8 团指战员们极为疲劳，天冷不能露宿，全团的人都挤在 5 个院子里睡觉。敌人发现后，马上进行炮火袭击，8 团伤亡严重，被迫撤到村外，丢失山炮一门，阵地也被敌人夺了回去。8 团共伤亡 400 余人。[1]3师师长彭景文[2]非常愤怒,命令7团投入战斗。19时,7团1营从东北、西北、正北三个方向发起进攻。敌人发射的曳光弹在战士们脚下乱窜,敌人集中全部火力向我军猛烈射击,冰雪覆盖的地面瞬间变成黑色,而指战员们为了接近敌人,反穿大衣,或披着白色的伪装衣,恰恰暴露了目标,增加了伤亡。[3]

但是,指战员们不怕牺牲,仅用5分钟就迅速冲过被敌人称为"不可逾越的死亡线"的300米开阔地,摧毁数座碉堡。敌人退入民房顽抗,我军与敌人展开逐屋争夺。残存的敌人在大街中段的几个院子内固守,并以火力向我反击,我军在巷战中无法展开兵力,战斗又僵持了一夜。

我军将街北民房全部攻占后,便集中力量攻打街心碉堡。这是守敌最高的一座大碉堡,也是敌人的指挥中心,

---

[1] 中共中央党史资料征集委员会,中国人民解放据档案馆编:《阵中日记》(1946.11—1948.11)(上册),中共党史资料出版社,1987,第113页。

[2] 彭景文(1905—1991),辽宁抚顺人。1922年参加东北军,毕业于东北讲武堂十一期。历任奉军战士、排长、连长、营长,国民革命军营长、副团长、团长;1943年9月,加入中国共产党。历任———师六六六团团长、八路军山东省滨海军区滨海支队副支队长、支队长、东北挺进纵队第一支队支队长、东北民主联军第七纵队十九旅旅长、东北人民解放军第一纵队第三师师长、军政大学第四团团长、第四野战军特种兵纵队炮一师师长、东北军区防空学校副校长、军委装甲兵炮兵主任。1955年被授予大校军衔。1958年转业到地方工作,历任青海省建工局副局长、辽宁省机电设备成套局副局长。1981年5月,离职休养。

[3] 庞世庆:《回忆其塔木战斗》,载《雪野雄风》,白山出版社,1988,196页。

碉堡四壁有许多射孔，他们居高临下，对我军威胁很大。到了下半夜，连里命令各班将轻机枪都架在墙头上，封锁敌街心碉堡的射孔，压制其火力并派爆破组连续进行爆破。用了大约45分钟时间，我军将街心碉堡炸塌了一大半，碉堡内的敌人全被压在了里面。指挥堡被消灭了，各处守敌立刻成了聋子和瞎子，除几处地堡外，大部分残敌退缩到龙王庙院里及其防御阵地，利用暗堡继续向我军射击。

敌人在修暗堡时，还把每个暗堡的射孔、各种武器的封击地段以及一些有关的地物都编了号，测好了距离，设置了水平射击装置。夜间战斗，敌人只要将武器往上一放就知道定什么标尺，打几号目标，封锁哪个地段。敌人还进行了多次演习，一有情况，便将射击孔挡板一推，各种武器立即可以就位射击。所以，尽管敌街心碉堡被我军摧毁，但敌地堡、暗堡仍对我军构成极大威胁。这时，1营2连已经控制了十几个院套和一大排民房，凡面向敌人的院墙、房山墙和窗台，全部用来做了射击位置。由于连长王贵成眼部受伤而被送离阵地，打地堡的战斗由指导员庞世庆指挥。

第三天拂晓，2连对敌人的暗堡进行了侦察，发现其中一个距我军占领的东房山仅80米，前一夜曾威胁进攻时通过的300米开阔地，今天又成了对我军坚守民房阵地的威胁。庞世庆召集排长们研究了一下，决定先"拔掉这颗钉子"，为我军进攻龙王庙大院扫清障碍。

按照分工，3 排组成了一个爆破组和一由两挺轻机枪组成的火力组。早上 5 时，开始攻击，首先用机枪封锁住敌暗堡，掩护爆破组行动。第一名爆破手从房子后门飞身跃出，照直地冲了上去，但快接近暗堡时不幸中弹牺牲了。第二名爆破手董庆友看在眼里，急在心上，还没等排长下令，抱起炸药包，带上七八枚手榴弹，一个箭步，跃出后门，顺着房檐，直奔地堡。敌人的子弹贴着董庆友的身体乱飞，地上的积雪被打得四处飞溅，董庆友的棉衣有数处被子弹穿破，露出了棉花，肉皮也擦伤了几处，但他全然不顾，一个劲儿地猛冲。经两次卧倒、三次跃进、多次投弹，他终于冲到敌暗堡前，放好炸药包，拉出引线后迅速翻滚，连蹿带跳地在距暗堡 20 米处飞速卧倒。只听一声轰响，敌人的机枪变成"哑巴"了，但暗堡并没有被全部炸塌，地冻天寒帮了敌人的忙。就在敌人被震昏尚未苏醒过来的一瞬间，董庆友抓住战机，又迅速地冲了上去，由暗堡枪眼向里投弹，但没有奏效。他急中生智掉转了方向，趴到暗堡顶上，向交通堑壕地堡门里投弹。不巧自带的手榴弹甩光了，他仔细用眼一搜寻，见靠近堑壕边的子弹箱里有手榴弹，便迅速地将之拉到身旁，把手榴弹一颗连着一颗地向地堡门里投去。在轰轰隆隆的爆炸声中，地堡里的烟雾，夹杂

着敌尸碎片从地堡射孔内喷了出来。就在这时，交通壕里
窜出四五个敌人，没等敌人举枪，董庆友的手榴弹已经飞
了过去。顿时，敌人被炸死了两名，余者急忙转身抱头逃
命去了。

我军勇士坚守阵地（影视资料图片）

天亮后，敌人几个孤立的暗堡都已被我军拔掉，激战
了十几个小时的我军指战员，这时才感到疲劳和饥饿。[1]

"东总"一直密切关注战局发展。得知增援的敌人已经

---

[1] 庞世庆：《回忆其塔木战斗》，载《雪野雄风》，白山出版社，1988，第
195–198 页。

出动，"东总"电告 1 纵司令员万毅："为了调动敌人来增援，故在这几天内不需打下其塔木，留着他调动敌人。这比硬攻德惠、九台好，最后其塔木是一定可以拿下来，只要总部炮兵用上，一个火力袭击，再加上猛攻，就可以拿下来了。"

3 师按照"东总"的命令缓攻其塔木。其塔木守敌得知来自九台和德惠的援军都陷入我军包围，军心动摇，于 8 日黄昏我军发起总攻之前分散突围。黄昏时 3 师又向残敌发起进攻，经过炮轰和爆破，终于将龙王庙墙打开了几个缺口。战士们在机枪掩护下发起了冲锋。21 时，敌人大部被歼。担负外围阻击任务的部队准备不足，致使敌人逃脱一部分。与此同时，1 纵 1 师伏击部队在张麻子沟将援敌全部消灭，其塔木战斗也胜利结束。

其塔木战斗共"毙敌 353 人，伤敌 103 人，俘敌 102 人，合计歼敌 558 人。我军阵亡 212 人（含团级 1 人、营级 1 人、连级 6 人、排级 17 人），负伤 854 人，失联 68 人，合计减员 1134 人。缴获：山炮、小炮 8 门，重机枪 4 挺，轻机枪 14 挺，冲锋枪 34 支，步枪 153 支，手枪 3 支，各种枪炮弹药 7.5 万余发"。[1]

---

[1] 东北民主联军第一纵第三师：《其塔木战斗总结》，1947 年 2 月 1 日于安家岗子。转引自唐洪森：《国共争战大东北》，科学普及出版社，1999，第 607-608 页。

在战后的战评会上，1纵队授予董庆友同志"战斗英雄"的光荣称号，2连集体立战功一次，指导员庞世庆和连长王贵成也立了战功。其塔木战斗，是一次小型的"围点"（"围城"）攻坚战，是东北民主联军典型的"围点打援"战术的第一次成功战例，以东北民主联军的胜利而载入史册。

张麻子沟伏击战

当1纵3师猛攻其塔木时，1纵1师成功地取得了张麻子沟伏击战的胜利，全歼九台出援之敌。1947年1月6日，1师到达八家子、段家屯，阻击由九台出援之敌。1纵副司令员兼1师师长梁兴初①、政委梁必业从师侦察员高广云、李权、吴道坤等人窃听敌人电话中得知，驻九台的国民党新1军38师113团（缺一个营）和九台保安团两个中队及山炮、装甲车各一个排，要向其塔木增援，出援之敌还详细告诉了其塔木之敌的出发时间和行军路线。只听到其塔木的敌营长

---

① 梁兴初（1913—1985），江西省吉安县人。1930年参加中国工农红军，同年加入中国共产党。土地革命战争时期，历任红四军班长、排长、连长、营长，红一军团第二师二团团长。参加长征。全面抗日战争时期，历任八路军一一五师三四三旅六八五团营长、副团长，苏鲁豫支队副支队长，东进支队支队长兼第四大队大队长，一一五师教导旅旅长，新四军独立旅旅长，滨海军区第一军分区司令员，山东军区第一师师长。解放战争时期，任东北民主联军第一师师长，第六纵队副司令员兼十六师师长，第十纵队司令员，第四野战军三十八军军长。新中国成立后，任中国人民志愿军第二十兵团代司令员，志愿军西海岸指挥部副司令员、代司令员，中国人民解放军海南军区司令员，广州军区副司令员，成都军区司令员。1955年被授予中将军衔。第四届全国人大代表，中共第九届中央委员。

说："……团座，情况紧张，共军攻得很激烈，今夜明晨援兵不到，我们……"他很是慌张，苦苦地哀求着。

敌 113 团团长王东篱在电话里说："……我已经说过多少遍，对于一个指挥官来说，最重要的就是沉着。"王东篱不耐烦地打断对方的话，训斥道："……部队已有命令，今天下午六时分三路驰援：东自吉林区乌拉街，南自九台，西自德惠。九台一路由我亲自率领，今晚在卢家屯宿营，明日中午赶到，在这以前，我要求你做到两点：坚持和镇静！……"

"嗯，嗯……"其塔木的敌营长还想申诉什么，只听得"咔嚓"一声，王东篱掷下了电话耳机。[①]

梁兴初和梁必业向纵队司令员万毅汇报准备在张麻子沟设伏的方案，并得到批准。战前，梁兴初带领各级干部到现场勘察地形，发现原先根据地图制订的作战计划与实地有很大误差，他们马上修改了作战计划，决定在张麻子沟、小卡伦、双顶山布下"口袋阵"，全歼这股敌人。张麻子沟（今长春市九台区沐石河街道齐家村）是个有 100 余户人家的山村，位于九台县城通往其塔木的公路上，距九台约 70 华里，距其塔木 20 多华里，村西头是地势险要的山口，公

---

① 梁兴初：《雪地伏击》，载《星火燎原》八，中国人民解放军战士出版社，1982，第 335 页。

路通过山口,从村子中间穿过。村子四周被低矮的山丘环抱,有如盆形,方圆 10 余华里基本上是开阔地。村子南 2 华里处的公路东侧,有一座海拔仅 100 余米的双顶山,梁兴初看罢当即决定,在此布下"口袋阵"伏击敌人。梁兴初决定以双顶山高地为核心阵地,由战斗力最强的 1 团 1 营、一个迫击炮连、两个重机枪连在此设伏。2 营、3 营紧挨着 1 营依次设伏,待敌人全部钻进伏击圈后,由东向西猛冲猛打,将敌人拦腰截断。2 团隐蔽于张麻子沟西北方向,担任正面阻击封口任务。3 团在公路以西设伏,负责断敌后路。师属炮兵阵地设在王家崴子南山。师指挥所设在八家子。

由于我军工作细致、严守秘密,九台援敌完全没有察觉。当天夜里,北风呼啸、大雪纷飞,气温骤降至 -40℃ 左右,指战员们反穿大衣,白里朝外,进入伏击阵地。至第二天战斗打响,指战员们整整在雪地潜伏了半天一夜。[①] 梁兴初回忆说:"急行军时出的汗,这时结冰了;一把炒米一把雪,更使人感到透骨之寒。为了不使机枪的枪机冻结,他们毫无难色地脱下自己的大衣,拿出鞋中的靰鞡草,把枪机包住。脚冷,就挖个雪坑把脚埋起来;有的战士还筑起雪地'白

---

① 唐青山:《张麻子沟伏击战》,载《雪野雄风》,白山出版社,1988,第 200-201 页。

宫'躺进去。"①

九台之敌于 6 日 17 时出动,经火石岭子,深夜零时到达西距其塔木 20 公里的卢家屯宿营。到了卢家屯后,他们还打电话给九台说:"途中无甚情况,有几十名土匪已被击溃。"②1 月 7 日 10 时,敌人继续奔向其塔木。敌以 5 辆装甲车开路,沿途不断向道路两旁进行火力侦察。3 团的侦察员清楚地听到他们瞎议论,"共产党又不是神仙,我看他们埋伏不了""让他们在冰天雪地里冻一夜试试,不用我们去消灭他,老天爷也会帮我们的忙"。中午 12 时 30 分,当敌军坐着卡车若无其事地进入我军包围圈时,在八家子指挥所后山观察敌情的师长梁兴初和政委梁必业向参谋长下达命令:发信号。"叭、叭",红、绿两颗信号弹腾空而起,双顶山上的迫击炮、2 挺重机枪、18 挺轻机枪同时怒吼起来。东面伏击的 1 团冲上公路向西边打过去。1 营机枪连 3 班、4 班战士在班长武存英、副班长田吉祥的带领下,用手榴弹一口气炸毁了敌人 5 辆装甲车,把敌人的重武器打成"哑巴"。后面的敌人见势不好,纷纷夺路溃逃,想找附近的房子躲藏。我军冲在前面,连续攻占十余所房屋。2 团和师炮兵营向敌

① 梁兴初:《雪地伏击》,载《星火燎原》八,中国人民解放军战士出版社,1982,第 338 页。
② 梁兴初:《雪地伏击》,载《星火燎原》八,中国人民解放军战士出版社,1982,第 339 页。

群开火，2团战士疏散队形迅速冲向敌军。前面开路两个连的敌人还没下车就当了俘虏。1团、2团把敌人消灭在公路两侧的几个村子里。包围圈越来越小。敌团长张东篱率残部退入张麻子沟，被1团、2团紧紧围住。退入卢家屯的保安队被3团围住。1团、2团与敌人在张麻子沟展开逐屋争夺，2团5连、8连经过13次猛烈冲锋，连续夺下10余所房屋，最后把一个连左右敌人逼退在一个独立房屋里。5连、8连继续围攻，敌人弹药已经不多了，敌团长王东篱夺路而逃后，1团团长唐有山率众追击将其击毙。

敌军没了团长，队形被完全打乱。我军高喊口号，穷追猛打。一个班追出10华里，俘敌15人，缴获山炮1门。有个战士边追边喊话，一人抓了30个俘虏。

北满我军"一下江南"，冒着严寒向松花江南挺进

张麻子沟战斗，从师指挥所发出攻击信号，到战斗结束，仅用了 3 个小时，国民党新 1 军新 38 师 113 团，这个所谓"王牌军"的"王牌团"，即被全部歼灭。在 1 团和 2 团围攻张麻子沟敌人的同时，3 团用政治攻势结合军事压力，把敌人的保安队聚歼在卢家屯。[①]

石屯阻击战

1 月 6 日至 9 日拂晓，吉北军分区部队在九台石屯（今吉林省九台市莽卡乡石屯村）附近阻击了吉林经乌拉街出援之敌，史称石屯阻击战。

3 日，吉北军分区司令员曹里怀[②]率部队从榆树向阳（今吉林省榆树市于家镇向阳村）出发，过江进攻敌吉林保安

---

① 梁兴初：《雪地伏击》，载《星火燎原》八，中国人民解放军战士出版社 1982 年版，第 341 页。

② 曹里怀（1909—1998）原名曹顾槐，湖南省资兴县人。1928 年参加中国工农红军。同年 4 月，加入中国共产党。先后任红四军军部秘书、红三军作战科科长、红五军参谋长、冀鲁豫军区参谋长。1942 年被选为中共七大代表。1945 年抗日战争胜利后，赴东北工作，任吉林省长春市卫戍区司令员。1946 年 1 月任吉黑纵队司令员，指挥吉黑纵队配合参战部队攻克长春。随后任吉林军区司令员。后相继担任吉北军分区司令员，东北民主联军独立第三师师长，六纵队副司令员兼参谋长，一纵队副司令员兼参谋长，第四野战军第四十七军军长，并率部南下，参加解放全国的一系列战斗。新中国成立后，任中南军区空军司令员，中国人民解放军空军副司令员兼广州军区空军司令员，1955 年被授予中将军衔，荣获一级八一勋章。是第三届全国人民代表大会代表，中共第七次全国代表大会代表，第九届、第十届、第十一届中央委员。在中共第十二次、第十三次全国代表大会上被选为中央顾问委员会委员。1998 年 5 月 19 日在北京病逝。

团第 6 大队驻守的石屯。[①] 6 日，占领石屯。敌保安第 6 大队是土匪"姚团"改编的，石屯之战后，该部匪首姚继周率残部五六十人逃入石屯以南的山中。[②] 为有效阻止吉林援敌，曹里怀命令部队撤到石屯以北山嘴子、骆驼屯一带构筑阵地。7 日，敌新 1 军新 38 师 112 团（欠第 2 营）、师属政工连和保安队共 800 余人，重占石屯。此时，张麻子沟战斗已经结束，1 纵 3 师仍在围攻其塔木，1 纵司令部决定以 1 师一部向九台警戒，集中 1、2 师主力和吉北军分区部队，打一场歼灭战。具体作战方案是：1、2 师在张家庄附近设伏击阵地，由吉北部队诱敌深入，将其包围全歼。8 日上午，敌 112 团北进至郜家屯、塔库屯时，遭吉北部队反击，敌 112 团退回石屯。8 日夜，其塔木之敌被歼灭。9 日拂晓，石屯之敌惧怕被歼，快速向吉林市撤退。虽然全歼敌 112 团的计划没有实现，但阻击由吉林市增援其塔木之敌的任务顺利完成，吉北军分区部队受到"东总"的表扬。

焦家岭阻击战

按照"东总"的作战部署，第 6 纵队第 16、18 师负责在焦家岭（今吉林省九台市上河湾镇焦家村焦家岭屯）阻

---

① 昌烈、舒生：《将军话今昔——访原吉北军分区司令员、独三师师长曹里怀记录》，载《吉北的曙光》，第 360 页。
② 吴殿甲：《回忆在舒兰的一段工作经历》，载《吉北的曙光》，1990，第 467 页。

击德惠增援其塔木之敌。其塔木被围后，国民党驻德惠的新1军第50师派出第150团（欠第2营）两个保安大队共1300余人增援其塔木，7日抵达焦家岭、大小干沟和上河湾。

4日18时，东北民主联军第6纵队司令员陈光、副司令员杨国夫率领第16、17、18师从黑龙江双城以南驻地出发。越过冰封的松花江，该部于7日上午抵达焦家岭附近。我侦察兵发现焦家岭之敌后，6纵司令部命令16师消灭该敌。8日晨5时，经过半小时炮火准备后，16师指战员开始进攻，未能奏效，部队伤亡较大。白天，16师调集炮兵，发起第二次攻击，由于炮击不准、步兵冲锋时队形密集、地形不利等原因，第二次攻击仍未奏效。9日晨6时，16师开始第三次进攻。该师集中3个炮兵连对敌人固守的史家大院进行轰击，步兵采取爆破方法开辟道路，两个小时后，最终占领焦家岭。敌团长谭荣生带领残敌逃往刘家窝棚顽抗。9日黄昏，16师发起消灭残敌战斗。炮击开始后，残敌趁夜色分三路突围，最终被第17、18师和松江军区部队全部消灭。焦家岭战斗共毙敌358人，伤敌308人，俘团长谭荣生以下545人，合计歼敌1211人。缴获步马枪416支、短枪4支、自动步枪2支、战防枪2支、冲锋枪82支、轻机枪38挺、重机枪10挺、信号枪2支、迫击炮9门、六零炮19门、火箭炮6门、战防炮2门、汽车6辆、大车 9 辆、电台 2 部、战马 34 匹，以及各种弹药 12 万余发。我军阵亡连级以下 265 人，负伤 685 人，失联 22 人，合计减员 972 人。[①]

在围歼焦家岭之敌最后时刻，由德惠出援之敌第 149 团主力午后到达五台（今吉林省德惠市五台乡），16 时继进岩虎沟，与我 17 师警戒部队交战约 1 小时，黄昏后向西撤走。

沐石河围歼战

第 1 纵队攻克其塔木、第 6 纵队结束焦家岭战斗之后，为扩大战果，申请"东总"同意他们进攻九台城子街和沐石河两个据点，得到"东总"批准。1 月 12 日，6 纵 17 师奉命进攻城子街（今吉林省长春市九台区城子街街道）。城子街守敌是国民党的地方武装保安第 19 团，共 600 余人，侦知 6 纵来攻，该敌于当日中午向九台溃逃，行至四家子（今长春市九台区苇子沟街道西四家子屯），正好与行进中的第 1 纵队相遇，当即被全部消灭。在 1 纵的建议下，"东总"命令 1 纵 2 师进攻沐石河之敌。13 日晨，2 师奔袭沐石河，至 12 时战斗结束，全歼沐石河之敌保安 43 团（欠一个营），毙、伤敌 107 人，俘 520 人，缴获迫击炮 2 门、轻重机枪 19 挺、长短枪 438 支，以及各种弹药近 5 万发。

[①] 东北民主联军第六纵队：《焦家岭战斗详报》（1947 年 2 月 8 日）。转引自唐洪森：《国共争战大东北》，科学普及出版社，1999，第 612-613 页。

沐石河战斗之后，1纵、6纵在沐石河周围地区待机。第2纵队从扶余、郭前旗等地过江，4师袭击保康之敌，5师在德惠、农安一带待机打援。6师东进至长春、农安之间破袭铁路。国民党东北保安司令长官杜聿明调新1军新30师、71军88师和第91师由南满驰援北满，欲同我军决战。敌军整体推进，不利我军运动歼敌。鉴于我军调动南满敌军北援，已达到配合南满"一保临江"战役的目的，再加上天气严寒，部队冻伤者较多，1947年1月19日，"东总"决定部队撤回江北，"一下江南"战役结束。

东北民主联军南满、北满部队密切配合，东满、西满部队积极出击，粉碎了国民党军对临江地区的第一次进攻。北满部队撤回江北休整，待机再战。东北民主联军撤回江北后，国民党军重新占领其塔木、城子街等地，封锁松花江岸。

"一下江南"战役战果巨大，东北民主联军北满主力部队出征一周之内，肃清九台以北，德惠以北、以东，农安以西广大区域之敌，连占其塔木、石屯、城子街、沐石河、两家子、大房身（今吉林省德惠市大房身镇）、达家沟（今吉林省德惠市达家沟镇）、老少沟、伏龙泉、巴吉垒等10余处据点，并控制德惠以北铁路20余公里，共计毙、伤敌新38师113团团长王东篱（毙）、第50师第150团副团长周云炽（毙）以下官兵1970人，俘敌第150团团长谭荣生以下官兵 2260 人，缴获迫击炮 12 门、六零炮 43 门、火箭炮 11 门、战防炮 2 门、山炮 6 门，美式自动步枪 32 支、重机枪 27 挺、轻机枪 143 挺、冲锋枪 221 支、步枪 1928 支、汽车 21 辆（内战车 3 辆），电台 3 部，刺刀 2000 余把，炮弹 1000 余发、子弹 29.5 万发，以及其他军用品若干。[①]

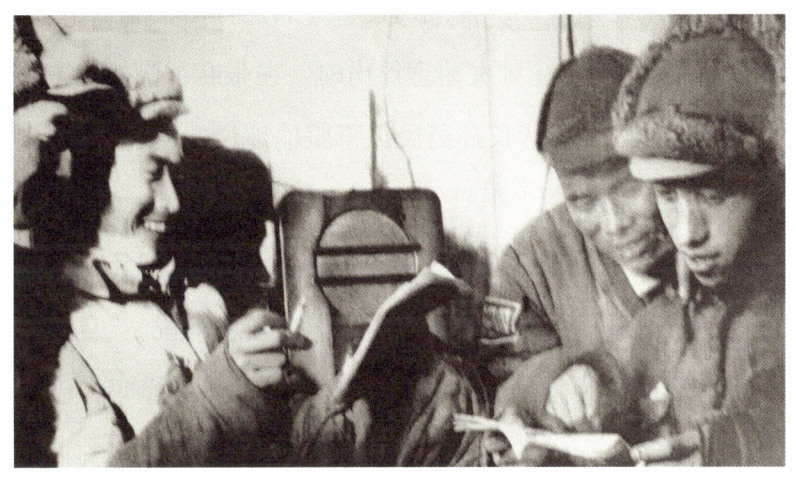

我军战士在收听胜利捷报

"一下江南"战役中所使用的"围点打援"（围城打援）战术得到中共中央主席毛泽东的高度肯定和赞扬。1947 年 1 月 11 日，毛泽东致电林彪、高岗、彭真："最近北满东

①《东北日报》，1947 年 1 月 19 日。

满开始打胜仗甚慰。包围其塔木一点引起九台吉林德惠三处之敌无计划的增援，均被我歼灭或击溃。这一经验指出，围城打援是歼灭敌人重要方法之一。利用结冰时期有计划地发动进攻，普遍寻找敌之薄弱据点，采用围城打援方法，大量歼敌，转变敌我形势，甚为必要。"①

"一下江南"战役给国民党新1军以沉重打击。敌新1军自进入东北以来，未曾遭到我军歼灭性打击，非常骄傲，自以为无敌。1纵1师在清理俘虏时，在张麻子沟战斗中被俘之敌113团2营营长孙蔚民仍不服输地说："我们孙立人军长说过，我们新1军只能打胜，不能打败。这次是因为你们共军太不仗义，偷偷摸摸地打，要不咱们摆开阵势重新打一打试试！"1师2团政治处李主任对其说："自古以来兵不厌诈，此乃普通军事常识，难道你还不懂吗？已经当了俘虏了，你们113团已经全部被歼灭了，用不着再重新打了。"孙蔚民随即垂头不语了。②

"一保临江"和"一下江南"作战的胜利，极大地鼓舞了南满部队指战员必胜的信心。南满军区根据地利用作战

---

① 毛泽东:《围城打援是歼敌的重要方法之一》(1947年1月11日)，载《毛泽东军事文选》第三卷，军事科学出版社、中央文献出版社，1993，第612页。
② 张书麟:《三下江南战役第一仗》，载中共长春市委党史研究室编:《三下江南》，1997，第198页。

间隙开展总结评比表彰活动，使广大指战员进一步明确了坚持南满斗争，保卫长白山根据地的重大意义，抓紧战备休整和补充，准备迎接新的战斗。

"一保临江"和"一下江南"作战最激烈的时候，正值三九天气，又遇到了 60 年罕见的奇寒，夜间最低温度达 -40℃，给南满、北满部队作战带来了极大的困难。南满部队缺少御寒冬装，指战员们在冰天雪地里，爬冰卧雪，连续作战，冻伤很普遍。吃的是冻窝窝头和冻酸菜，急行军时只能是一把炒面一把雪，充饥止渴。北满部队远距离奔袭，顶风冒雪急行军，有的部队一昼夜行军 130 华里，两昼夜连续行军 250 华里，冻伤减员数量也很大。东北民主联军指战员正是在这种极端恶劣的条件下，发扬"一不怕苦、二不怕死"的大无畏精神和革命乐观主义精神，克服重重困难，英勇作战，取得了胜利。

4 纵队是在缺少御寒衣物的情况下挺进敌后的。1946 年的冬天格外寒冷，白天达到 -30℃，晚上达到 -40℃。4 纵队连作战科长都没有棉裤穿。纵队领导有马不敢骑，与战士们一起走路，为的是暖暖身子。为了避开敌人的围堵，部队一般不在白天行军，只在晚上趁着夜色的掩护快速行军。在行军的过程中，指战员们鞋子冻裂是常有的事儿。宿营时不能进村镇，挤在山沟里靠烤火过夜，冻伤者很多。

在山沟里，没有油盐供应，只能吃老百姓的酸菜、苞米窝窝头，窝窝头冻得像石头般坚硬。

青沟子、小荒沟两次战斗，3纵队战斗伤亡不到百人，但是，夜间行军作战，爬冰卧雪，冻伤较多，仅小荒沟一仗，即冻伤400余人。

我军将士在严寒中，饿了吃把炒面吃口雪，坚守着阵地

"一下江南"战役期间，北满突然出现多年不遇的寒潮，哈尔滨夜间气温降至-40℃，火车停运。我军战士缺乏防寒衣物，有的棉鞋打仗时破开了口子，有的棉衣太短遮不住身体。在18日、19日两天行军和隐蔽时，有的冻坏了手

脚，有的冻坏了五官，还有的在卧倒时冻坏了生殖器。林彪得到报告：1纵轻冻伤2034人、重冻伤644人，6纵冻伤3000多人。严寒造成了比战争更大的危害。林彪电告东北局和中央："在最近行动中天气甚冷，各部冻坏的颇多。6纵17日夜行军中冻坏700余，轻者手足冻肿，重者即发黑，都有冻掉指甲的，有的可能残废。"[1]

1纵、6纵冻伤的具体数字如下：第1纵队1月23日统计，第1师冻轻伤740人，重伤100人；第2师冻轻伤320人，重伤82人；第3师冻轻伤860人，重伤420人；纵直冻轻伤114人，重伤41人。全纵队轻冻伤2034人，重伤644人，少数人变成残废。[2]另据1纵3师1月24日报告，此次行军冻伤轻的868人，重的421人，经治疗后，现有轻伤184人，重伤191人。[3]

第6纵队在2月2日最后统计结果，轻、重冻伤共计2294人，治愈2098人。一周可治愈765人，送医院131人。[4]

---

[1] 东北民主联军总部电报本：《林总发报登记》第2集。转引自刘统：《决战：东北解放战争1945—1948》，上海人民出版社，2017，第283页。

[2] 中共中央党史资料征集委员会、中国人民解放军档案馆编：《阵中日记（1946.11—1948.11）》上册，中共党史资料出版社，1987版，第141页。

[3] 中共中央党史资料征集委员会、中国人民解放军档案馆编：《阵中日记（1946.11—1948.11）》上册，中共党史资料出版社，1987版，第144页。

[4] 中共中央党史资料征集委员会、中国人民解放军档案馆编：《阵中口记（1946.11—1948.11）》上册，中共党史资料出版社，1987版，第148页。

（二）"二保临江"作战

不甘心失败的国民党军经过 10 天的整补，于 1947 年 1 月 30 日又集中 4 个师兵力，由第 52 军军长赵公武统一指挥，分三路再次从通化、新宾、柳河三个方向对临江地区发动第二次进犯。此时，东北民主联军北满主力部队刚刚结束"一下江南"作战，返回江北休整。在没有北满配合的情况下，南满军区独立发起第二次保卫临江战役，即"二保临江"战役。

敌 52 军 195 师由通化先出动，企图由北迁回六道江，配合 2 师、新 22 师向临江进攻；207 师由新宾到三源浦驰援 195 师；60 军暂编 21 师向金川、靖宇进犯。

为了再次打退敌军，南满军区仍实行内线与外线相互配合战术。3 纵队在正面运动歼敌，4 纵队挺进敌后，牵制敌军。

军区司令员萧劲光、副政委肖华来到 3 纵队，亲临前线指挥作战，极大地鼓舞了广大指战员的斗志。萧劲光经常与 3 纵队领导同志研究战略战术。战前，萧劲光进行战斗动员。他说：我们要采取积极防御的方法，大胆地插到敌后，开展游击战，从运动中消灭敌人。敌人虽貌似强大，但会被我们各个击破，我们只要打几次大的胜仗，就会由被动转为主动。胜利一定是我们的！

南满军区分析敌情，195 师孤军深入，侧后完全暴露，抵抗力小，暂编 21 师增援的可能性小，2 师、新 22 师增援则需三五天才能到。于是决定抓住时机，集中 3 纵全部，歼敌于高丽城子（今吉林省通化县光华镇东升村高丽城屯），突击点选择在敌人侧后方。那时天气奇冷，大雪没膝。既开不动汽车又骑不了战马，萧劲光踏着积雪，到高丽城子地区勘察地形，选择战场，来往于部队之间指挥战斗。在极为艰苦的条件下，我们的战士爬冰卧雪，忍饥受寒，服从指挥，在战斗中非常英勇顽强。2 月 5 日拂晓，3 纵队第 7、8、9 师的主力迂回包围了进入高丽城子的中路之敌 195 师。7 师加 8 师 23 团、纵队炮团由西北向高丽城子进攻；8 师以一部分兵力切断敌军南逃退路，并向通化警戒，主力向高丽城子进攻；9 师以一部分兵力向西北柳河、安口镇方向警戒，主力由西向高丽城子推进。各师向敌发起猛烈攻击，经过一天的战斗，7 师攻占杨木桥、大青沟；8 师攻占大龙爪沟，并切断敌南逃退路；9 师攻占柞木台子后，即向二队（今吉林省通化县二队村）方向进攻。但由于我警戒疏忽，敌趁隙向西南突围。3 纵第 7、8、9 师立即追至二队（今通化县光华镇曙光村），与敌接火，并抢占了制高点。经猛烈冲击，我军歼敌百余名，缴获了敌人一个山炮营的 10 余门大炮和大量辎重、武器装备。敌残部逃回通化。高丽城子作战共歼敌5个营，毙、伤、俘敌2300余人。

3纵队主力在南线围攻195师时，敌新6军207师第3团为解195师之围，从清原十里甸孤军深入至三源浦。我3纵主力不失时机，发扬连续战斗的顽强作风，经一天急行军，回师三源浦，四面包围了该敌。为使会战顺利进行，我9师的一部向柳河、安口镇方向警戒；8师位于大龙枣沟（今大龙爪沟）警戒通化之敌；7师担任主攻。7日黄昏，我7师、9师两师主力南北夹击了三源浦。经一夜激战，我军对敌形成四面包围，攻克三源浦，全歼该敌两个营于三源浦以东北的小城子、以北大铁炉地区；俘敌团长张建勋以下1500余人，毙、伤敌200余人。至此，第3纵队共歼敌4000余人。

第二次临江保卫战三源浦战斗后，我军召开祝捷大会

在"二保临江"战役中，第 4 纵队主力再次深入敌后，第 11 师于宽甸、辑安间歼敌一部，并袭入桓仁县城，牵制与迷惑国民党军。第 12 师及辽南独立师、安东独立第 3 师和辽宁独立第 2 师等部，积极开展游击战，相继收复大小据点 20 余处，歼敌 1600 余人，俘敌 1300 余人。由于辽东军区第 3、4 纵队的猛烈打击，国民党军被迫于 2 月 8 日停止了对临江地区的进攻，并由北满抽调第 91 师回援，"二保临江"战役取得最后胜利。

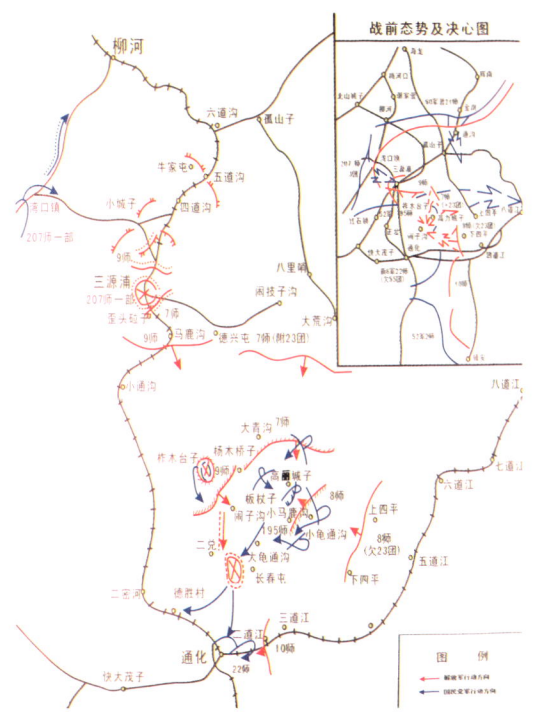

第二次临江保卫战经过要图

（三）"三保临江""二下江南"战役

1947年2月16日，国民党军集中4个师的兵力，对临江地区发起第三次进攻。2月18日至28日，在4纵外线作战的配合下，3纵经过大通沟（今柳河县罗通山镇通沟村）、大北岔（今通化县光华镇长青村北岳屯）、青沟子、高丽城子等战斗正面阻击，歼灭国民党军暂编21师、91师、2师各一部，收复辑安、金川、柳河、辉南4座县城，4纵收复桓仁县城，取得了"三保临江"战役的胜利。在通化县571高地指挥作战中，4纵10师师长杜光华壮烈牺牲。

为配合"三保临江"战役，北满主力部队第1、2纵队和第6纵队，外加独立1、2、3师，共12个师，于2月21日至3月2日，发起第二次南下松花江战役，简称"二下江南"。首战城子街，再攻德惠县城，迫使国民党军调动10个团大举北援。3月2日，东北民主联军撤回江北，使国民党军与我军决战的企图落空，"二下江南"战役胜利结束。

第三次保卫临江战役

我军第二次临江保卫战胜利以后，国民党东北保安司令长官杜聿明不甘心自己的失败，仅仅经过一个星期的重新部署，即亲自坐镇通化进行指挥，从1947年2月16日起，又出动4个师的兵力，分三路向临江进攻。北路为60军暂编21师，从金川（今吉林省辉南县金川镇）至柳河县的大通沟（今柳河县罗通山镇大通沟屯）、鹿尾林（今柳河县时家店乡鹿林村），配合 71 军 91 师夹击我军。中路为 71 军 91 师和 52 军 2 师，分左、右两翼沿三源浦至通化一线向东推进。其中，91 师为左翼，占领三源浦，一个团伸到大北岔，一个团进至小荒沟；52 军 2 师为右翼，进至通化以北的高丽城子、大龙枣沟。南路为新 6 军 22 师，占领热闹街，然后向东进逼。3 路敌军企图首先进攻八道江，得手后再向临江进攻。

为了粉碎敌人对临江的第三次进攻，南满军区根据军事情报对敌情和进攻态势进行综合分析，认为中路敌军力量强大，又能相互配合，不容易全歼；北路暂编 21 师位置相对孤立，又是国民党杂牌部队，装备较差，战斗力不强，可以集中兵力先行打击，得手后再进攻其他两路敌人，进而粉碎敌人的第三次进攻。南满军区命令 3 纵队集中 7、9 两个师连夜出发，18 日到达大通沟，包围了敌暂编 21 师第 2 团。天亮后，敌人发现被围，企图向西北方面突围，被我军堵了回来。战斗中，被围的敌人疯狂进攻大通沟 400 高地，几分钟内砸下各种炮弹 300 余发。2 排排长徐立福率全排战士顽强坚守阵地，在战士们大部受伤、牺牲，弹药所剩不多的情况下，徐立福命令上刺刀，他高声地对战士们说："活，我们要活在一起；死，我们要死在一起，决不能让敌人从我们这里跑掉！"这时敌人冲了上来，他们发现 2 排没有子弹了，更加大胆地往上冲。就在这个关键时刻，1 排在徐国章的率领下前来支援。两个排合在一处把敌人打了下去。战后，徐立福被 3 纵授予"战斗英雄"称号。

经过 6 个小时的激战，3 纵全歼了敌 2 团及山炮营，俘敌团长王子宏以下 1300 余人，缴获迫击炮 6 门、山炮 4 门和其他一大批武器弹药。

在大通沟战斗发生的同时，3 纵 8 师在老岭和小荒沟（今吉林省通化县光华镇光华村）阻击敌 91 师的进攻，一天打退了敌军数次冲锋，使 91 师不能前进一步，有力地支援了 7 师、9 师的战斗。为了扩大战果，3 纵集中 3 个师的全部兵力，不停地向位于大北岔的敌 91 师 272 团发起进攻。8 师首先向敌军阵地猛攻，割断了 272 团与 91 师主力的联系。其他各部队于 21 日拂晓向 272 团发起进攻。敌军占据着几个制高点，拼命抵抗，我军进攻受阻，一天下来无大进展。战斗继续到第二天中午，我军经过顽强战斗，终于占领了几个重要高地。敌军被分割成几块，被完全包围。敌 91 师主力向 272 团靠拢，企图解围，被我阻击部队坚持顶住。到黄昏时，272 团及附属工兵营被全部歼灭在大北岔。

敌 52 军 2 师师长刘玉章带着 2 师从通化进至高丽城子附近的青沟子，配合 91 师向我军进攻。青沟子是一个山间盆地，只有五六百户人家，盆地的出口是大龙枣沟。刘玉章看到这种地形，忽然有一种不祥的预感：如果"共军"在这里伏下一支奇兵，他们岂不是被扎进口袋了吗？他赶忙前去拜访91师师长，要他一起撤退，后者不肯，还要同我军打到底。

这时，在敌后活动的4纵10师接到命令，从敌军背后突然冲过来，在21日抢占了大龙枣沟，封锁了沟口。10师师长杜光华指挥29团分头守住沟口和附近的高地，命令28团迅速向这些地方靠拢，把敌军堵在盆地里消灭掉。

敌2师和91师听说后路被截断，顿时惊恐万分。刘玉章亲自指挥2师主力向外突围，由91师助攻。在沟口的另一端，从通化来的195师增援部队也开始了进攻，敌人想南北夹击，冲开山口。

22日中午，国民党军开始突围，因为担心被全歼，所以国民党军疯狂进攻，战斗越来越激烈。国民党军先以两个营兵力进攻。被打退后，又增加到4个营兵力，在炮火支援下向我军阵地发起猛烈冲锋。

3纵8师22团2营4连奉命赶到长春沟（今通化县光华镇长春沟村）阻击敌人。2班班长周恒农发现，在一个地主的大院里有一群国民党兵吵吵嚷嚷，一名敌军官骑着马，挥舞着小手枪在喊着什么，原来他在命令10多个国民党兵向大门外冲。见此，周恒农一声令下，5个敌人被击毙。接着，

南满军区授予周恒农"无敌英雄"称号

敌人向大门外疯狂扫射、投弹。在烟火的掩护下，敌军官带头冲锋。周恒农见状，把机枪手的轻机枪抓过来，对准这个国民党军官就是一梭子，敌军官立刻毙命落马，余敌转身就往回跑。周恒农带领战士一边向地主大院投弹射击，一边冲锋，同时大喊"缴枪不杀"。惊恐万状的敌人，纷纷从院里、屋里、碾盘底下、牛棚里、猪圈里爬出来，举手投降。此战，2班除击毙的敌人外，共俘敌人120多人，一审问俘虏才知道，被周恒农击毙的敌军官是195师少将副师长何士雄。战后，2班被记集体一等功，每人荣记特殊功，南满军区授予周恒农"无敌英雄"光荣称号。

4纵10师29团只有一个营守卫高地，他们以排为单位，顽强抵抗着多于他们数倍之敌。下午，大龙枣沟沟口那一边的195师也发起了进攻，29团受到两面夹击，仍然坚守着阵地。28团被敌军阻挡在青沟子一带过不来，29团苦苦支撑到黄昏。这时，师长杜光华①不顾危险，登上大龙枣沟571高地，即柞树岭（今属通化县光华镇长青村），用望远镜向对面山头国民党军阵地观察。对面山头上的国民党军军官正好也在用望远镜向我方阵地观察，他发现杜光华拿着望远镜，像个当官儿的，身旁还有挎文件包的警卫员，他更加坚信杜光华肯定是一个大官儿。他马上命令用迫击炮轰击，第一炮打偏了，第二炮在杜光华身边爆炸。不幸的是，杜光华负了重伤，当他被抬下阵地，至半山腰29团临时团部时，壮烈牺牲，时年32岁。1948年1月，为纪念杜光华，通化县政府将小荒沟所在的通化县第八区改称光华区，1984年改为光华乡，1993年改为光华镇，在半山腰

① 杜光华（1915—1947），原名杜云生，又名杜永海，四川省阆中县人。1932年加入中国共产党。参加过长征。土地革命战争时期，历任红4方面军1团通讯班班长、排长、连长等职。全面抗日战争时期，任八路军115师3旅686团连长、营长、团参谋长、副团长。参加了平型关战斗。东北解放战争时期，任东北民主联军第4纵队1旅（后改为10旅）旅长、10师师长，参加新开岭战役及"一保临江""二保临江"战役。1947年2月22日黄昏，在"三保临江"战役中牺牲，是整个"四保临江"战役中东北民主联军牺牲的最高级别的将领。

的杜光华牺牲地立有纪念碑。

在大龙枣沟战斗激烈进行的同时，3纵开始对高丽城子敌2师的一个团发起围歼。为了集中兵力，10师只留29团一部分把守大龙枣沟沟门，其余前往高丽城子参战。各部队在夜间开始行动，规定拂晓前到达指定位置。这时，敌2师和91师主力抢在我军合围之前向大龙枣沟沟门突围，敌2师师长刘玉章给先头部队下了死令："不惜一切代价，必须夺下来。"敌军为了逃命，向29团留守部队疯狂进攻。29团伤亡过大，与增援部队失去联系，被迫撤出大龙枣沟沟门。刘玉章得了一条出路，正在指挥2师撤退时，忽然身边跑过一小队骑兵。黑暗中走近一看，原来是91师师长扔下部队逃跑了。刘玉章率领师部紧跟着逃出大龙枣沟沟门，趁着夜色向通化奔去，这样才避免了全军覆灭的命运。

3纵指战员在向高丽城子敌91师主力发起总攻时，9师迂回敌军背后，切断了他们返回通化的退路。其他部队分路发起攻击。敌人见势不妙，于23日下午向通化撤退。我军因连续作战几昼夜，疲劳过度，没有堵住敌人。至此，"三保临江"战役又以我军的胜利而宣告结束。

3纵连战连胜，士气越打越高。敌军情绪低落，因北满我军"二下江南"北线吃紧，杜聿明为了救急，决定调兵北上。敌91师于26日放弃了辑安和金川，辉南、柳河也只有敌军一个营留守。我军抓住时机，扩大战果。3纵派7师打柳河，8师与辽宁军区地方部队打辉南。守敌闻讯弃城逃跑，在我军追歼下很快被消灭。到2月28日，南满我军势如破竹地连克辑安、金川、柳河、辉南4座县城，大大扩展了南满根据地。

3月2日，在进攻辉南的战斗中，8纵22团8连小炮班班长陈树棠在炮弹打光的情况下，操起缴获的步枪追击敌人，在北街口堵住敌人约一个连，击毙敌军官，俘虏61人。战后南满军区授予陈树棠"独胆英雄"称号和"红星战斗英雄"奖章一枚。

深入敌后作战的第4纵队11师，决定攻克本溪的碱厂，在敌人后方插上一刀，配合3纵正面御敌。

碱厂位于抚顺、本溪、宽甸、桓仁的中心，有国民党军207师一个加强营、保安团一个营和警察大队共千余人把守，在镇子东边的元宝山上修建了防御工事。11师没搞清楚情况，以为敌人只有一个连，2月20日下午开始进攻。起初以一个连的兵力进攻元宝山，由于该连没有详细侦察地形，单纯从正面攻击，在敌军密集火力下伤亡较大，从另一侧进攻的部队同样受阻。而进攻碱厂镇的部队比较顺利，很快攻到了街里。抓住俘虏问明情况，才知道敌军比估计的要多。师首长决定计划不变，团长侦察地形后，抽

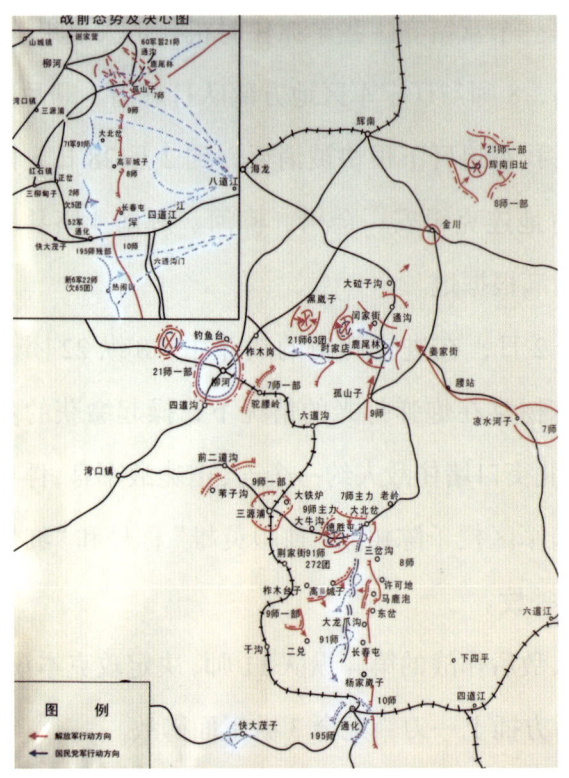

第三次临江保卫战经过要图

出一部分部队从街里迂回山后，一部分仍从元宝山正面进攻。两下夹攻，敌军慌乱起来，丢下阵地向北逃跑。11 师穷追猛打，歼灭了碱厂的敌人。共计毙、伤敌 131 人，俘虏 783 人，缴获一批枪支弹药。我军伤 208 人，牺牲 48 人。

敌军指挥部见后院起火，连忙调新 6 军 14 师从桓仁出发向我军扑来，企图与重新组建起来的 25 师合力消灭我 11 师。为了摆脱敌人的追赶，11 师决定兵分两路，以小部队吸引敌军主力，大部队则越过安奉路向东进军。战士们不顾疲劳，日夜行军，从 2 月 25 日至 3 月 3 日，8 天 7 夜走了 500 里，只在屋里睡过一宿觉，其余都在野外宿营，吃了 7 顿饭，只有一顿是热饭，作战 9 次，终于冲破了敌军的堵截，返回了南满根据地。

"三保临江"战役比起"一保临江"和"二保临江"，无论是战术和战果方面都有很大的进步。南满部队把中央和"东总"集中优势兵力歼灭敌人有生力量的战略战术落到实处，每次战斗都是集中了五六倍于敌人的兵力，歼敌一路，动摇全线，达到了各个击破的目的。当敌军惊恐混乱时，我军抓住战机，以迅速的行动搜寻附近的目标，再打一个歼灭战。"三保临江"的胜利真正扭转了南满形势，为我军赢来了胜利的曙光。原来情绪消极的同志振奋了精神，内部也团结了，虽然生活上还是很困难，但大家的情绪乐观多了，真正从内心深处对南满斗争有了必胜的信心。萧劲光在回忆录中特别强调了这一点："三保临江的胜利，使敌人逐渐转入被动，我们开始扬眉吐气了。战争改变了形势，实践教育了消极观望的同志。这些同志先后都转变了思想。内部团结了，力量壮大了，部队士气更加高涨。"[①]

---

① 萧劲光：《萧劲光回忆录》，当代中国出版社，2013，第 165 页。

"二下江南"战役

1947 年 2 月 18 日 10 时 30 分，南满军区向北满东北民主联军总部报告"敌对临江第三次进攻已经开始"①。为配合南满"三保临江"战役，同日，"东总"决定发起第二次南下松花江战役，简称"二下江南"。东北民主联军采取长途奔袭战术，预定目标为城子街、达家沟、大房身、松花江站（今吉林省德惠市松花江镇）。19 日，各部队到达指定地点。22 日，首战九台城子街，再攻德惠县城。

城子街战斗

"一下江南"战役结束之后，东北民主联军主力部队撤回松花江以北、以东地区休整，国民党军重新占领其塔木等地。国民党新 1 军新 30 师第 89 团及师属山炮营 2800 余人驻守城子街，近 1000 兵力驻守达家沟，大房身驻守两个营，松花江站驻守两个营。

在"二下江南"战役中，"东总"还是使用"围点打援"战术，通过奔袭城子街，寻机打击九台、德惠出援之敌。由第 6 纵队附属炮兵团负责围歼城子街之敌，1 纵、2 纵负责打援。具体部署：第 1 纵队进至松花江东岸宿营，避免过早暴露目标，22 日 12 时以前完成对德惠大房身、达家沟

---

① 中共中央党史资料征集委员会，中国人民解放军档案馆编：《阵中日记（1946.11—1948.11）》上册，中共党史资料出版社，1987，第 158 页。

北满我军"二下江南"，这是城子街战斗中我军炮兵阵地

的包围，黄昏发起攻击；第 2 纵队并独立 1 师、2 师于 22
日到达城子街外围，准备参加城子街战斗，同时切断大房
身之敌的退路；第 6 纵队 20 日进至松花江北岸隐蔽，21 日
过江，进至上河湾，22 日包围城子街。

2 月 20 日，6 纵司令员洪学智、炮纵司令员朱瑞接到
林彪和刘亚楼 6 次电令。指示极为具体，望部署部队 22 日
12 时以前到达城子街附近，以便使炮兵和步兵有充分时间

侦察地形，完成对城子街包围，能于黄昏前开始进攻。[①]

经过"一下江南"的打击，国民党军已成惊弓之鸟，当东北民主联军云集江北和江东被国民党军侦知，加上 1 纵提前过江兵临其塔木，其塔木、达家沟之敌纷纷撤逃。驻守城子街的国民党新 1 军新 30 师第 89 团团长曾琦接到孙立人"15 万共军过江南，赶忙撤回长春，免遭歼灭"的急电后，也准备逃往德惠县城。敌情有变，21 日 9 时，"东总"命令各部队立即轻装前进，到达指定位置，围追敌人。

2 月 21 日下午，第 6 纵队从驻地榆树县弓棚子出发，踏着没膝的积雪，兵分三路向城子街开进。接到总部命令后，6 纵以一夜 70 公里之急行军，奔袭城子街。22 日，6 纵 3 个师和纵直到达城子街周围村屯：泉眼（16 师），前后秀水沟（17 师），锌子炉、孙家甸（18 师），二道沟（纵直）。国民党新 1 军军长孙立人急令 89 团向德惠撤退，其先头部队刚刚逃窜至铜匠沟一带，即被 6 纵队 17 师截歼一部。敌军主力只好回缩城子街，企图固守待援。22 日，第 6 纵队第 17、18 师完成对城子街的包围；第 1 纵队、第 2 纵队、第 6 纵队第 16 师和独立第 1、2、3 师分别在九台、德惠东南、农安等地完成了打援部署。

---

① 洪学智：《洪学智回忆录》，解放军出版社，2002，第 270 页。

22 日 10 时，6 纵 17 师发现城子街之敌沿公路向西突围，立即冲上去猛打，在铜匠沟以东歼灭敌炮兵一个连和步兵一部分，余敌缩回城子街。2 月 23 日 9 时 50 分，6 纵 17 师、18 师，在我方强大炮火的掩护下，从西北、东南两个方向，向城子街发起总攻。经过连续爆破，逐屋争夺，激战至 19 时 20 分，两个师在中心小学附近胜利会合，战斗胜利结束。

城子街战斗全歼敌新 1 军 30 师 89 团和一个山炮营，毙、伤、俘敌团长曾琦、副团长王生普以下 2800 余人，缴获各种火炮 67 门、轻重机枪 127 挺、步枪 813 支、战马 200 匹、弹药 10 大车。

战斗中，涌现出多位战斗英雄。6 纵某部 3 连 3 班副班长吕忠辰创造个人俘敌 34 人的纪录。当攻击开始，3 班突破敌人鹿砦障碍以后，迎面 4 个地堡挡住进路，里面敌人坚决顽抗，使 3 班不能前进。吕忠辰向地堡一看，恰好敌人正给重机枪灌水，他一转身就跑到地堡门口塞进 3 个手榴弹，敌人随即喊投降，于是他便跳下地堡，俘虏 4 个敌人，缴获重机枪 1 挺、冲锋枪 1 支和步枪 1 支，为部队冲锋开辟了前进道路。冲入街心后，敌人非常混乱，他一个人端冲锋枪跑到一所独立房子搜索，里面敌人倚着窗子向外射击，他还击了 20 余枪，又投掷了 3 个手榴弹，随即乘势扑入里面，敌人见来势凶猛，便全部放下武器。这次战斗共俘敌 30 人，缴获轻机枪 1 挺、冲锋枪 1 支和步枪 15 支。

7 连指导员时长道在歼灭突围逃窜的敌人先头部队时，带着一个 4 人小组在最前面向五六十名敌人发起冲锋。接近敌人时，他所带的 3 个战士已有两人光荣牺牲，他仍和余下那名战士继续前冲。敌人见状胆寒，企图逃窜。他发觉后一个箭步跳到敌人面前，最终俘虏 7 个敌人，缴获冲锋枪 2 支和美式步枪 1 支。此时，他又看到一个敌人扛着 1 挺轻机枪狼狈逃命，他不顾一切地追了上去，然而，追赶途中不幸负伤。营长安慰他时，他却说："你去照顾队伍吧！我负伤不要紧，只是让那机枪逃了真可惜！"

2 连文化教员吕连玉曾是战斗模范，在这次战斗中他带领突击班冲锋。当时敌人凭借高地上的 3 个碉堡，构成交叉火力网射击。还未冲锋时，一个连的干部即已负伤，但他轻伤不下线，主动要请战。获得营长允许以后，他即带领部队突破敌人阵地。不久，连长不幸牺牲，部队需要人领导，于是他和 2 排排长商量，叫 2 排排长任临时连长，他带领突击班。不幸的是，临时连长在冲锋时又光荣牺牲，指挥 2 连的任务落在他身上，直到战斗结束，夺下最后一个碉堡，整个 2 连都是由吕连玉指挥，直到胜利。[1]

---

[1] 吉林《人民日报》（1947 年 3 月 17 日）。转引自中共长春市委党史研究室编：《三下江南》，1997，第 283-284 页。

6 纵某部麻立亭班，在 5 分钟内连续夺下国民党军 5 个地堡，俘敌一个班，自己则无一伤亡，创造了光辉战绩。当该部在城子街外围时，国民党军在城子街外南北斜沟沿上筑有 3 个坚固地堡，沟北头往西开阔地带又筑了两个，距离共有 200 米远，交叉火力配备极为强大，成为某部前进障碍。麻立亭班全体请求上前摧毁之。经上级允许后，该班每人身带 12 颗炸弹，在机枪掩护下冲锋，以迅速猛烈的行动，每人隔三五步成疏散队形，冲入敌堡东西短沟与南北斜沟交叉处后，即隐蔽前进，在距地堡 30 米远地方的沟沿分组散开，炸弹像连珠炮似的齐向地堡投掷。敌军措手不及，顾不得开枪，就慌得离开了第一个地堡，逃回街心。我军继续猛追，又吓跑了第二个地堡的敌军，接着第三、第四两个地堡的敌军也丢下了地堡。最后一个地堡的敌军正想逃跑，该班迅速冲上前，踏过鹿砦将其截击。战斗结束，缴获了 1 挺机枪、2 支冲锋枪，俘敌军一个班，扫除了火力封锁，主攻部队得以顺利地向前推进。[1]

德惠攻坚战

城子街战斗后，驻九台的敌 30 师俱被歼，于 2 月 24 日深夜撤回长春，驻农安、哈拉海等地的敌军也纷纷撤回

---

[1] 吉林《人民日报》（1947 年 3 月 19 日）。转引自中共长春市委党史研究室编：《三下江南》，1997，第 284—285 页。

长春。这时，德惠已成敌在长春以北的孤立据点。26 日，
"东总"决定由 6 纵指挥独立 2 师共同攻打德惠。1 纵、2 纵，
独立 1 师、3 师共 8 个师在布海（今吉林省德惠市布海镇）、
哈拉哈（今吉林省德惠市朱城子镇哈拉哈村）一线，准备
打击长春北援之敌。

为解北满之危，杜聿明将在南满受损失较大的 71 军
91 师调到四平守城，然后抽出 71 军 87 师、88 师两个师从
四平北上至长春，[①] 会合新 1 军 30 师两个团，50 师一个团和
一些保安支队，共拼凑 12 个团的兵力，大举增援德惠，欲
趁机同我军决战。南满军区见敌军北上，即实行"北打南拉"
战术，向梅河口、海龙、新宾、柳河等地发动进攻，并将
敌 195 师包围在通化。

"东总"判断我军具有优势兵力，决心用 10 天时间，
一是攻下德惠，二是给援敌以巨大杀伤，然后会合 6 纵和
独 2 师，歼灭北上之敌。[②]

"东总"估计国民党新 1 军 50 师在德惠城内有 5000 兵
力，而实际上城内加上保安队有 7000 兵力。敌师部位于火
车站，新 1 军 50 师修筑的是"城塞堡垒"式的防御工事（在

---

① 全国政协文史和学习委员会编：《杜聿明将军》，中国文史出版社，
  2013，第 81 页。
② 中共中央党史资料征集委员会，中国人民解放军档案馆编：《阵中日记
  （1946.11—1948.11）》（上册），中共党史资料出版社，1987，第 170 页。

城市修许多互相支援的堡垒,用地下电话联系)①,易守难攻,城周围数里村庄内皆筑有工事。

为保证攻城顺利并减少步兵伤亡,"东总"把炮兵司令部的两个炮兵团,1纵和2纵5师、6师两个师的炮兵全部调给6纵,山炮、野炮总数已达到90门以上。

我军救护人员冒着敌人激烈的炮火抢救伤员

27日凌晨4时,攻城部队全部到达德惠城外。16师位于城西南,17师位于城东,18师位于城西,独2师位于16师侧后。当日夜,6纵司令部在四青嘴子(今德惠市夏家店街道四青咀村)召开作战会议,为了让各部都有破城的机会,

① 郑洞国:《从大举进攻到重点防御》,载《辽沈战役亲历记(原国民党将领的回忆)》,文史资料出版社,1985,第577—578页。

便把大炮平均分配到各师，命令 17 师首先从东边进攻，以火车站为主攻目标，打掉敌人师部，其他各师都选一个突破口进攻。规定 28 日 15 时开始总攻。

6 纵经过 27 日的不停战斗，至 28 日拂晓已扫清敌外围据点。28 日 16 时，6 纵和独 2 师从四个方向发起围攻。激战至深夜，独 2 师从西北角突入城内。战至 3 月 1 日拂晓，独 2 师、16 师、18 师已攻至车站附近，守敌集中炮火，拼命顽抗，随后发生激烈巷战，战至 14 时许，我部队伤亡较大，退出城外。

1947 年 2 月 25 日，东北民主联军第 1 纵队第 3 师进占九台县城，然后向长春方向前进，进至卡伦镇。3 月 1 日，3 师 9 团 2 营 5 连副连长马如起带领 3 排战士在卡伦镇西边的公路上巡逻，当他们走到河溪堡屯（今吉林省九台区卡伦湖街道和气堡屯）时，忽然听到汽车的马达声。不一会儿，公路上开来一辆吉普车。马连长立即命令战士们到公路桥下面隐蔽。吉普车停在距他们 200 米远的地方。只见从车上跳下两个外国人，手里拿着望远镜和照相机，对我军阵地进行拍照和窥探。见此情景，马连长命令"抓活的"，战士们跃上桥面，机枪子弹扫过去，同时高喊着"不许动！缴枪不杀！"向他们冲去。车上的司机慌忙掉转车头，加大油门，逃了回去。这两个外国人被这突如其来的场面吓蒙了，跑了几步想追赶汽车，但是没有撵上，绝望地瘫在地上，举起了双手。战士们没收了他们的望远镜和照相机，还从他们身上搜出两支手枪。根据他们的长相和服装，确认他们是美军军官。战士们先把他们押送到团部。3月6日，这两人被转送到哈尔滨东北民主联军总部。经审问，他们一个叫芮格，是美军骑兵少校；另一个叫柯林士，为美军步兵上尉。两人均是美国驻华大使馆助理武官。两人供认，他们的任务是到内战前线进行"军事观察"，把看到的事情报给"华盛顿"。国民党军事机关不但向他们提供战况通报，还允许他们自由进出前线。芮格还供认，美国国务院在东北设有"国外调查团"，机关设在沈阳和长春，搜集东北各地的军事、政治、经济情报，甚至通辽、开鲁等地也有美国的情报人员在活动。

林彪将此事电告中共中央，称此二人"均着美服，并佩有徽章"。4月22日，"东总"就此事公布两名美军被俘真相，抗议美国在军事上帮助国民党政府打内战的罪恶行为，向美国政府提出严重警告。4月17日，《东北日报》全文刊登了东北民主联军总部公布的调查材料和芮格、柯林士被俘的照片。东北行政委员会副主席高崇民，东北行政委员会委员、哈尔滨大学校长车向忱也发表公开谈话，向美国提出严正抗议。

芮格和柯林士被俘期间，我党我军本着优待俘虏的政策，"东总"给予他们两人优厚的生活待遇，还派医生治好了柯林士在德国冻伤的一只脚。所有这些使他们更为感动，进而认识到自己是美国助蒋反共政策的牺牲品。4月22日，芮格和柯林士被释放。释放前（20日），中共中央东北局敌工部部长、东北民主联军外事处处长李敏然（李立三）还在自己的家里设宴为二人饯行。① 这就是轰动一时的"九台事件"。

1949年8月，在《别了，司徒雷登》一文中，毛泽东用诙谐、犀利的语言，把"九台事件"同"安平事件""唐山事件""胶东事件"并列，全面揭露抗战胜利后，美国帮助国民党打内战的"世界侵略政策"。

3月1日，敌援军已推进至万宝山、米沙子、卡伦、太平桥一线，与我第1纵队发生冲突。傍晚，"东总"决定以打援为主。令南满方面拖住敌新6军第22师，阻其北援，6纵对德惠改为佯攻，在敌22师未到之前，集中1纵、2纵、独1师、独3师，再抽调6纵2个师，共10个师的兵力，歼灭敌71军87师、88师两个师，战场选在布海以南10公里范围，要求各部9日前到达指定位置。22时，"东总"综

---

① 《东北日报》1947年4月24日第1版。转引自中共长春市委党史研究室编：《三下江南》，1997，第310页。

合各方面情况，考虑援敌集团推进，德惠攻城战斗中我军伤亡较大，还未攻下，再战对我军不利，遂"决使敌扑一个空"[①]，各部队迅速摆脱敌人，返回江北，待敌分散后，寻机再战。

至此，"二下江南"战役宣告胜利结束。

杜聿明得到我军突然北撤的消息后，下令吉林市丰满水电站打开闸门放水，企图将我军隔在江南予以消灭。汹涌的江水夹杂着冰块奔腾而下。我军行动迅速，大部分已经过江，但后卫排却遭到冰水的袭击。浅者没膝，深者到腰，指战员们蹚着刺骨的冰水、躲避着冰块的冲击，寒风从四面八方卷来，小风像皮鞭抽打，大风如压来的大山，指战员们战斗一天，没有吃饭，涉过3里多宽的江面回到江北，已经冻成冰人。小战士王康利因寒冷倒在江水里，不幸牺牲。机枪班班长黄志和把仅有的一壶酒让给战友喝，在将上岸时机枪被江水冲走，他奋力打捞，拼光了体力，上岸后脸被冻得吓人，嘴唇哆嗦着，说不出话来，最后不幸牺牲。[②]

2纵向西北郭前旗和大安方向撤退。4师10团3营8连在副营长左勇的指挥下担任后卫警戒，掩护师团主力撤

---

① 中共中央党史资料征集委员会，中国人民解放军档案馆编：《阵中日记（1946.11—1948.11）》（上册），中共党史资料出版社，1987，第171页。
② 谭作勤：《夜涉松花江》，载《星火燎原》八，中国人民解放军战士出版社，1982，第146-149页。

退。完成任务后，在向华家站（今吉林省农安县华家镇）方向追赶主力时，与敌 87 师大部队相遇，陷入重围。危急时刻，副营长左勇、连长兰田峰、副连长金钟伟决定与敌周旋到底，决不能当俘虏。全连指战员在雪地里跋涉 130 公里，孤军战斗两昼夜，经历了 4 次激烈的战斗，俘敌第 261 团副团长、营长各一人，累计歼敌 150 余人，击毁汽车一辆，最后经八家子、孙家屯、华家站、林家围子、五间房、华家屯、伏龙泉等地，突出重围，安全抵达后方郭前旗。第 2 纵队授予第 8 连"铁的连队"光荣称号，通令嘉奖指挥员左勇、兰田峰、金钟伟。"东总"向全东北通报，表扬他们的英雄事迹，要求全军各部队学习他们的战斗精神。

（四）"三下江南"战役

"二下江南"战役刚刚结束，"东总"就决定要发起"三下江南"战役，继续配合南满斗争。3 月 3 日，"东总"电告陈云："此次攻势暂时停止，另寻战机，主力仍拟执行与南满主力会合的计划，开江前再过江南下。"[①]

3 月 6 日，"东总"决定发起"三下江南"战役。

"二下江南"结束、东北民主联军主动撤退时，国民党

---

①1947 年 3 月 3 日，林彪致陈云并报东北局、中共中央军委电。转引自唐洪森：《国共争战大东北》，科学普及出版社，1999，第 631 页。

东北保安司令长官杜聿明趁机宣传所谓"德惠大捷，并灭共军 10 万"，令新编第 1 军和第 71 军分三路向北追击，两军各有一个团的先头部队已越过松花江到达榆树的五棵树、秀水甸子（今吉林省榆树市秀水镇）、半拉山屯、大于屯（今吉林省榆树市秀水镇大于村）、扶余的五家站（今吉林省扶余市五家站镇）等处。3 月 7 日早晨，71 军军长陈明仁过江，上午检阅 87 师部队，下午到五家站前线观察战况。[①] 蒋介石被这个假大捷冲昏头脑，竟直接命令新 1 军和 71 军渡过松花江追击。杜聿明胸中有数，对于蒋介石这个追击令感到紧张万分。他赶快打电话给新编第 1 军军长孙立人及第 71 军军长陈明仁，要他们撤回原防区。3 月 7 日晚，陈明仁遵命撤回松花江南岸。3 月 8 日，杜聿明亲自到德惠向孙、陈二人当面说明："共军在德惠并未受到多大损失，这次当是受我军虚张声势所迷惑。现据情报，共军从我们被俘的人中（有一部分冒险渡松花江的保安队被歼灭）已知我们力量不大，有卷土重来之势，必须迅速撤回原防，准备对付共军下一步的攻势。"当天晚上，国民党军发现东北民主联军已渡江向德惠以南迁回。杜聿明连夜赶回长春时，在米沙子（今德惠市米沙子镇）遇到东北民主联军第

---

① 陈明仁：《陈明仁日记》，解放军文艺出版社，2017，第 392 页。

1纵队第1师第2团1营1连。1连是1纵的前卫连，奉命穿插到农安，截断87师的退路，正由东向西前进。由于部队忙于开会研究新情况，没有对敌车队采取行动。后来才从俘虏口中得知，坐在小汽车里的是杜聿明。当部队继续在德惠至长春公路上行进时，又与10余辆国民党军卡车车队相遇，1连马上发起攻击，将第2辆车打坏，国民党军马上投降。由于卡车无法带走，该连只好将之焚毁、炸掉。

郑洞国的记忆是，解放军显然是截断了国民党军退路，并对国民党军采取包围攻击。杜聿明乘小汽车冒险冲出，随行卡车大部被解放军俘去。杜聿明回到长春，一方面匆匆布防，另一方面下令新编第6军及第13军的主力赶快开到长春应付危急的战局。据杜说："当时长春只剩一些地方部队，如果解放军进攻的话，长春是很难守得住的。"[1] 当时孙立人率新编第1军军部和71军88师龟缩在德惠城里，陈明仁率第71军军部和87师匆匆退入农安县城。

过江到达扶余五家站的敌88师一部，于3月8日逃回江南，据守青山口（今吉林省农安县青山口乡）、靠山屯。"东总"计划先歼灭71军88师驻青山口之一部，并钳制驻靠山屯的敌88师另一部。要求2纵5师、独2师、6纵16

---

[1] 郑洞国：《从大举进攻到重点防御》，载《辽沈战役亲历记（原国民党将领的回忆）》，文史资料出版社，1985，第578页。

师于 7 日 16 时到达青山口附近村屯并发起攻击，以上各部队统一归 2 纵指挥。

"东总"决定集中 1 纵、6 纵 17 师、独 2 师歼灭驻岔路口（今吉林省德惠市岔路口镇）之敌新 1 军 38 师 114 团。

第 1 纵队从驻地秀水甸子郝家屯出发，在大于村附近过江，向德惠岔路口方向进击，敌 114 团闻风逃至大房身，1 纵又扑向大房身西面的川心店，计划围歼大房身之敌。当 1 纵前卫部队到达时，大房身之敌又逃往德惠，我军只抓住了敌军的尾巴，歼敌 60 余人。1 纵过江之后，一路扑空。

靠山屯战斗

3 月 8 日，青山口、靠山屯之敌发现我军过江后，快速逃往农安。3 月 9 日，"东总"根据情报判断靠山屯有敌 4 个团，而德惠大房身有新 1 军 30 师 2 个团，易于歼灭。"顷获密息，敌新 30 师主力（两个团）在大房身一带。靠山屯之敌已集中约 4 个团，不好打。需改变部署，决以一部钳制靠山屯之敌，集中主力歼灭大房身之敌。"① 10 日下午，"东总"得到报告，大房身的敌 88 师、新 1 军 30 师师部和 38 师一个团已向德惠逃窜。但是，"东总"决心未变，仍然命令 2 纵 5 师向 1 纵靠拢，插到德惠以南的于家粉房（今吉

---

① 中共中央党史资料征集委员会，中国人民解放军档案馆编：《阵中日记（1946.11—1948.11）》（上册），中共党史资料出版社，1987，第 181 页。

我军部队开往靠山屯前线

林省德惠市夏家店于家粉房屯），配合 1 纵歼灭德惠大房身之敌。

　　5 师经过靠山屯时，发现敌 88 师向德惠撤退，敌 264 团负责掩护，在靠山屯还有 5 个连，是 88 师留在靠山屯的一个加强营，由营长李书田指挥。5 师师长钟伟① 命令 14 团

---

① 钟伟（1915—1984），湖南省平江县人。1929 年加入共青团。1930 年参加中国工农红军，同年转为中共党员。土地革命战争时期，任红三军团政治部宣传员，第 3 师特务连政治委员，第 4 师 11 团俱乐部主任，师政治部青年科科长，第 12 团政治委员，第 4 师政治部宣传科科长，红 15 军团 78 师政治部主任。参加过长征。全面抗日战争时期，任中国人民抗日军政大学第三大队政治处主任。1939 年起任鄂豫挺进纵队团政治委员，新四军 3 师 10 旅四支队司令员，第 10 旅副旅长，先后参加高沟杨口、阜宁、两淮等战役。抗日战争胜利后赴东北，历任东北人民自治军第 3 师 10 旅旅长，东北民主联军第 2 纵队 5 师师长，东北野战军第 12 纵队司令员，第四野战军 49 军军长。新中国成立后，历任广西军区参谋长，解放军防空部队司令部参谋长，北京军区司令部参谋长，安徽省农业厅副厅长。1955 年被授予少将军衔。是中国人民政治协商会议第五届全国委员会委员。1984 年 6 月 24 日在北京病逝。

追击逃敌，同时将靠山屯之敌包围。14 团在姜家店（今吉林省德惠市边岗乡新建村姜家店屯 将 88 师 262 团 2 营追上。88 师师长韩增栋趁乱逃走，敌 2 营占据 4 个院落负隅顽抗。经过一小时战斗，俘歼敌副营长以下 200 余人，我军无一人伤亡。14 团 2 营又从姜家店出击王魁店，激战 4 小时，与敌打成平手，敌向东南方向逃走，我军仅俘虏数十人，缴获枪支数十支。

钟伟决定先消灭靠山屯之敌，然后再执行总部命令。他一面用电报向总部说明情况和理由，一面命令部队包围靠山屯，发起进攻。9 日拂晓，守敌被压缩在屯东南角永盛功烧锅大院内。大院东西宽约 250 米，南北长约 500 米，四周围墙高约 3 米。守敌自 7 日黄昏退入靠山屯后，为掩护其主力南撤，即以大院及原有 6 个大碉堡做依托，又增修了不少明暗地堡，设置交叉火力点，企图坚守待援。5 师第 15 团第 2 营发起首次攻击后，由于爆破与突击队协同不够密切，山炮也未及时增调上来，连续 4 次冲锋都未奏效，部队伤亡百余人，形成对峙状态。当天中午，已退至德惠之敌 88 师一个团分两路增援靠山屯，且来势凶猛。第 5 师乃暂停攻击，决定先打退援敌再聚歼靠山屯残敌。钟伟令第 14 团坚守拉拉屯（今吉林省农安县新农乡拉拉屯）阵地，调第 13 团第 3 营及两个山炮连增援西崴子之线防御阵地。

午后，双方展开炮战，掩护步兵往来冲击，战至 17 时，我军终将援敌击溃，该敌败逃闵家屯。

我军炮兵集中火力向敌军阵地开炮

　　击退援敌后，第 5 师除仍将第 14 团及第 13 团第 3 营留在拉拉屯、八家子（今农安县新农乡八家子屯）、四平街村（今农安县新农乡四平街村）一线准备打援外，决心趁夜歼灭靠山屯内被围之敌。19 时，师指挥所进入田家粉房屯，师属炮兵也迅速占领阵地，向围攻部队传达 3 种攻击信号。规定攻击部署和火力发射程序是：第 15 团由西向东攻击，第 13 团（欠第三营）由东向西攻击；待第一次信号发出后，大、小炮同时开火；第二次信号发出后，轻重机枪一齐开火；第三次信号发出后，炮兵停止射击，由机枪扫射，掩护步兵同时发起冲击，突破前沿后，机枪停止射击，以免误伤自己人。

是夜20时，炮兵开始进行30分钟火力准备，而后步兵从东、西两侧发起攻击。约经过10分钟，第13团第2营营长朱恒兴率领第4连和团警卫连两个排首先从东面突入院内，第5连和第1营也相继自两个缺口突进，在九二式步兵炮掩护下，穿墙打洞，逐个摧毁敌地堡工事，攻占敌营部，俘敌营长李书田及一个连。第15团第2、3营自西面突入，各战斗小组使用集束手榴弹、爆破筒，猛炸地堡群，同时开展火线喊话劝降，最终争取到敌一个连放下武器。战至24时，全歼守敌，无一漏网。

正当总攻烧锅大院时，由农安来援之敌第87师经大、小苇子沟，北进至蒿子站、七家子，与第14团发生战斗冲突。22时许，退至闵家屯之敌第88师一部并6辆汽车也出动北援。第5师因已到最后歼敌关头，令阻击部队沉着应战，围攻部队加快进度，终于达到阻援与围攻两不误之目的，取得最后胜利。

总计姜家店、王魁店、靠山屯诸次战斗，第5师共歼敌1330余人，缴获各种火炮19门、轻重机枪94挺、步枪783支、汽车8辆、军马107匹。[①]

① 唐洪森：《国共争战大东北》，科学普及出版社，1999，第637页。

靠山屯战斗调动国民党军前来增援，为郭家屯运动歼敌提供了战机。3月14日，"东总"通报全军嘉奖5师主动歼敌、灵活执行上级命令的做法和精神。嘉奖电称："我5师当敌88师自靠山屯撤退时。该师立即自动投入战斗，当日在靠山屯以南将敌歼灭一部，回头复将靠山屯敌五个连单独歼灭。这种作战的积极性与机动性，都值得称赞与发扬。"①

郭家屯战斗

郭家屯（今吉林省德惠市郭家镇）战斗是"三下江南"战役中的重要战斗，是由郭家屯、姜家屯、王家车铺（今吉林省德惠市天台镇王家车铺屯）、头道沟、孟家崴子、凤家屯等多处战斗构成的战役规模的围歼战和追歼战，是东北民主联军运动歼敌的典型战例。

1947年3月10日，当东北民主联军2纵5师围歼农安靠山屯之敌的时候，国民党71军军长陈明仁急调88师（从德惠）、87师（从农安）增援靠山屯，两个师在兴隆山（今吉林省德惠市天台镇兴隆堡屯）会合后，向靠山屯整体推进。11日15时，"东总"得到情报，敌87师3个团到达农安万金塔、拉拉屯，增援靠山屯。24时，"东总"决定改变作战部署，调1纵1师，2纵、6纵三个师，围歼敌87师、88师。

---

① 1947年3月14日"东总"致各纵队首长并报东北局电。

我军战士突破敌军前沿阵地

在6纵的打击下,敌87师向农安逃窜,88师向德惠撤退。"东总"急令6纵、1纵调整部署,追歼敌88师。12日,1纵将敌88师包围在以郭家屯、姜家屯两地为主,包括其他村屯在内的地域内。

1纵1师3团负责围歼郭家屯之敌。"敌人从靠山屯后撤到郭家屯(德惠西南)的距离是80华里,而1纵赶到郭家屯要走140华里。部队已经3天没有吃好睡好,但战士们听说能抓住敌人主力,个个精神百倍。有的战士跑得吐了血,还坚定地表示:'爬也要爬到郭家屯。'大家相互鼓励着说，'打运动战就得不怕走路''走路出主动，走路出胜利'。1师在急行军中一夜连打4仗，终于在12日凌晨4点钟，抢在敌人的前头到达郭家屯。"①

1师3团经过14小时的急行军赶到郭家屯，与刚刚退到这里的敌71军特务团、工兵营、运输营，88师三个团、87师师直部队等撞了个满怀。我军其他各纵队随即赶到，将敌人包围在郭家屯、姜家屯、孟家城、王家车铺、凤家屯一带狭小区域。

3团立即向郭家屯之敌发起攻击。一方面派出小部队向敌人纵深冲击，扰乱敌人布阵；另一方面派3团3营扼守郭家屯东南方的一个小秃山，扎住"口袋"，死死扼住敌人逃跑的"咽喉"要道。

10时，敌人稳住了阵脚。经过几次反扑之后，便集中力量猛攻3营的阵地。他们几乎把所有炮火都调过来，小秃山被打得烟雾蒸腾，炮火遮天蔽日。成群的敌人在督战队的威逼下，一次又一次地拼命冲击，妄想用尸体冲开一条生路，但是3营的战士们英勇奋战，使敌人始终未能前进一步。有的排只剩下六七个人，仍然坚守阵地；指挥员牺牲了，战士们就自动代理；子弹打光了，从敌人尸体上

① 梁必业：《东北解放战争中的第一纵队》，载《辽沈决战》上册，人民出版社，1988，第276页。

搜；手榴弹没了，便用六零炮弹代替。炮兵连长见敌人上来的太多，就用迫击炮在 50 米内向敌人开炮，仰角几乎达到了 85°；有个班长夺下敌人 1 门六零炮炮筒，立刻掉过来就打。这些情况,副师长江拥辉从望远镜中可以清楚地看到，整个 3 营的战士都投入到这场激烈的搏斗，他们英勇地抗击着敌人的重压，夺取战斗的主动权。

我军战士突破敌军前沿阵地登上城头

正当 3 营和敌人打得难解难分的时候，3 团 1 营、2 营和 1 团 2 营突然在敌人侧后开始攻击。他们犹如三把尖刀，猛地插进敌人心脏。3 团 3 营一个猛冲就楔进了郭家屯。敌人绝望了，慌忙逃出村子，在野地里乱跑，不久，就像老鼠一样被歼灭了。①

2团负责围歼姜家屯之敌。姜家屯四周筑有围墙，几个墙角还修有炮楼，敌71军88师263团团长蓝松岩率两个营近1000人的兵力在这里死守。蓝松岩在国民党军中是以打屯落战著称的，他疯狂叫嚣："别看我孤军扼守，没有三天三夜，共军就休想进我这个姜家屯！"②2团攻击的部署是：3营由东面打，1营从西南面打，2营为预备队。攻击发起后，3营在4挺重机枪、6挺轻机枪、2门六零炮及2个掷弹筒的掩护下，以迅速的动作通过200米的开阔地带，由东面接近村边，歼敌一个排，打开了进攻的缺口。

1营1连在连长刘树彬③的带领下也迅速通过了160米开阔地带，突击到村西边的高墙前。敌人依托院墙、炮楼做抵抗。我军之前急行军140华里远道追击敌人，未带梯子、炸药，院墙又高，只好隔墙往里抛手榴弹。3排这时被阻在墙外的一座小庙附近，处在敌人的火力网之下，王排长、

---

① 江拥辉：《八十八师覆灭记》，载中共长春市委党史研究室编：《三下江南》，1997，第230-231页。
② 江拥辉：《八十八师覆灭记》，载中共长春市委党史研究室编：《三下江南》，1997，第231页。
③ 刘树彬（1924—1998），江苏灌云人，1924年生，1941年参加八路军，同年入党。参加过东北解放战争，曾任东北民主联军第1纵队1师2团1营战士、1连连长、团参谋，从县公安局局长，吉林省劳改局局长，吉林省民政厅厅长，吉林省政治干部管理学院党委书记。为吉林省六届人大常委会委员。

金副排长先后牺牲，战士也有伤亡。敌人见我军进退维谷，便以一个排的兵力，在各种火器的掩护下向我军反击，当即被 3 排打退。战斗中，连指导员周朝俊负伤，连长刘树彬集中全连 6 门迫击炮向敌人院墙轰击。随后率 2 排插到姜家屯西北角，与敌展开肉搏，最终取得胜利。

姜家屯战斗共毙伤敌 810 人，俘敌团长蓝松岩以下 200 余人，缴美式山炮 4 门、战防炮 9 门、火箭筒 10 门、六零炮 4 门、步枪 847 支、冲锋枪 20 支，弹药、物资各一部分，击毁汽车 10 辆。这次战斗，我军也付出了很大代价。2 团政委胡云生负伤，1 营长张立奎、2 营长张作振牺牲，1 连也伤亡 40 余人。

12 日 18 时，我军将两地之敌全歼；至午夜，又歼灭敌 87 师 260 团一部。至此，郭家屯战斗结束，可称"神速"。

在郭家屯战场上，到处是敌人丢下的汽车和枪支弹药。大批俘虏跟随部队开往江北。

在郭家屯、姜家屯战斗进行的同时，周围村屯的各兄弟部队也在进行围歼敌 88 师和 87 师的战斗。

第 1 纵队第 2 师于拂晓在王家车铺附近遇敌后，立即展开战斗，战至 15 时结束，俘敌两师各一部及保安队千余人。第 3 师先头部队第 9 团第 1 营在头道沟追歼敌第 88 师后勤部队，接着在孟家崴子迫降敌第 262 团第 2 营营长徐念文以下官兵 360 余人，师主力则在凤家屯一带俘敌 500 余人。2 纵第 4 师自龙王庙进至拉拉屯，配合第 6 师第 16 团作战，歼敌第 87 师第 260 团一部，余敌突围脱逃。该师随后到达七道泉子、刘家店一带准备阻击德惠援敌。第 5 师追击溃敌至万金塔好来宝营子（今吉林省农安县农安镇东好来宝村），而后即在拉拉屯附近待命。第 6 师主力于中午赶到郭家屯以北之马坨子、团山子（今吉林省德惠市郭家镇团山村）一线。清晨，第 16 师抵万金塔及其以西地区，兵分三路搜索追击，俘获逃敌 500 余人，继进郭家屯西北之太平庄、团山子一带。第 17 师经小苇子沟，于深夜到达郭家屯以北之夏家堡子一带。第 18 师派第 53 团主力停留于东、西闵家屯附近，后进至刘家店、西大房身一带。独 1 师经西大房身，赶到卧龙泉、夏家堡集结。独 2 师经卧虎城、刘家屯到达郭家屯附近。独 3 师主力抵达三青嘴子，一部佯攻德惠以东。炮司主力到达万金塔以北之五里塔、梨树园子一带。是日 16 时 30 分，"东总"再次电令各部分路向郭家屯地区疾进，坚决围歼退却之敌，并趁机占领农安城，但当各部赶到郭家屯附近区域时，因包围不严，个别部队未按令执行追击与堵截任务，致使一部分被围之敌逃脱。

我军勇士手持大刀冲入敌军阵地

郭家屯战斗歼敌第 88 师全部、第 87 师和 71 军军直各一部约 7500 余人，取得重大胜利。

在郭家屯、姜家屯战斗中，1 师如此神速地抓住敌人，勇猛巧妙地打击了敌人，取得了毙伤敌 800 多人，俘团长以下 1100 多人的战果。"东总"在嘉奖电中指出，郭家屯、姜家屯战斗的胜利，是 1 师"指挥上积极与平时政治工作和军事教育的效果"，"这种机动勇猛与坚决执行命令的精神，特别值得称赞和表扬"。

郭家屯战斗胜利的当夜，"东总"命令 1 纵仅留一部分部队打扫战场，主力奔赴农安，与第 6 纵队、独 1 师和炮司主力共同攻打农安。当时国民党农安守军是 87 师残部及原留守该城的 259 团，88 师在郭家屯一带被歼灭后，农安守敌已成孤弱之势，我军乘胜攻取已有绝对把握。"东总"命独 2、独 3 师佯攻德惠，6 纵指挥独 1 师和炮司负责攻城，1 纵、2 纵在农安至长春、农安至德惠间负责打援。

为解农安之危，杜聿明急调热河第 13 军第 54 师和南满新 6 军新 22 师、新 1 军 6 个团及 71 军残部大举增援农安。14 日，敌援军已与 1 纵警戒部队发生战斗冲突，后于 3 月 15 日进至农安、德惠地区。为避免在不利情况下作战，"东总"果断命令北满部队回师江北；16 日夜，各部队分别返回松花江北岸。至此，"三下江南"战役胜利结束。

"三下江南"战役的重大意义在于：

第一，"三下江南"与"四保临江"共同构成东北解放战争的发起战役，正式打响了东北解放战争。

第二，"三下江南"战役是战略防御中的进攻战。完全是主动作战、寻机歼敌，灵活运用了集中优势兵力、"围点打援"、"一点两面"、远程奔袭、"三三制"等运动战的战略战术，使国民党军处于被动挨打的局面。城子街战斗中被俘的国民党新 1 军 30 师 89 团团长曾琦在接受吉林《人民日报》采访时说"这次战斗你们完全是主动的，我们却完全处于被动。我们兵力不足又太分散，所占的都是点线，还得处处分兵防守，这里摆一点，那里摆一点，主力都无法集中，无法机动……所以到处都是漏洞、到处都是挨打。现在东北的 5

个军（指蒋军）哪个没有挨过打，哪个没有受损失？"[1]"你们后方没有顾虑，能够集中所有兵力，消灭一点，使用兵力机动灵活，说分散马上分散，要集结部队行动，更是迅速秘密，一夜行军百八十里，我们根本想不到"[2]。

第三，"三下江南"战役共歼敌两个师（不包括保安团队等杂牌军）1.5 万余人，缴获了大量武器装备，重创了国民党嫡系部队。国民党五大主力之一的新 1 军，其所辖 3 个师均被重创，使国民党东北的两大主力失去了支柱作用，这是对东北国民党军的严重打击，是战局转变的关键。经此打击后，国民党在东北的机动力量与突击力量已大为减弱，在某些地区已丧失主动，由攻势转为守势。

第四，"三下江南"战役沉重打击了国民党军的嚣张气焰。"三下江南"的打击对象是号称"天下第一军"的国民党新 1 军。新 1 军是全部美式装备、美式训练，参加过在缅对日作战的部队，老兵多、经验足，根本不把东北民主联军放在眼里。经过三次下江南战役的打击，国民党军损失严重，骄狂心态为之一变，产生了对东北民主联军的畏战和恐慌心理。

---

① 吉林《人民日报》1947 年 3 月 21 日第 1 版。转引自中共长春市委党史研究室编：《三下江南》，1997，第 289 页。
② 吉林《人民日报》1947 年 3 月 21 日第 1 版。转引自中共长春市委党史研究室编：《三下江南》，1997，第 296 页。

第五，"三下江南"战役与"四保临江"战役，彻底粉碎了国民党军的战略进攻，彻底扭转了东北战局。战役后，东北民主联军认真总结了运动战和城市攻坚战的经验教训，为即将举行的战略反攻，即"夏季攻势"奠定了基础。

（五）南满配合北满攻取桓仁、围攻通化

1947 年 3 月上旬，当北满主力部队第三次越过冰封的松花江，展开"三下江南"战役时，国民党东北保安司令部急调新 6 军 22 师（欠第 65 团）、71 军第 91 师分别从梅河口、营盘等地开赴四平、长春，13 军第 54 师接替暂 21 师在海龙地区的防务，第 195 师经补充后仍守备通化，第 2 师分守桓仁、新宾、永陵、旺清边门、三棵榆树等据点。南满军区决定趁南满敌人兵力空虚之际，配合北满方面作战，扩展南满更为有利作战局面，以桓仁、通化为进攻目标，并寻机打击自永陵、新宾可能出援之敌。

3 月 16 日，即北满"三下江南"战役结束那天，南满第 4 纵队 11 师在 12 师 36 团的配合下，奉命再次进攻桓仁。经过一夜战斗，守敌 52 军 2 师 4 团一个营弃城向永陵逃窜，我军俘敌 60 余人，缴获重机枪 4 挺、轻机枪 6 挺、长短枪 30 余支，桓仁县城被我收复。第 11 师于战后进驻桓仁休整 10 余天，并准备接着打击宽甸、永陵可能来援之敌。3 月

下旬，该师留第 32 团驻守桓仁，师主力东进通化以东之四道江地区，与第 4 纵队主力重新会合。此时"三保临江"已接近尾声，敌军正向通化收缩。

为了表彰 11 师深入敌后配合作战的功绩，辽东军区给全师指战员记功一次。

攻克桓仁后，通化守敌 195 师立即陷入孤立。17 日，辽东军区指挥第 4 纵队第 10 师、第 12 师第 36 团并配属纵队炮兵团进攻通化城。第 11 师 32 团在桓仁准备打击西进援敌；第 3 纵队主力先歼三棵榆树、旺清边门、英额布等处之敌，而后准备打击由新宾方向可能出援之敌；第 8 师位于三源浦一线，归第 4 纵队指挥，做预备队；军区指挥所位于通化以北，靠近主攻方向，便于掌握战局发展进程。18 日拂晓，第 3 纵队主力首先行动。第 7 师自上马道、杨木宝沟地区出击，占领三棵榆树，守敌向西逃窜。第 9 师主力位于小荒沟、碱厂沟地区警戒。第 26 团占领英额布后即转向快大茂子攻击。19 日攻占快大茂子，余敌逃向通化。20 日，进攻通化战斗正式开始。

九一八事变前，通化为东边道首府，山高林密，易守难攻，浑江穿城而达，城中有山，山中有城，交通便利，经济相对发达。日伪统治时期，通化成为镇压抗日武装的基地。1937 年，伪满当局成立伪通化省，进一步强化通化殖民统治和镇压抗联的功能。太平洋战争爆发后，日本关东军把通化作为大后方和对苏作战的最后堡垒。一边进行经济开发，支持太平洋战争；一边加强军事建设，幻想在通化与盟军决战。东北抗战胜利后，中共中央东北局和东北民主联军总部也把通化作为大后方加以建设，成立通化保安司令部。1946 年 11 月初，通化被国民党军攻占，成为国民党军进攻临江的总部和基地。此次攻占通化，对于粉碎国民党对南满的进攻具有重大的政治意义和军事意义。

作为进攻临江的总部所在地，国民党部署一个师的重兵防守通化。第 52 军第 195 师常驻通化，师部和直属部队驻通化市内。该师第 583 团守备通化城北的条沟、椅子山、发电所一线；第 584 团主力守备城东 406 高地，东南之庙沟子，以及 551、617、530 等一带高地，一部守备浑江以南之二亩地、王八脖子飞机场等地；585 团守备市北之大顶子山以及以西沿江一带阵地。

南满军区决定以 4 纵 10 师为主攻取通化。10 师 29 团、30 团首先肃清通化以北之椅子山、葫芦套一线外围阵地；12 师 36 团夺取市南 617 高地，而后再攻取玉皇山、大顶子山、老站、王八脖子等外围支撑点；第 28 团先进至高丽道地区，为师第二梯队，后集结葫芦套地区；纵队炮兵团于 19 日 18 时进抵三道江，配属第 30 团作战；3 纵 8 师主力靠近 10 师侧后，并做纵队第二梯队，由 4 纵 10 师统一指挥；11 师主力仍集结在桓仁，准备打敌增援。

20 日凌晨，第 10 师各团陆续到达通化外围。第 28 团进至高丽道集结，第 29 团由热水河子出发沿 666 高地进至簸箕掌一线集结，第 30 团主力由二道江出发沿 666 高地进至高丽道集结，第 36 团由桓仁出发并于当日 18 时赶到大庙沟（该团因疲劳当天未参加战斗），3 纵第 8 师师部率领 2 个团于午后进至横道河子并向大荒沟警戒。15 时许，各路同时开始攻击外围各据点。第 29 团以第 2 营首先抢占了椅子山，继而向二密河口之西山发展，另以第 1 营攻占偏道子，俘敌搜索营百余人。第 30 团仅经一小时战斗，即顺利攻占葫芦套、治安屯、573 高地。21 日，第 28 团主力集结于葫芦套地区待命，另以第 1 营沿长流屯向官道街西北山攻击。经一夜战斗，未有进展，且连、排指挥员伤亡过半，被迫于次日拂晓撤回治安屯休整。第 29 团以第 1 营、第 2 营各一部，两次攻击二密河口西山之敌，仍未奏效，遂重选攻击方向。以一部兵力监视二密河口西山，团主力于 10 时绕至偏道子以西，于次日拂晓进至大顶子山以西之大石棚子，准备进攻铁厂子之敌。第 30 团以第 1 营、第 2 营分由治安屯、哈泥河口往攻玉皇山，夜间接敌并开始攻击。因战前准备不充分，各部协调不当，又遭敌火力压制，两个营伤亡较大，次日拂晓前也撤出战斗。该团第3营第7连从治安屯向老站做试探性攻击未成，返回原来出发地。第36团在拂晓后即向市东南之古石罐子沟以东高地攻击，第1营很快便占领了530高地，驱逐守敌一个排；3营以一个连于上午攻占750高地，敌向北退至671高地。当天，36团控制住既得阵地，侦察地形，未再继续进行纵深攻击。

第10师各团经过两天苦战，伤亡较大，战斗未能如预期发展，师部遂决定22日暂停攻击，进一步详细侦察地形，选择炮兵阵地重新调整作战部署，定于23日再行进攻。第28团留第3营一部在二密河口、长流屯一带，向541高地及其以北警戒，团主力集结于葫芦套以南休整，拟于次日拂晓全力攻打老站。第29团将其所占椅子山、偏道子阵地移交给第8师第23团接替，团主力集结大顶子山附近休整，拟于次日拂晓突击铁厂子。第30团以一部分兵力向玉皇山警戒，团主力集结治安屯，作为师的预备队。22日仅12师36团坚持战斗。在炮兵配合下，该团第3营于9时攻占617高地；同时，第1营也以一个连攻占546高地。

23日拂晓，第10师再次发动进攻。凌晨4时，天还未亮，第28团第2营向老站攻击。第1梯队第4连突破车站，攻占红房子时天已大亮。第2梯队第5、6连因受敌火力封锁，未及展开。敌即趁机反击第 4 连。2 营营长未执行团部坚守阵地的命令，于 7 时私自下令部队后撤。在撤退过程中又缺乏有组织的掩护，全营撤退时毫无秩序，导致部队伤亡过半，损失严重。第 29 团第 3 营从晨 4 时 30 分起，即向铁厂子发起进攻，在正面攻击的同时向敌侧后迂回威胁，迫使守敌逃向市内，至晨 5 时即顺利占领铁厂子。该团第 1 营距市区较近，因受大顶子山以及 750 一带高地敌火力侧射，部队行动受阻。22 时，第 10 师师部令第 8 师负责攻取大顶子山、750 一带高地，以第 29 团主力继续利用夜色突击市区。战至次日凌晨 2 时。由于第 8 师尚未夺取大顶子山，第 29 团主力虽曾一度突入市内，但仍遭受大顶子山守敌火力侧射威胁，未能扩大战果。第 36 团所占 546 高地、617 高地，自拂晓起即受到 455 高地之敌反击，该团第 1 营、第 3 营相互配合，逐一打退敌人。午后，第 36 团第 2 营沿530 高地向王八脖子攻击前进，准备占领飞机场，在行进中遭受据守 455 高地之敌火力侧射，前进受阻，于 20 时奉命撤出战斗。

第 4 纵队使用 4 个步兵团、一个炮兵团连攻 4 天，至24 日拂晓时，大顶子山、二密河口西北山、玉皇山、发电所、王八脖子等主阵地仍未拿下。

作战失利的原因有以下几个方面：兵力使用不集中，

主要突击方向选择不当，战前侦察准备不充分，炮兵团行进道路受阻以致失去应有作用，尤其正值冬末春初遍地积雪，道路翻浆、泥泞，影响部队突击速度，导致通化攻击战斗失利，部队多有伤亡。此时，敌第13军第89师、第54师162团等部已由旺清门、向阳镇等地赶来通化解围。

4纵10师当机立断，结束通化战斗，撤至三源浦以南地区集结，准备打援，另仍以第30团在通化附近佯攻。

当第10师围攻通化时，敌第2师第5团（欠两个连）及第4团一个营于20日由山城镇出动，企图南下新宾靠拢师主力，增强防部。22日，该敌到达旺清门，与3纵9师第27团一部接触。23日，我第7、9师集中4个团，分由北四平街、七道沟将该敌完全包围。10时发起猛攻。当天战况：第29团由北四平向旺清门突击；第27团迂回至旺清门西北攻击；第22团由北四平之西北向八宝屯突击，并攻占一面山，歼敌团部；第25团从沙宝场向旺清门攻击。战至15时，全歼该敌，并打退新宾出援之敌，计毙敌团长郭永以下400余人，俘副团长谭文新以下1100余人，缴获迫击炮12门、战防炮2门、六零炮19门，重机枪7挺、轻机枪46挺、步枪709支，电台1部，马30匹。

从2月13日至3月24日，经过40天连续作战，南满军区主力内外线作战相互配合，与北满主力部队相互配合，先后进行三次较大战斗，总计歼敌 1.43 万余人，收复辑安、金川、柳河、辉南、桓仁 5 座县城及重要据点 50 余处。围攻通化，强烈震撼了敌人，扩大了南满根据地，我军回旋余地增大。此次作战的胜利，得益于主力部队处处主动向敌攻击，直至打垮敌人，表明部队军政素质与战斗力已经得到提高，使南满军事斗争局面得到了改善，敌则逐渐转入被动，即由敌攻我守、敌我拉锯，开始向敌退我进转变，南满解放区度过了最艰苦阶段，春天即将到来。

（六）"四保临江"作战

"三下江南"战役结束后，冬去春来，松花江已经解冻

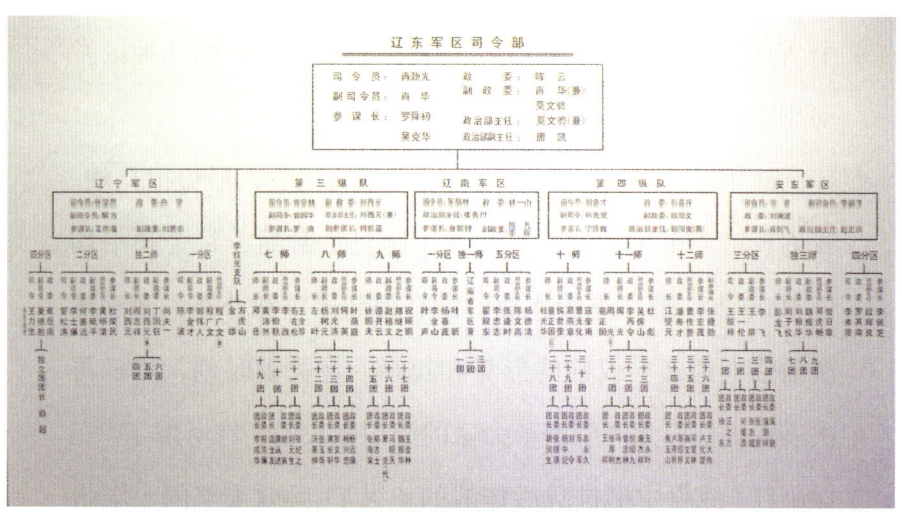

东北民主联军"四保临江"参战部队序列表

开化，北满部队短期内已无法过江。不甘心失败的杜聿明认为没有北满的配合，其容易战胜南满我军，决定发动第四次对临江的进攻，企图一举占领南满，最终实现其"先南后北"的图谋。

1947年3月27日，杜聿明调集11个师中约10万余人的兵力，分三路向临江地区发动第四次进攻。由郑洞国和13军军长石觉指挥，指挥所设在营盘。左路：新6军新22师及52军2师的6团由新宾向通化进攻，解195师被困之围；解围后，再向临江发动进攻。中路：从热河调来13军89师和54师的162团，由旺清门、新宾向三源浦攻击；93军暂编20师由英额门向安口镇攻击。右路：60军184师、182师、暂编21师由梅河口、海龙一线南犯。敌人摆开一个250公里宽大的正面，于3月28日开始向我临江地区发动前所未有的大规模的进攻。

战争序幕即将拉开。从敌我力量对比看，形势很严峻。我们仅有4个主力师，其他两个师已去敌后，每个师平均仅6000人。部队连续作战，没有得到休整和补充，南满再次面临七道江会议前的形势和抉择。在关键时刻，陈云再次表现出一位无产阶级革命家的胆识和决心。在听取了"三保临江"战役中挺进敌后作战的4纵11师政委李丙令汇报后，陈云向他传递了坚持南满的决心，其实是在向南满高级干部传达分局的决定。陈云说："一定要坚决打下去，打碎坛坛罐罐也要打，准备以四分之三到五分之四的代价坚决打到底，一定要坚持南满，如果我们以五分之四的代价，还坚持不住南满的话，那时我们向党向人民讲，我们辽东的同志是和辽东人民同生死共患难的，我们是尽了自己应尽责任的，那时党和人民是会理解我们的！"①

为粉碎国民党军第四次对临江的进攻，陈云在临江主持召开了分局、军区干部会议。会议分析讨论了战争的形势和任务，重申了坚持南满的方针，要坚决地打，准备付出四分之三或五分之四的代价，打胜这一仗，把敌人牵制在南满。陈云指出："要准备打大仗，恶仗，硬仗，只要有利于全局，南满的牺牲是有价值的。"会后，陈云致电东北局："我们下定决心，不惜将三纵、四纵队打掉三分之二或四分之三，以争取较完整的长白山。从全局来看，这种决心十分必要。"②会上，南满军区司令员萧劲光作了《树立坚持南满军事斗争的止确思想》的报告，针对部队的思想状况，提出处理好几个方面矛盾。①胜利与牺牲。只有用正义的战争消灭非正义的战争，才能根本避免伤亡。打仗

① 李丙令：《忆四保临江》，载中共通化市委党史研究室编：《四保临江在通化》，2021，第 249 页。
② 陈云：《坚持南满根据地的斗争》（1946 年 12 月—1947 年 4 月），《陈云文选》第一卷，人民出版社，1995，第 334 页。

就要有伤亡，打硬仗打恶仗更要有伤亡。伤亡有两种：一种是怕伤亡而伤亡，消极保存力量，结果降低了部队士气，增长了敌人气焰，形成被动挨打；另一种是胜利的伤亡，付出必要的一定的代价是为了换取更大的胜利，以局部的牺牲换取全局的胜利。将敌人消灭了，就不再有伤亡，地区扩大了，兵源增多，就能壮大自己。也就是说，保存自己就要消灭敌人，消灭敌人就要付出一定代价。当然，不怕伤亡并不是鲁莽地不讲战术，而必须从战术上爱兵，缩短争取胜利的过程，减少伤亡。反对不了解情况主观主义的乱打、乱拼、乱冲的鲁莽军事家。②"啃骨头"与"吃肉"。一个战役中没有几个"啃骨头"的硬仗，一个战斗中不经过几个反复的冲杀，不能完成战役和战斗的任务。有的同志只想"吃肉"不愿"啃骨头"，是缺少全局观念。"啃骨头"是战役战斗中的关键，作用大，影响全局。"不啃骨头"就"吃不上肉"，骨头啃掉了肉更好吃。"啃骨头"是第一等，"骨头中带肉"是第二等，"肉中有骨头"是第三等。③胜利与疲劳。要不怕疲劳，不失时机，争取胜利，即等于争取消除疲劳的时间。否则困难增多，错过了胜利的时机，让敌人存在，延长战争过程，更增加疲劳。④奖与罚。战争是对干部品质最确切可靠的检验，是评定选拔干部的标准。凡积极努力负责、坚决勇敢顽强指挥作战的就奖，否则应罚。

⑤战术技术与政治思想。我们的战术是革命的战术，是建立在正确的政治思想基础上的。政治思想是战术的原动力，积极勇敢顽强就能创造和发展战术。⑥军队与群众。加强群众观念，爱护根据地的人力物力，认识群众是基本的血肉脉络，没有群众即没有战争的胜利。[①]

会议经过充分讨论，一致认为，无论战争多么残酷，也要打下去。只能打胜，不能失败。陈云最后逐一征求意见，如果付出的代价大，要准备承担责任。他反复问大家，对这样的决定后悔不后悔。大家一一表态"不后悔"。于是，陈云诙谐地一拍桌子说："我们学上海交易所的规矩（拍板），成交了。"[②]

会议决定把 4 纵副司令员韩先楚调到 3 纵任副司令员，由 3 纵司令员曾克林和韩先楚组织前方临时指挥部（以下简称"前指"），曾克林为正指挥、韩先楚为副指挥，负责在前方指挥作战。"前指"设在柳河县四道沟子（今柳河县五道沟镇四道沟屯）。

3 月 31 日，中共南满分局发出《关于全党动员起来粉碎敌人第四次进攻的通令》。

---

① 《萧劲光回忆录》，当代中国出版社，2013，第 166 页。
② 萧劲光：《四保临江的战斗岁月》，载《辽沈决战》上册，人民出版社，1988，第 263-264 页。

规定辽东（南满）全党的任务如下：

"（一）在部队的高级干部中弄清粉碎敌之进攻，保持南满，有全东北全国的意义。我们必须不惜以任何代价，决心打若干恶仗、硬仗、大仗，以消灭敌之力量，粉碎敌之进攻。在连续战斗中损失是不可免的，但以局部损失去换取全体胜利，正是保证每个局部取得恢复与发展的必要条件。

"（二）敌后部队应继续保持不叫苦的精神，积极活动，严格执行配合正面作战的任务。要随时随地发动农民，保护农民在分得的土地上春耕。同时，应预先准备必需的物质补充，以防战时交通隔绝和更困难的情况到来，这里同样要有局部服从全体的精神。

"（三）地方的、后勤的、机关的工作同志，都须继续并更积极地工作，以无限责任心去改善工作，保证前线胜利。

"（四）我们的斗争将得到全东北我军尽量的配合与人力物力的支援，但全部精神必须放在自力更生上，避免依赖和等待。"①

在战役的部署方面，辽东军区分析了敌中路的89师是新从热河来到东北的，过去还未与我主力交过手，不太了

---

① 陈云《坚持南满根据地的斗争》（1946年12月—1947年4月），载《陈云文选》第一卷，人民出版社，1995，第335-336页。

解我军的战术，从未尝过与我主力作战的滋味，骄气凌人，遂决定集中 3 纵 7 师、8 师，4 纵 10 师三个师和纵队炮兵团歼灭该敌，另以 3 纵 9 师抗击左路之敌，以 4 纵 11 师抗击向桓仁进犯之敌，以 12 师小部兵力围通化。会后，军区号召部队全体指战员坚决粉碎敌人的第四次进攻。

我军用迫击炮发射炸药包，击毁敌人工事

前方指挥部的作战方案是集中优势兵力将中路之敌 89 师和 54 师的 162 团诱至柳河红石镇以东地区予以歼灭。然后视情况再扩大战果，彻底粉碎国民党军对临江的第四次进攻。具体部署是，在红石镇一带预设伏击圈，3 纵 7 师由西北迂回到兰山、西葫芦一带担任主攻；8 师由三源浦向西南沿李家油房对敌正面反击；9 师于梅河口、南谢家营子和红石砬子西北鱼亮子一带打击南山城子和梅河口方向可能来援之敌，并断其退路；10师由左翼沿铁路迂回到敌之侧后，与7师取得联系，防敌向西逃窜。

"前指"派3纵8师23团3营和4纵10师29团3营，采取"牵牛"战术，将敌人引进埋伏圈。4月1日7时许，23团3营和29团3营由柳河红石镇西北的邱家街向辽宁新宾方向，迎着敌89师的来路出发，经过苍家街（今吉林省通化县四棚乡）进至距邱家街以南8公里的青岭屯时，与国民党军89师碰头。23团3营7连马上构筑工事。10时，国民党军开始炮击。炮击过后，约一个排的敌人开始试探性地进攻。7连1排用轻武器将敌人击退。国民党军又用一个连的兵力来进攻，再次被7连打退。这时，敌人动用两个营的兵力，在炮火的掩护下，要发动更大规模的进攻。3营见敌人已经上当，马上向红石镇方向撤退。国民党军见7连只打步枪，不打机枪，也不打炮，认为一定是地方武装掩护主力部队撤退。于是放胆来追，妄图消灭我军于三源浦。2日14时，3营将国民党军引至张家街以南柳条沟西南之红石镇、油家街（今由家村）及其东北地区。至此，23团3营完成了"牵牛"任务。与此同时，4纵10师29团3营与敌89师266团在红石砬子碰头，3营抢占501高地，与敌激战。战至黄昏，3营主动撤到张家街、金家店一线，然后又向东撤退，控制高山大岭，准备反攻。敌 89 师不知是诱敌之计，尾随而进，到达三源浦高丽道子、张家街、油家街、郭家街、郑家街一带，完全进入我军预设的"口袋阵"。至此，29 团 3 营也完成了"牵牛"任务。

在机枪掩护下，我军战士向敌军阵地进攻

敌前锋进占了歪头山（又名歪石碰子、歪头碰子）。歪头山在三源浦以西，是一个标高约 300 米的石山。占领此山后，敌人就可以居高临下，用火力控制三源浦。敌人不知道自己已经钻入"口袋阵"，所以，在占领歪头山后，更是得意忘形，也不修工事，幻想以 1.5 万人的兵力进攻三源浦，再向东进攻，斜插八道江，会攻临江。

尽管敌人已经钻入"口袋阵"，但是，敌人占领这一带唯一的制高点对我军极为不利。23 团首长命令 3 营，黎明前迅速夺回歪头山，扎住口袋底，把敌人顶住，防止敌人从这个方向突围。3营的任务由"牵牛"变成"顶牛"。"前指"的计划是首先把歪头山夺下来，然后再发起总攻，这是围歼89师的第一炮，也是第四次保卫临江的第一仗。黎明前，3营向歪头山顶发起猛攻。在大炮、机枪的掩护下，3营9连连长挥舞着驳壳枪，带领战士们向主峰扑去。

毫无防备的敌人很快乱了阵脚，我军迅速拿下了歪头山，此时天色微明，正是拂晓4时许。9连班长石德全率领全班动作迅速，冲锋在前，为抢占制高点立下头功。战后，8师师部授予班长石德全，战士常凤年、于维水、张国福"四勇士"称号，每人记特等功一次。

4月3日6时，"四保临江"战役总攻击开始。炮兵首先对六盘家子、张家街、高丽道子一带之敌进行10余分钟的轰击，将敌炮兵阵地大部摧毁，步兵随后从三面合击敌人。第7师由北而南，向敌左侧后实施突击。至8时许，7师第19团迂回直插野猪沟，截断了六盘家子之敌退路，待第20、21团侧击歼灭六盘家子之敌后，第19团继续进至八宝沟以西地带，团主力直插腰群岭、兰山川，抢占制高点，另以一个营迂回瓮圈岭方向断敌退路；第20团则于攻歼六盘家子及其以南各高地之敌一个营后，继向大花斜（今红石镇大花斜屯）、兰山方向发起攻势；第21团主力攻占野猪沟东南山地，打退了敌人反击，并以一部趁敌间隙插向梨树沟，楔入敌之纵深腹地，致敌混乱。3 纵 8 师从尹家街、荆家店一带实行正面攻击。至 8 时，该师 22 团经吕家街向大花斜追歼逃敌。所部第 1 营第 1 连班长张兆玉、副班长刘增喜勇闯敌阵，俘敌 25 人。战后，师部授予张兆玉"战斗英雄"、刘增喜"战斗模范"称号，各记特等功 1 次。第 23 团主力自尹家街攻击张家街，迫使守敌逃向红石碰子、大花斜、兰山川，该团即向大花斜攻击前进；第 24 团在柳条沟歼敌一部后，继经赫家街向大花斜攻击前进。4 纵 10 师从敌右侧后迂回突击，第 28 团于凌晨 3 时由金家店沿小通沟前进，占领红石碰子后，向邱家街以北攻击。原守红石碰子、邱家街一线之敌已进至正面张家街、郑家街一线，是故该团沿途行动未遇拦阻，拂晓时即顺利占领兰山 1004 高地及其东南一线高地，切断敌之后路。2 日 24 时，该师第 29 团从张家街出发，前进至吕家街后兵分三路：一个营控制小高丽道以南 502、545 一带高地；一个营经小通沟向北沿大栗子沟、油家街展开，控制油家街以北一带高地，配合第 8 师攻击郑家街一线；一个营沿小通沟、大栗子沟、邱家街直插大花斜以北 902 高地，协同第 7 师阻击西逃之敌。第 10 师警卫营由张家街经吕家街、小通沟、西腰子沟等地插至瓮圈岭以南 503 高地及其附近警戒，保障我军之右后侧安全。10 时，3 纵 7 师和 4 纵 10 师主力由两翼多路插入敌之纵深，截断敌人退路。同时，从正面展开全部兵力、火力，形成对该敌前后夹击之势，一举打乱敌战斗序列。敌人全线向兰山方向败逃。13 时，3 纵 7 师 19 团、4 纵 10 师 28 团分别控制了红石镇和瓮圈岭附近要点，封闭敌人最后退路，将敌 89 师和 54 师 162 团全部压制在大花斜以西、油家街西北之兰山地域。敌人已溃不成军，官兵在雪地上四处奔窜。各参战部队趁机紧缩包围圈，一边展开围歼，一边发动政治攻势，劝敌投降，缴枪不杀，到三源浦集合。在我强大的军事压力和政治攻势下，敌人成群结队地钻出

四保临江战役纪念馆

山沟，放下武器，按照我军的命令，相互间呼唤着"到三源浦集合""在三源浦开饭"，排队走下战场，3 纵政治部迅速绘制了小地形图，为俘虏指明方向。敌 89 师师长万宅仁躲在山洞里，换上便衣逃跑。16 时，经过 10 个小时的战斗，"四保临江"战役主战场的战斗胜利结束。

与此同时，第 9 师在独 2 师第 5 团的配合下，自 4 月 1 日起，在北至谢家营、南到安口镇之间约 20 公里战线上，连续抗击 3 昼夜，顽强阻止了敌暂 20 师、第 184 师共 5 个团的多次进攻，毙、伤敌 364 人，俘敌 78 人，缴获六零炮 3 门、重机枪 3 挺、轻机枪 11 挺、冲锋枪 5 支、步枪 35 支，我军负伤 97 人、阵亡 34 人、失联 4 人。[①]

敌中路进犯集团主力被全歼之后，其他各路被迫纷纷退回原防地，采取守势，防备我军攻歼。至此，敌最后进攻临江又告失败。

南满军区以极小代价全歼敌第 89 师、第 54 师 162 团，生俘副师长张孝堂、副师长兼政训处主任秦世杰以下官兵 3800 余人，毙、伤敌团长以下官兵 660 余人。仅有敌 89 师师长万宅仁和两个团长以下 400 余人逃脱。缴获山炮、战防炮、迫击炮、六零炮共 96 门，火箭筒 33 具，轻重机枪

---

① 《辽东军区关于粉碎敌四次进犯临江简报》，1947 年 4 月 7 日。转引自唐洪森：《国共争战大东北》，科学普及出版社，1999，第 585 页。

第四次临江保卫战胜利后，南满我军又踏上新的征程

262 挺，各种枪 3177 支，各种炮弹 9000 发，各种子弹 9.8 万余发，汽车 23 辆，军马 623 匹，骆驼 3 匹，电台 10 部，电话机 172 部，电话总机 7 部，法币 67 万元。我军负伤 302 人，阵亡 9 人，失联 6 人。敌我损失对比为 25 ∶ 1。

第四次临江保卫战（又称"柳南大捷"）的胜利，是毛泽东集中优势兵力、各个歼灭敌人战略思想的胜利，是毛

被我军俘虏的大批国民党士兵

泽东十大军事原则的胜利，标志着"四保临江"战役取得完全胜利。

（七）"四保临江"、"三下江南"战役胜利的重大意义

"四保临江"、"三下江南"的胜利具有重大的军事意义和历史意义。

第一，"四保临江"、"三下江南"战役历时111天，东北民主联军南满、北满部队共歼敌4万余人，收复城镇11座，粉碎了国民党军"南攻北守，先南后北"的战略图谋。东北民主联军成功地实施"南打北拉、北打南拉"的作战方针，

南北默契配合，吉林军区和辽吉军区积极有效配合，迫使国民党军在东北由进攻转为防御，从而扭转了东北战局。

第二，"四保临江"、"三下江南"战役的胜利，标志着东北解放战争发起战役的胜利，为东北解放战争奠定了良好的基础，在东北解放战争历史上占有重要地位。这两场重大战役是一个战役主体，都发生在吉林省，为吉林省留下大量的红色遗址遗迹，成为吉林省的重要红色标识。同时，也奠定了吉林省是东北解放战争发起地的历史地位。

第三，"四保临江"、"三下江南"战役的胜利是毛泽东军事思想的胜利。作为一个战役主体，南满、北满相互配合，南打北拉、北打南拉，运动歼敌，成功地调动敌人，使国民党军顾此失彼。在每一次战役中，都运用集中优势兵力、各个歼灭敌人的作战原则。在具体作战中，"围点打援""一点两面""三三制"等战术得到广泛使用，取得良好效果。

第四，"四保临江"、"三下江南"战役的胜利，是我党我军优良作风和思想政治工作的胜利。刚刚成立的中共南满分局和南满军区，发扬党的优良传统，所有干部不计较个人得失，团结一致，共同对敌。北满主力部队每次战役结束之后，都进行战役总结，对军事干部的岗位进行适时调整。这些调整都从事实出发，以战役胜利为最高标准，对事不对人，从而实现了高级将领的团结。内部团结是"四

被我军击毁的国民党军坦克

保临江"、"三下江南"战役取得胜利的内在保证。1946 年
12 月 20 日，陈云给林彪、彭真和高岗写信："此间领导同
志中的关系不很好，似乎很有些意见。我们的办法，是引
导同志们一股热气地去打击敌人和争取群众。同志们都对
我们很好，欢迎是衷心的，肖华同志的工作是很积极的，
态度是很好的。"①3 纵 7 师 20 团 3 营 9 连在"一保临江"战
役之后首先开展诉苦教育运动，逐步推广到全纵。"倒苦
水""挖苦根""杀敌立功"三个阶段的教育运动，使战士

① 陈云：《坚持南满根据地的斗争》（1946 年 12 月—1947 年 4 月），载《陈
云文选》第一卷，人民出版社，1995，第 326 页。

们明白了为什么受苦，为谁打仗等问题，从而极大地激发了他们的作战能动性，使之在战场上异常勇敢、异常机智，创造了多个单兵作战纪录，3纵队出现了房天敬、王永太、任继贞、周恒农、高英富、吴钦刚、陈树棠等1500多名战斗功臣。[1]

第五，"四保临江"、"三下江南"作战的胜利，是人民战争的胜利，是吉林人民全力支援的结果。南满、东满和辽吉根据地担负了主战场繁重的参战、支前任务，没有人民群众的支援就没有战役的胜利。

---

[1] 曾克林：《东北民主联军第三纵队的诉苦运动》，载《辽沈决战》上册，人民出版社，1988，第328-329页。

第三章

吉林省是东北解放战争的重要战场和战略反攻地

  吉林省不但是东北解放战争的发起地，同时是东北解放战争时期的重要战场、战略反攻地。

  吉林省是东北解放战争时期的重要战场。"四战四平"、第一次长春解放战役、拉新之战、"四保临江"、"三下江南"夏秋冬三季攻势、辽沈决战开始的长春围困战役……大的战役多达 18 次，每次大的战役中又包括若干小的战役，这些大小战役几乎包括了东北解放战争的所有战役。

  在争取和平民主阶段，东北民主联军进行"一战四平""二战四平"、第一次长春解放战役和拉新之战，尤其是"二战四平"，其规模、影响、牺牲之大，震惊中外，我党我军为了国内和平和民主的实现，做出了巨大牺牲。"四保临江"、"三下江南"战役胜利后，1947 年 5 月至 1948 年 3 月，中共中央东北局和东北民主联军总部先后发起夏、秋、冬三季攻势，向国民党军发起战略反攻。东北战场成为全国战场中最先发起战略反攻的一个。

  "夏季攻势"是东北解放战争战略反攻的首个阶段，其主要战场就在吉林省的东南部、中部和西部地区。东北民主联军 6 个主力纵队和吉林省地方部队横扫千军，解放了吉林省大部分地区，使南满与东满根据地连成一片。"夏季攻势"的第二阶段，东北民主联军发起四平攻坚战（"三战四平"），给国民党军以重创。"秋季攻势"的第二阶段，东北民主联军发起吉林围攻战。在冬季攻势中，东北民主联军发起四平收复战，顺利解放四平，为"冬季攻势"和战略反攻画上了圆满的句号。

一九四六年三月十七日

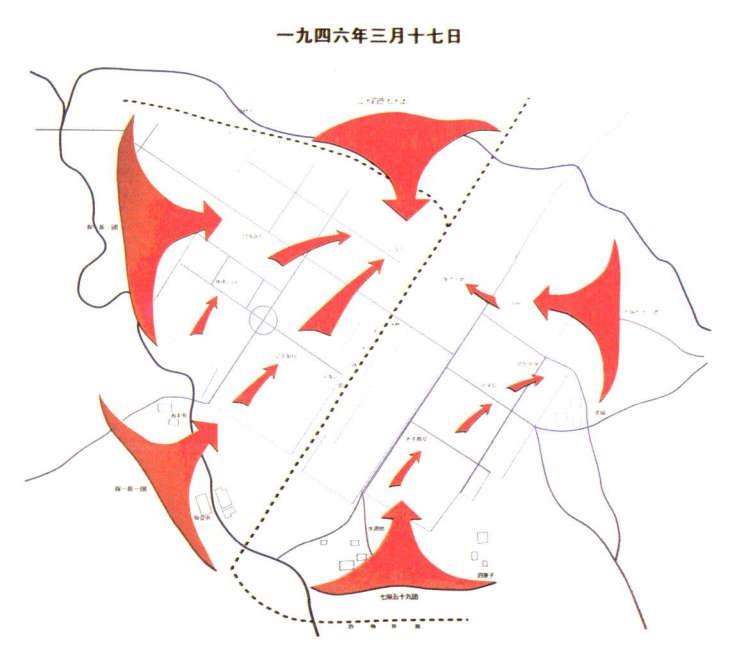

四平解放战争作战经过示意图

一、争取和平民主阶段的重要战役

争取和平民主阶段的重要战役的鲜明特征是：军事为政治服务。这些战役意义重大，足以彰显吉林省是东北解放战争时期重要战场的历史地位。

（一）"一战四平"战役

"一战四平"又称四平解放战，是东北民主联军打败国民党武装的土匪部队，把四平人民解放出来的战役，因此称四平解放战。这也是东北民主联军在东北解放战争时期第一次进攻四平，因此称为"一战四平"战役。

1946年3月，国民党新1军、新6军、71军趁苏军由南向北撤退回国之机，打着"接收主权"的幌子，以沈阳为基地，呈扇形大举北犯，连陷铁岭、开原、昌图。为阻止国民党军北犯，让国民党回到谈判桌上，政治解决东北问题，中共中央东北局请示党中央，制订了东北大会战计划，决定解放中长铁路沿线被国民党"接收"大员武装土匪、伪满国军占据的四平、长春、哈尔滨、吉林、齐齐哈尔等大中城市，战斗任务由东北民主联军总部指挥东北民主联军主力部队，在辽西军区、吉辽军区、北满分局、西满分局的配合下，分别进行。"一战四平"是东北大会战的第一次战役。

四平位于东北腹心地带，处在沈阳和长春之间，中长、平齐、四梅铁路在此交会。作为重要的交通枢纽，四平又是东北地区的重要粮食集散地。如此特殊的地理位置和自然条件，使其成为兵家必争的战略要地。国共两党都清楚地看到了四平的重要性。

1946年1月8日，国民党辽北省主席刘翰东率近百名

"接收"人员，由苏军联络官卡里亚替陪同进入四平。1 月
10 日，刘翰东宣布国民党"辽北省"政府正式成立，并先后
委任了四平市市长和昌图、梨树、开原三县县长。在两个
月时间内，刘翰东网罗伪满"铁石部队"残余、伪满警察以
及地主武装，先后编成保安步骑兵各一个团，蒙旗民军两
路及警察总队，共约 3000 人。国民党"辽北省"政府和四
平市政府在四平大量构筑防御工事，横征暴敛，勒索、欺
压民众，广大民众极为不满。对此，西满分局曾指示辽西
省委：要掌握伪军、土匪与国民党"辽北省"政府勒索、欺压、
残害四平人民的罪证。

"一战四平"战役由西满军区指挥。参战部队有西满军
区第 3 师第 10 旅第 28 团、辽西军区保安第 1 旅第 1 团、辽
西二分区第 16 团、第 7 纵队第 56 团、吉辽军区第 24 旅第
70 团、3 师 10 旅的 4 个连以及梨东县大队等共 6000 余人。

以马仁兴将军名字命名的四平"仁兴街"（2006 年）

战场总指挥为 10 旅旅长钟伟，政委为辽西二地委书记杨易辰，副总指挥为保 1 旅旅长马仁兴和辽西二分区司令员邓忠仁。

战前，中共四平地下工作情报小组的成员已打入国民党"辽北省"政府警察总队，掌握了四平守敌的战斗计划和兵力部署，由情报组负责人王谦几次从四平到八面城，向二地委汇报四平市内敌军驻防和所修工事的情况，讲得很具体。根据他的汇报我军制订了作战计划。根据地形图上敌军兵力的部署和王谦汇报的情况，原二分区参谋处长王玉峰起草了"一战四平"作战方案，最后制订了攻城方案。

3 月 15 日，辽西军区部队攻占了四平西郊飞机场，16日晚围城。保 1 团、第 56 团、第 70 团分别承担从西、东、北三个方向攻城的任务，其他部队配合作战。

战斗于 17 日拂晓 4 时开始。56 团团长翟仲禹把突破口选在城东南角的油化工厂处。防守这里的敌人在工厂外围架设了铁丝网和电网。承担主攻任务的 1 营 1 连、2 连分别从左右两侧，用灭火钩、机枪、爆破筒把铁丝网和电网捣毁，迅速向油化工厂冲去。战斗力不强的守敌被歼灭一部分，余众在枪声中慌忙后撤，没来得及跑的敌人缴械投降，成了 1 连的俘虏。油化工厂很快被突破了。

1 连、2 连仍分左右两路向纵深发展，担任营预备队的3 连，紧跟 2 连之后，随时准备投入战斗。

当1连、2连进攻到油坊附近时，遭到了敌人的阻击。在一座有两层楼高的建筑物上，敌人的重机枪封锁住我军左右两侧的道路。机枪声中，1连冲在前面的1个战士负伤倒下了，该连副指导员朱光友喊了一声"散开"，战士们立即利用有利地形隐蔽起来并向敌人还击。1个轻机枪手在端起机枪向敌机枪点扫射时，又中弹负伤。当时，在1连的团政治处主任张致善也负了伤。朱副指导员命令架起重机枪。但敌人居高临下，火力很猛，我们的重机枪在坑里无法展开火力，一排子弹还没射完，我们的重机枪手就负伤了。1连被压在这里不得前进。由右侧进攻的2连同时受阻。副连长孙家隆从身旁1个机枪手手中夺过1挺轻机枪，向敌人机枪点猛烈还击，突然飞来一颗子弹打中了他，他当场牺牲。孙家隆是位老战斗模范，作战非常勇敢，牺牲时手指还勾着机枪的扳机。见此情况，团长翟仲禹与1营营长杨印青研究，调整作战部署，把营预备队3连调了上来，命他们把敌人的机枪打掉。3连连长沈继林派出1个班，从右侧迂回过去，不一会儿，敌人的机枪就哑了。1连的战士们从坑里和隐蔽物后冲了出来，向油坊发起冲锋。敌人不支，溃退下去。油坊也是敌人防守的一个重点，在被1连占领后，敌人组织了几次反扑，均未得逞，最后扔下10多具尸体，向康德火磨厂方向逃去。

位于油坊右侧的 2 连听到敌人的重机枪一哑，便由杨印青营长带领，直奔康德火磨厂，抢占了这里的一座楼房，随即架起重机枪。因为这里是通向城外的口子，从这里出去就是开阔地，控制住这座楼房，就可以堵住企图从这里突围的敌人。

从油坊向康德火磨厂方向溃退的敌人半路遭到从东边插入的担任助攻任务的 3 营的侧击，转头向西溃退。

不一会儿，车站方向枪声大作，密集而激烈的枪声，就像鞭炮库被点着一样。杨印青营长把康德火磨厂楼房的这个制高点交给刚跟上来的 3 连，命令副营长赵勇带领 2 连向枪声的方向冲去。2 连刚一上去，赵副营长就派了战士回来，要求把 3 连也马上拉上去。

为了既不放弃这个制高点，又能支援 2 连，杨印青营长命令 3 连指导员孙永章带着 2 排留在这里，让 1 排和另两个排跑步上去。

大约半小时后，从西面传来喊叫声。这时天还没有大亮。杨印青营长让孙永章指导员带 2 排过去看看。他们刚穿过铁路，就模模糊糊地看见一群人从西南边压过来。战士们一看是穿灰军衣的，认定是敌"铁石部队"，立即举枪猛烈射击，一些人应声倒下，战斗英雄——副排长庞金荣端起轻机枪，一边扫射，一边高喊："缴枪不杀！"

突然，一个穿灰军衣的人从对面人群中拼命地跑了过来。他一边跑，一边喊："别打，别打！是自己人，是自己人！"战士们一看，跑来的人上衣胸前缝有一块三角红布，原来是保1团的同志（因保1团和敌"铁石部队"都穿灰军衣，为区别敌我，事先规定保1团的人在上衣第二三颗纽扣之间缝一块三角红布作为标记），战士们便停止了射击。那人快步跑到跟前时，孙永章指导员高声问道："你们是哪部分的？"那人忙答："后面是敌人，我被他们俘虏了。"就在这个空当儿，敌人退到后面的一条小沟里，向2排射击。孙指导员立即指挥战士们退到左右两侧的机车隐蔽墙后进行还击。

3连素以军事技术过硬著称，3连2排的战士面对大约两个连的敌人，用机枪、冲锋枪、步枪、手榴弹展开了拼杀。敌人一个接一个地倒了下去，眼看不是2排战士的对手，便扔下一些尸体顺着小沟逃窜回去。

但是，开始时顺着小沟向东北方向绕到铁路转盘处的敌人，又用机枪向2排扫射起来，2排伤亡了几个战士。孙永章指导员急中生智，喊了一声："5班！准备冲上去，炸掉敌人的机枪，其余的跟我一起往右滚！"话音刚落，他向敌阵扔去两颗手榴弹，接着往右一滚，两个班的战士跟着他也向右边滚去。敌人的火力被吸引过来了，5班长带着全班趁机冲了上去，手榴弹像暴雨似的向敌阵甩过去。敌人的机枪不响了，向右滚去的战士又翻身跳了起来，和 5 班的同志一起，一个个端着刺刀冲入敌群，与敌人展开了白刃战。经过一阵激烈的厮杀，敌人又扔下 100 多具尸体溃逃了。

1 营赵副营长见 2 排陷入敌阵，忙命 3 连连长沈继林带 1 排、3 排立即赶去救援。可就在 1 排、3 排赶到时，2 排已经打退了敌人，夺回了铁路转盘。

夺回铁路转盘是在上午 10 时许。这时，西北方向上的敌人正向东边溃退过来。沈继林连长留下 1 排、3 排坚守在这里，由孙永章指导员带领 2 排返回康德火磨厂，以加强那里的火力。大约半小时工夫，敌"铁石部队"数百名骑兵突然向康德火磨厂方向袭来，企图从这里突围。他们刚接近康德火磨厂，即被我军伏设在这里的轻重机枪打得人仰马翻，不得不溃逃回去。

又过了一会儿，敌骑兵部队又冲了过来。可他们所得到的仍然是与上次同样的下场。虽然有几十名骑兵侥幸冲了出去，但由于暴露在开阔地面上，大多倒在了 3 连神枪手们的枪口下。

没有冲出去的敌骑兵，急忙掉转马头向回跑去。这时，黑压压一大片人群，有步兵、骑兵、家属，还有四五十辆大车，像赶鸭子似的，从四面涌了过来。折回的骑兵冲入人群，被我方击毁的大车又堵塞了他们的退路。敌人进退不得，人、马、车辆挤在一起，乱得简直像一锅滚开的粥。

3营，1营的1连、2连和保1团的部队从几个方向压过来。由马哲武副团长带领的团预备队——2营（因途中火车停开而跑步赶来）投入了战斗。他们把敌人团团围住，机枪、冲锋枪、步枪、手榴弹，迅猛的火力从四面一齐向敌群倾泻过去，敌人一片一片地倒下，剩下的部分敌人缴械投降。

战斗至此胜利结束，这时是正午12时许。到下午2时左右，城内枪声平息，四平宣告解放。

这次战斗，56团伤亡20余人，但毙、伤、俘敌1000余人，车上的大烟、人参、钞票也全部成了我们的战利品。[①]

以马仁兴将军名字命名的四平"仁兴街"（2006年）

---

① 翟仲禹：《首战四平》，载《雪野雄风》，白山出版社，1988，第83-86页。

　　保 1 团在城西发动进攻，辽西二分区的部队在四平西北面的三道林子担任堵截任务，防敌逃窜。战前，保 1 旅旅长马仁兴率部队营以上干部到阵地前沿观察地形，选定进攻路线，具体分配部队作战任务，检查了连队攻城器材的准备，并向部队讲明迅速消灭四平敌军，以防国民党主力部队到来后，出现伪顽合流祸害我辽西解放区之患的道理。这一有力的思想动员工作，使部队指战员充分理解了攻打四平的重要意义，从而生发了高昂的战斗情绪。

　　保 1 团担任主攻，从城西南玻林子及两侧地区突入。进入城区后一部向北，一部向东扩张战果。总攻发起后，战斗打得很激烈，我军冲击至敌前时队伍还没来得及休整，伤亡较大，行动受阻，敌前沿有 11 个暗火力点疯狂地向我军交叉射击。由于部队缺乏攻坚的火器，几次冲击都未能奏效。在这种危急的情况下，部队表现得很顽强，1 连战斗骨干范增合、石连彪等在火力掩护下，各率爆破小组，不顾生死，奋勇跃向敌阵，连续炸掉 5 个暗堡，左侧的 3 连战士赵国荣、赵更桥等也身背炸药、爆破筒，冲到敌人暗堡侧翼，又炸毁了几个地堡，这时敌军火力间断了。在烟雾弥漫之际，主力趁机突破了敌人的前沿阵地，并迅速向市区纵深方向进攻。

　　铁道东的战斗打得也很激烈，至上午 8 时左右，天主教堂地区的守敌开始动摇，56 团随之突破了敌人阵地，而后沿东北方向进攻。四平西北三道林子地区守敌是土匪头子"天下好"的匪部，属乌合之众，战斗力较弱。我参战部队，除阻敌北窜外，也相应地攻占了敌人的前沿阵地。12时左右，在纵深战斗中，保 1 团 1 营在进攻国民党"辽北省"银行和"省政府"方向时，遇到了较大的阻力。各街口和高大建筑物上都筑有地堡工事而且设有层层防御障碍物，残敌负隅顽抗，我军前进十分困难。针对这种情况，该营部队暂停下来，机动灵活地采取了先包围迂回，再逐个攻击，避开正面平推的打法。经重新调整部署后，首先由 4 连集中火力打下了银行大楼，解除了前进的障碍。继之以 1 连、3 连向"省政府"发起攻击，战斗打得较激烈。当我部队攻占一个红楼的时候，伤亡较大，但这个钉子被拔掉后，"省政府"便陷于孤立。① 我军将国民党"辽北省政府"团团包围。保 1 团组织炮火猛烈攻击，顽军伤亡惨重，难以支持，战斗至 14 时，守敌不支，200 余名敌军逃跑、部分人员投诚，国民党"辽北省主席"刘翰东和保安司令张凯只得挂出白旗率残部向我军缴械投降。刘翰东与张凯投降后，因上级亟待了解情况，电令保 1 团部火速将他们送去。因此，保 1

---

① 廉洁明：《血与火的三十二个日日夜夜——四平保卫战的回忆》，载高永昌主编：《四战四平》，1988，第 307-308 页。

团只对其做了简单问话，他们说是由于对国民党抱有幻想，没有认清形势，错误地在战斗开始时抗拒了我军解放四平，承认有罪。[①]

"一战四平"战役全歼守敌3500余名，俘获国民党"辽北省主席"刘翰东、保安司令张凯及匪首王大化、王耀东等，缴获重机枪69挺、大小炮32门、步枪2000余支、汽车20辆、马700匹以及其他大量军用物资。1946年3月18日，辽西省委机关报《胜利报》报道："我民主联军应四平附近人民需要，出于维护和平民主，于本月17日拂晓4时至下午2时，聚集该市土匪3500人全部被歼灭，解放四平市。"（1946年3月18日《胜利报》）

"一战四平"是东北大会战的第一场战役，我军成功地占领了国民党"接收"大员武装土匪占据的大城市，消灭了一批国民党土匪部队，给四平以北国民党"接收"大员和土匪武装以强烈的震慑，是我党我军剿匪斗争的继续。四平的解放为东北民主联军阻止国民党军北进创造了有利条件，表明了中国共产党及其人民军队准备反击国民党军进攻的决心，证明了东北民主联军的实力及其地位。该战成功地在国民党部队北进的路上构筑了第一道防线和阵地，是东

---

① 邓东哲：《忆四战四平》，载高永昌主编：《四战四平》，1988，第246-247页。

北大会战胜利的良好开端。

（二）第一次长春解放战役

第一次长春解放战役，又称"长春争夺战役""四一四"战役。

1946 年 3 月 17 日，东北民主联军占领四平后，打破了国民党军快速北进的计划。3 月下旬，中共中央为确保长春以及整个北满地区掌握在人民手里，向东北局发出了一系列指示和部署。3 月 25 日，中共中央在《关于停战前坚决保卫战略要地》的指示中要求："长春、哈尔滨、齐齐哈尔等地，你们必须在苏军撤退时，一二日内控制之。"3 月 29 日，东北局根据中共中央的部署再次发出《关于迅速占领长、哈、齐的作战命令》，提出："我们必须迅速完成一切准备工作，于友方撤退时以敏捷迅速手段进占长、哈、齐各市，争取在一日之内全部干净消灭各市顽匪。此举关系东北及中国革命前途县大，务望亲身负责，周密部署。"东北局还明令夺取长春战役由吉辽军区担当，由司令员周保中指挥，副司令员陈光辅助。为打好、打胜这一仗，彭真还召周保中到东北局驻地梅河口，当面传达夺取长春的命令，令其不惜任何代价占领长春。

1946 年，走在长春街头的国民党军队

　　根据中共中央的指示和东北局的命令，吉辽省委、吉辽军区召开负责干部会议，讨论、研究和部署攻打长春的各项工作，并组成总指挥部，总指挥为周保中，政委为林枫，副总指挥为陈光。3 月 27 日，吉辽军区命令所属部队，限于 29 日前在长春周围集结，做争夺长春的战斗准备。4 月 6 日至 7 日，周保中、林枫到长春东郊视察部队备战情况后，在卡伦镇召开军事会议。参战部队负责人杨国夫、刘其仁、曹里怀、谭辅仁、贺庆积、邓飞等出席。会议部署了敌情侦察、部队调动、政治动员、炮兵配备、干部补充、后勤补给等具体军事行动和战前准备。会后，根据可靠情报和长春的实际情况，周保中亲自领导制订了长春争夺战作战计划。作战计划分 7 项内容，即目的、任务、敌兵力部署、我方兵力、主攻目标、攻击方向、部署等，同时提出 8 点注意事项。

当时，国民党在长春的各种武装约 2 万人，统由陈家祯为司令、刘德溥为副司令的长春防卫司令部指挥。这些武装包括以刘德溥为总队长的、原伪满"铁石部队"中的"铁心部队"改编的东北保安第二总队 3 个团，由东北行营收编的伪满军警以及逃入长春的"地下军""先遣军"残余、土匪等组成的以陈家祯为总队长的东北保安第 4 总队 6 个团，由东北行营委任的吉林警察总队 3 个大队，长春警察大队 6 个支队、8 个分局以及日本关东军残部，等等。其中，保安第 2、第 4 总队 9 个团万余人为主力。

针对国民党军队在长春市的防卫情况，东北民主联军参战部队分为 3 个纵队，拟从 3 个方向同时发起攻击。东北纵队由吉辽军区第 23 旅第 67、第 68 团两个团和吉黑纵队 4 个大队以及骑兵大队、炮兵大队组成，共 6000 人，司令员为曹里怀，政委为谭辅仁；西南纵队由北满军区第 7 师第 20 旅 3 个团和第 21 旅 2 个团、西满军区第 3 师第 8 旅第 23 团以及警卫营组成，共 9000 人，司令员为杨国夫，政

委为刘其人，副政委为徐斌洲；东南纵队由吉辽军区第24
旅第70团、第71团，第25旅第75团（原吉东军区警备
第2旅第5团）和吉辽军区炮兵营以及永吉、磐石、伊通3
个县大队组成，共5000人，司令员为贺庆积，政委为邓飞，
副司令员为黄思沛、吴恒夫。4月13日，攻城部队均到达
指定地点待命。14日12时，最后一批苏军撤离长春。下午
2时，周保中下达了夺取长春的作战命令。各路纵队很快扫
清了长春外围据点，占领了飞机场，切断了敌人的空中通道。

伪满"建国"忠灵庙（位于吉林省长春市朝阳区人民大街
中国人民解放军空军航空大学院内），是日本侵略者专为祭祀伪
满洲国"尽忠殉职"的文武官吏（包括日本人）而修建的庙宇，
也是宣扬殖民政策，对东北人民进行奴化教育的设施之一

　　傍晚，东南纵队将指挥部前移至伪满"建国"忠灵庙（位于今中国人民解放军空军航空大学院内）。晚上，司令员贺庆积召开团以上干部会议，分析敌情，要求部队不要轻敌，做打硬仗、恶仗的准备。15日拂晓，3个纵队同时向市区发起总攻。东北纵队经宋家洼子、八里堡，于16日占领了火车站，然后又向伪满皇宫和原关东军司令部进攻。伪满皇宫守敌依托四周围墙和碉堡进行顽抗。我军总指挥部遂调来2辆坦克，摧毁了围墙和碉堡，占领了伪满皇宫。17日，东北纵队攻占了原日本关东军宪兵队司令部大楼（今吉林省政府大楼），18日凌晨攻占了原日本关东军司令部大楼（今中共吉林省委大楼）。西南纵队经孟家屯，占领了飞机场、洪熙街（今红旗街）、兴安大街（今西安大路），攻

伪满"中央"银行旧照

占了伪满国务院等处。东南纵队经拉拉屯、南岭、南关大桥，沿大同大街（今人民大街）东侧向市内突进，攻占了大陆科学院（今长春应化所）。16 日中午，在攻打国民党保安第二总队司令部红十字会大楼（原长春市图书馆旧址）时，司令员贺庆积、吉东军区警备 2 旅参谋长、东南纵队副司令员吴恒夫 ① 要去伪满禁烟总局（今为浦发银行长春分行）楼上观察红十字会大楼敌情。当他们刚走到一楼半转弯处时，遭对面敌人扫射，一颗子弹正中吴恒夫的头部，令他当场牺牲。17 日，国民党守军收缩部队，以伪满"中央"银行大楼（今长春市人民广场中国人民银行吉林分行大楼）为核心工事，刘德溥将保安第二总队司令部由红十字会大楼迁到此处，做最后顽抗。国民党东北行营派飞机空投弹药，结果这些弹药和所使用武器的口径不一致，根本用不上，守敌既气愤又绝望。

---

① 吴恒夫（1914—1946），原名均平，号恒富，参加革命后改名为恒夫，湖北省黄安县人。1930 年参加红军，1932 年加入中国共产党。同年 10 月任红四方面军连指导员。一年后，任红军第一步兵学校连长。1935 年 9 月入延安抗日军政大学学习，毕业后留校任教。1939 年 4 月任抗大总校第 1 大队 3 队队长兼军事教员，1940 年 11 月任抗大总校第 1 营营长兼军事主任教员。1945 年春，入延安中央党校二部学习。同年秋赴东北，任干部大队副队长，吉东军区警备 2 旅参谋长，奉命率部前往敦化剿匪。1946 年 4 月被任命为首克长春战役东南纵队副司令员，连续攻克长春的南岭、"新京"工业大学（今东北师范大学路边红楼）等地。4 月 16 日部队前进至兴仁广场（今解放广场）南侧，在攻打红十字会大楼的战斗中，遭敌狙击不幸牺牲。

　　这次作战是我军战史上第一次大规模的城市攻坚战，加上兵力、炮火与敌相当，战斗十分激烈。直到 18 日，3 路纵队才会合到大同广场（今人民广场）。下午 5 时许，3 路纵队同时向伪满"中央"银行大楼发起攻击。守敌 4000 余人从伪满"中央"银行大楼涌出，企图向东南方向突围。东南纵队司令员贺庆积亲临前沿指挥，第 70 团指战员与敌展开肉搏战，团长朴洛权身负重伤，在转运吉林市的途中壮烈牺牲。司令员贺庆积被敌炮弹碎片击中眼部，造成左眼失明。副司令员黄思沛也在指挥作战中负伤。19 时，攻城部队占领了敌人的最后一个据点——伪满"中央"银行大楼，长春遂告解放。

　　长春争夺战，我军共毙伤敌军 2500 余人，俘获国民党长春防卫司令中将陈家桢及官兵 14000 余人（其中包括 200 余名日本官兵），国民党吉林省代理主席王宁华、长春市市长赵君迈等也被俘获。刘德溥率部分守敌逃脱。此役缴获轻重机枪 430 余挺、炮 50 余门、枪 15500 余支、子弹 110 万发、飞机一架以及大量军用物资，还缴获金库一个，内有 1.8 亿元伪满币。当东北民主联军大获全胜进入市街时，市民涌上街头，燃放鞭炮，热烈欢迎人民军队。

　　长春的解放，一方面切断了国民党军队空运长春增援四平的空中通道，使其不能迅速合围四平；另一方面使四平前线的东北民主联军免除了后顾之忧，后方也可集中全力支援四平作战。因此，解放长春在军事上、政治上都具有重大意义，正如中共中央指出的，"占领长春，对东北及全国大局有极大影响"[1]。

中共中央十分看重长春的战略地位，曾于3月25日电示东北局："力争我党占领长春，以长春为我们的首都。"长春解放的第二天，中共中央又致电东北局及林彪，并告周恩来等："东北局应迁长春；考虑于短期内召集东北人民代表会议成立东北自治政府问题"，强调"坚决保卫长春""准备于必要时把长春变为马德里"。按照中共中央的指示，东北局机关于4月22日向长春迁移。这时，王效明、袁任远、蒋克诚等率第24旅第72团、警卫营等已于苏军撤出吉林后接管了吉林市，吉辽省党政军机关也于4月15日迁入吉林市。22日晚，东北局到达吉林市，并将大部机关留驻吉林市，彭真于23日率东北局部分机关人员进入长春。随后，东北日报社、东北大学等也迁入长春市。东北局移驻长春后，认真落实中共中央的各项指示，加强了长春市的工作，由林枫兼任长春市委书记，石磊任副书记，直属东北局领导。同时，设立长春市警备司令部，周保中兼任司令员，林枫

---

[1]《中共中央致林彪、彭真并转周恩来、陈云、高岗电》（1946年4月19日），载《彭真年谱》第一卷，中央文献出版社，2012，第430页。

兼任政治委员。长春市市长仍由刘居英担任。紧接着，一场"建设大长春""保卫大长春"的新的战斗开始了，80万人口的长春沸腾了。一周内，水、电、粮、煤四大问题基本解决。两周内，商店开业、工厂开工、学校开学。之后，市委、市政府集中力量开展筹款、筹物工作，全力支援四平前线；召开长春市参议会，筹备长春市人民代表会议。同时，各区广泛发动群众，建立群众团体，开展反奸清算斗争，受到广大人民群众的认同和欢迎。

（三）"二战四平"战役

"二战四平"战役，史称四平保卫战，毛泽东称之为四平防御战。1946 年 4 月 18 日至 5 月 18 日，中共中央东北局和东北民主联军遵照中共中央和毛泽东的指示，为争取国内和平，实现民主，配合国共谈判，阻止国民党精锐部队北进、占领全东北，进行了中国人民解放军历史上首次大规模的城市保卫战，首次同美式装备的国民党正规军进行阵地战。

1946 年 3 月 17 日，东北民主联军占领四平，阻止了国民党军北进占领全东北的图谋，对我党争取谈判东北问题极为有利。3 月 27 日，国共经过谈判在重庆达成了《关于派遣执行小组前往东北调处停止冲突的协定》。但这个停战协

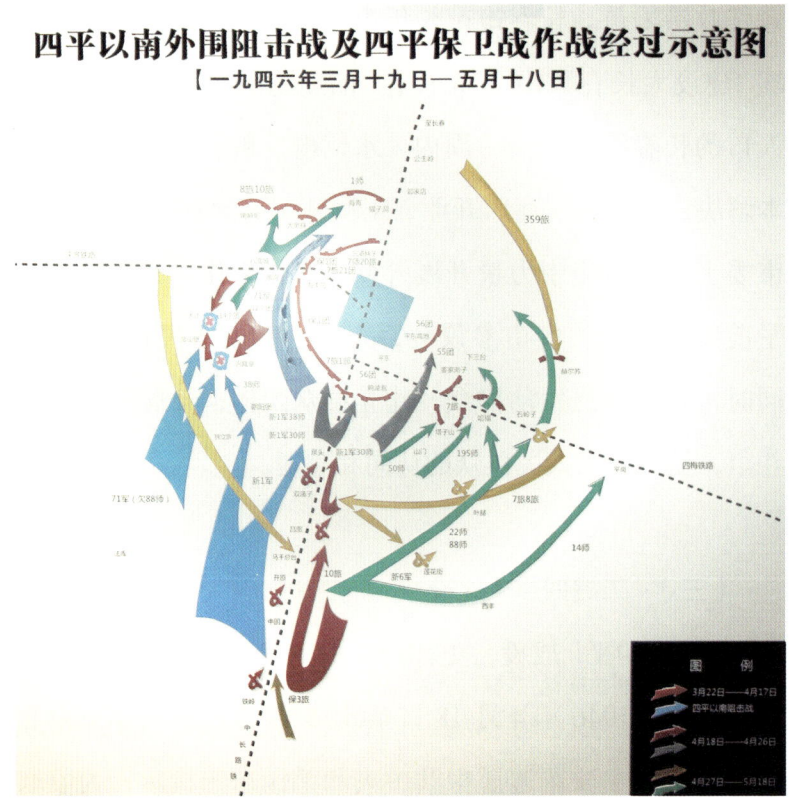

四平保卫战（"二战四平"）作战经过示意图

定实际上并未生效，国民党军以此作为缓兵之策加紧北进的准备。蒋介石一面密令东北的国民党军要在 4 月 2 日前拿下四平，一面散布谎言，称东北只有"土匪"，没有共产党和人民军队。4 月 1 日，他在国民参政会上宣称："东北九省，在主权的接收没有完成以前，没有什么内政可言，军事冲突的调处，在不影响政府接收主权、行使国家行政权力的前提下进行。"后来，蒋介石又扬言："不打到四平，不商谈和平""打下长春，再谈停战"。这种论调不仅使执行小组无法工作，而且使东北内战逐步升级。4月上旬，国民党新1军和第71军第88师分别由开原、法库向四平方向进攻。

在这种形势下，中共中央要求东北民主联军迅速集中主力，坚决扼守四平地区，坚决打击北犯之敌。4月4日，中共中央电示林彪、彭真并李富春、黄克诚："因停战小组有可能在数日内到四平进行停战保住四平。不论四平能否保住，对顽军进攻，均须给以打击，比不战而退要好。"[①]4月6日，中共中央复电林彪并告彭真："集中6个旅在四平地区歼灭敌人，非常正确。党内如有动摇情绪，哪怕是微小的，均须坚决克服。希望你们在四平方面，能以多日反复肉搏战斗，歼敌北进部队的全部或大部，我军即有数千伤亡，亦所不惜。""本溪方面，亦望能集中兵力，歼灭进攻之敌一个师。"中共中央强调："上述两仗如能打胜，东北局面即可好转。""为达此目的，必须准备数万人伤亡，要有决心付出此项代价，才能打得出新局面。"[②]

---

① 《中共中央关于尽力阻止顽军入四平街致林彪等电》（1946年4月4日），载高永昌主编：《四战四平》，1988，第26页。

② 毛泽东：《争取四平本溪两个胜仗是当前关键》（1946年4月6日），载《毛泽东军事文集》第三卷，军事科学出版社、中央文献出版社，1993，第159页。

　　按照中共中央的指示，东北民主联军以山东第 1 师、第 2 师及新四军第 3 师（辖 4 个旅 3 个团）和第 7 纵队等部，在昌图以北、四平以南地区实施运动防御。4 月 8 日，在昌图以北兴隆泉地区歼灭国民党新 1 军新 38 师 1200 余人，使号称"天下第一军"的新 1 军首次受创。4 月 16 日，在大洼、金山堡地区又歼国民党第 71 军第 87 师 4400 余人，缴获大批军械装备和军用物资，给第 71 军以重大打击。这两次作战的胜利极大地鼓舞了东北民主联军的士气。

　　大洼战斗后，国民党新 1 军和第 71 军向彼此靠拢，并逼近四平。东北民主联军暂无在运动中歼敌的机会，遂将

四平保卫战（"二战四平"）期间，东北民主联军指战员在抢修防御工事

主力转移到四平以北，作为机动力量。交战双方进入以阵地战为主的城市攻防阶段。

蒋介石对没有如期拿下四平十分恼火，催促在北平医病的杜聿明速返东北。4月16日，杜聿明回到沈阳，立即调整部署，决定先取本溪，而后集中兵力攻打四平，增调新6军担任进攻本溪的主力，同时加大对四平的攻势。针对国民党军的部署，东北局和东总决定，以少量兵力正面防御，消耗国民党军的有生力量，将主力部队集中于八面城、梨树镇等四平侧背，相机歼敌。东北民主联军前方总部移驻距四平10余公里的梨树镇，林彪亲赴四平前线部署指挥作战。第7纵队司令员万毅把纵队指挥部设在下三台附近的一个小山坡上。为加强市区的防守，辽西省委在四平成立了中共四平临时市委、四平市政府和四平市卫戍司令部，刘瑞森任市委书记兼市长、卫戍司令部政委，保1旅旅长马仁兴任司令员。由保1旅保1团、第7纵队第19旅56团共6000余人坚守四平城区。为避免城区毁于战火，部队部署在四平城南的外围，以铁路为界，保1团负责城西三道林子一带的防守；56团守卫城东，担任折麻（马）背（今四平市铁东区城东乡长发村五屯）至331.5高地一带5公里左右防线的防御任务。其他部队分置于四平侧背，准备歼敌左路和右路，防止敌合围四平，四平保卫战随即开始。

四平保卫战（"二战四平"）的战场之一：四平西北郊三道林子高地，东北民主联军在此鏖战一个月

四平保卫战的实际进程大致可以分为三个阶段：

第一阶段：4月18日至26日

3月17日，国民党新1军越过开原向四平进攻。"东总"命令保1团进至四平以南双庙子地区构筑阵地，在泉头车站南山各高地，配合兄弟部队向敌反击七八次，新1军陈尸270余具，我军也伤亡100余人。4月上旬，新1军突破保1团的阻击线。保1团火速撤回四平，在铁路以西前后玻林子构筑阵地，抗击新1军第50师。①

————————

① 廉洁明：《血与火的三十二个日日夜夜——四平保卫战的回忆》，载高永昌主编：《四战四平》，1988，第309页。

国民党新 1 军的主要攻击目标是四平城南铁路东侧的鸭湖泡和前后玻林子。另一路在第 71 军配合下进攻路西四平西北方的三道林子。

从 4 月 18 日开始，国民党军新 1 军在飞机、大炮、坦克掩护下连续 9 天猛烈向我军阵地进攻，扬言"三日内"打下四平街，庆祝胜利。四平守军在外线部队配合下，给敌人以无情打击，使敌人几乎原地踏步。在这次作战中，守城部队打得十分英勇顽强，战士们平均每分钟遭受至少 35 发炮弹、炸弹的轰击，白天冒着猛烈的炮火同敌人作战，夜里抢修工事，在极其简陋的工事里打退敌人一次又一次的进攻。后来用上了铁轨、钢板，增加了工事的强度还好一些。[①] 面对强敌，四平守城部队毫不畏惧，依托防御工事坚决自卫，英勇抵抗，一次又一次地击退进攻之敌，誓死坚守阵地。有的阵地连、排干部全部牺牲，战士自动代为指挥战斗，子弹打光了就拼刺刀，硬是保住了阵地。

由于铁路东面东北民主联军部队阵地后缩，我军前后玻林子阵地已过分暴露，从 20 日至 24 日，连续 5 天，敌新 1 军集中了百余门火炮，以密集火力掩护其步兵向我军阵地反复冲击，但均被我军击退。

---

① 万毅：《回忆四平四次作战》，载高永昌主编：《四战四平》，1988，第 190 页。

4月20日，战到第3天，我部队已经十分疲劳，减员也较大。团首长为了加强玻林子阵地10连防御正面的力量，将1营2连调进了阵地，准备打更大的恶仗。天刚亮不久，敌人调集了3个炮兵团，以猛烈的火力，先炮击了一个多小时，炮弹像雨点似的倾泻在阵地上。2连才进入阵地，刚修好的工事，又被敌人击毁。炮火还没有停，敌人就冲上来了。战士王子成左臂被炸断，左眼也冒了出来，他爬起来继续坚持战斗。原营部通讯员小黑子（没有留下大名）是战前为补充连队减员，抽调至2连3排的，他坚守的一个地堡，被敌战防炮摧毁，全班7人牺牲，他身负7处重伤，仍继续顽强坚持战斗，直至敌人第八次进攻被击退，战友接防，他才下火线。可是，他刚走到中途，不顾痛苦和生命危险，又艰难地爬回阵地，把身上仅有的3个手榴弹交给了战友。小黑子英勇而平凡的举动和其他战友的牺牲，更加燃起了战士们奋勇杀敌的火焰。全排同仇敌忾，又连续击退敌人4次进攻，光阵地前十几米远的地方，敌人扔下的尸体就有50多具。20日这天，就这样从早8时一直战到黄昏，敌人10多次攻击皆被打退。①

在三道林子阵地，保1团用钢板、铁轨构筑坚固的地

---

① 廉洁明：《血与火的三十二个日日夜夜——四平保卫战的回忆》，载高永昌主编：《四战四平》，1988，第310-311页。

堡防御工事，日夜抗击敌人，士气始终不减。敌左翼第71军，仗着优势装备，人多势众，从昌图、八面城一线压过来，狂妄地说他们是曾入缅对日作战的远征军，能征惯战，一天就能拿下四平。保1团经过政治动员，战斗情绪特别高涨，他们表示，不惜流血牺牲，誓死保卫四平。尽管敌人从18日11时开始，就以飞机、大炮猛烈轰击我军阵地，步兵连续冲锋，但保1团的同志无比顽强，寸土不让。特别是该团3营，英勇抗击了数倍于己的敌军，使敌连续攻击3日，非但毫无进展，反而大量伤亡。敌军恼羞成怒，于20日发起更猛烈的进攻，一路在铁路东鸭湖泡，一路在前后玻林子，还有一路向我保1团2营三道林子阵地猛攻，突破了7连阵地，2营领导组织反击，在反复争夺阵地中，2营营长李林身负重伤，营教导员张增堂壮烈牺牲。1营的同志勇往直前，使敌无法前进。连续几天拼杀，1营、2营阵地屹立不倒。3连战士刘增荣在前沿奋战至孤身一人，还击退了敌人四五次冲锋，毙敌30余人，一直坚持到援兵赶到。

新战士邵禄，单人固守前沿地堡，打退了敌人三四次冲锋。11连位于铁路一侧的前沿两个地堡被敌炮火轰塌，有12名同志遇难。敌人扑过来时，10连的同志在连长谷绍珍、指导员刘汉章率领下，立即组织迎击，著名的窦玉芳突击组5个人以白刃格斗与手榴弹投掷痛歼敌人，毙伤敌

30 余，又夺回了阵地。11 连在连长率领下，也勇猛插入敌群展开肉搏战，歼敌 70 余人。至 25 日，因保 1 团伤亡过大，由第 3 师第 7 旅第 21 团及特务营协防三道林子阵地。装备精良的国民党新 1 军始终无法攻占铁路以西 15 公里宽的正面阵地，敌我双方形成对峙局面。

为加强防守力量，第 7 师在完成解放长春战役后，未来得及休整，就于 4 月 20 日赶到四平前线，师长杨国夫奉命担任城内作战指挥。21 日，"东总"又调派 3 师第 7 旅增援铁路以西阵地，加强防守。

为进一步保障四平侧翼安全，粉碎国民党军队大迂回的企图，"东总"决定将主力向四平东西两翼延伸防御，逐步形成东起火石岭，西至八面城约百里的防线，部署 6 个师（旅）兵力，与敌形成对峙状态。国民党军新 1 军和第 71 军由于连续进攻受挫，伤亡惨重，不得不于 4 月 27 日停止进攻，转为修筑工事，以待增援。

第二阶段：4 月 27 日至 5 月 13 日

由于敌我双方进入对峙状态，国民党军只限于炮击和袭扰活动，寻机突破我阵地。东北民主联军也曾准备开辟第二战场，减轻四平方向的压力。4 月 27 日，毛泽东以中共中央军委的名义致电林彪："（一）四平守军甚为英勇，望传令奖励；（二）请考虑增加一部分守军（例如一至

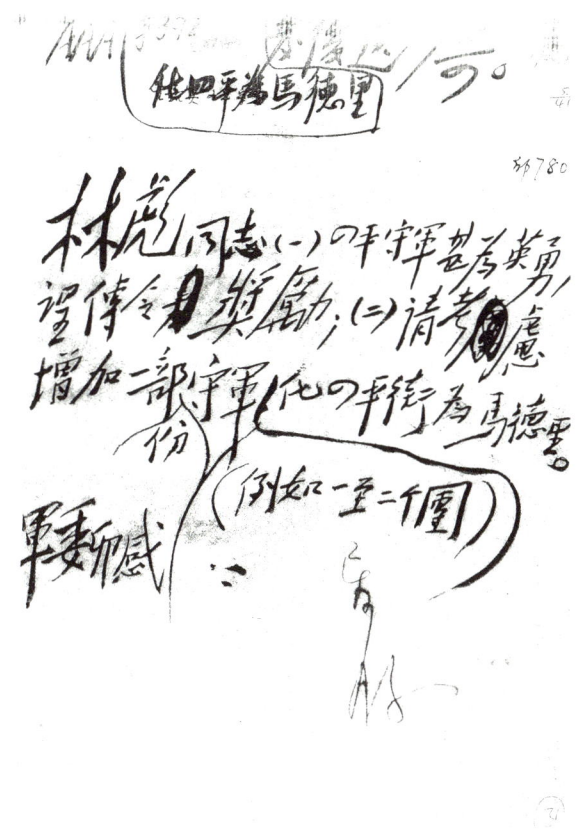

四平保卫战（"二战四平"）期间，毛泽东"化四平为马德里"的电报及嘉奖令

二个团），化四平街为马德里。"4月30日，中共中央致电林彪、彭真："时局正在变化，明后日可能签订停战协定；望死守四平，寸土必争。"5月1日，毛泽东再次电示林彪："东北战争中外瞩目。蒋介石已拒绝马歇尔、民盟和我党三方同意之停战方案，坚持要打到长春。因此我们必须在四平、

本溪两处坚持奋战，将两处顽军打得精疲力竭，消耗其兵力，挫折其锐气，使其以六个月时间调集的兵力、武器、弹药，受到最大消耗，来不及补充，而我则因取得长、哈，兵力资材可以源源补充，那时，便可能求得有利于我之和平。"①

为执行中共中央和中央军委"死守四平"的电令，"东总"对四平的军事部署又做了新的调整，增调第 7 师第 67 团、第 3 师第 7 旅第 21 团和总部直属炮旅第 2 团防守四平城区，使守城部队达到 5 个团。同时，将第 7 纵队第 19 旅和第 7 师第 20 旅、第 21 旅置于四平东南正面，将第 1 师、第 2 师置于四平以北，将在北满地区剿匪的第 359 旅也急调四平前线，置于公主岭一线作为预备队。这样，我军集结于四平地区的部队已达 14 个师（旅），准备迎接更大规模的作战。

四平保卫战得到了吉辽、辽西党政军民的大力支援。4 月 10 日，在四平保卫战即将开始之时，吉辽军区司令部、政治部即向四平前线将士发出慰问信，提出"一切为了战争，一切为了前线"的口号，同时将募集的 3000 匹布、10 万双鞋、1 亿元现金送到前线。辽西二分区组织全区军民支援四平保卫战，动员民工出战勤，筹集粮草，组织后方医院。

---

① 毛泽东：《在四平本溪坚持奋战争取有利于我之和平》（1946 年 5 月 1 日），载《毛泽东军事文集》第三卷，军事科学出版社、中央文献出版社，1993，第 195 页。

怀德（北部）、梨树两县出 2000 多副担架，组织 1 万多名民工到四平前线支援主力部队。公主岭兵站筹集大批汽油、粮食以及 1 万多套军衣、1 万多双鞋和 600 多条被子送到四平前线。四平市民在四平市政府和各区政府领导下开展支前工作，组织担架队、救护队。支前人员积极帮助部队修碉堡、挖战壕、堆沙袋、抬伤员、送水送饭。辽西行政公署以及长春、吉林、西安（今辽源）等地纷纷派出慰问团，深入前线慰问指战员，四平市民还组织演唱队深入前沿阵地为部队演出。东满、西满、北满各地人民群众也在弹药、食品、医药、被服等方面提供了大量的支援。所有这些，都极大地鼓舞了广大指战员，进一步增强了大家坚守四平的决心。

第三阶段：5 月 14 日至 18 日

四平战场形成对峙局面后，国民党军趁东北民主联军第 3 纵队主力北调之机，调集重兵进攻本溪。东北民主联军南满部队终因兵力不足，防线过长，阵地被突破而撤离本溪。国民党军占领本溪后，新 6 军、第 71 军第 88 师以及第 52 军第 195 师立即转入四平战场，使进攻四平的国民党军达到 10 个整师。

5 月 14 日，国民党军分左中右 3 个兵团向四平发起全面攻击。左路兵团为第 71 军第 87 师、第 91 师，向四平以西八面城、老四平以北攻击；新 1 军 3 个师为正面进攻四平的中路兵团；右路兵团为新 6 军和第 71 军、第 88 师共 4 个师，沿开原至西丰和开原至叶赫站两条公路进攻，企图由东侧迂回四平；第 195 师为预备队。敌左路兵团轮番向四平西北獾子洞、海清窝棚进攻，均被东北民主联军第 1 师击退。中路兵团虽有飞机、大炮配合，并连续向三道林子等地进攻，但毫无进展。5 月 15 日，敌第 71 军以两个团的兵力轮番向我军冲击 10 次，最后使用督战队迫令其军拼命攻击我军，但均被我军成功击退。

5 月 16 日，新 1 军 50 师强攻 7 纵所扼守的四平东南之 331.5 高地，我军冒着敌人猛烈的炮火，坚决抗击，7 次打退敌人的冲击，毙敌 900 余名。

5 月 17 日，敌又增调坦克，连续向我军猛攻，并以一个团的兵力向我侧翼迂回，当时我军防坦克火器缺乏，有一名叫李文发的战士，琢磨着坦克怕火烧，便扎了一捆芦苇并将之点燃，带着芦苇冲上去；他中途倒下了，其他战士捡起着火的芦苇继续前进，敌坦克兵不知是何武器，吓得驾驶坦克掉头逃窜。凭着战士的机智勇敢，第 7 纵队多次打退敌人的进攻。①

---

① 范天恩：《二战四平——四平保卫战》，载高永昌主编：《四战四平》，1988，第 305 页。

右路兵团以其机械化装备的优势，出动600辆汽车，快速向西丰、平岗、哈福等四平东侧方向迂回。在开原担任阻击任务的第3纵队低估了新6军的机械化作战能力，发现新6军大部队乘汽车、铺钢板通过翻浆道路后，再以炮火追击已经来不及了。新6军于16日攻取叶赫站，17日占领火石岭子、平岗等地，而后继续向四平东北赫尔苏疾进，敌预备队第195师也投入战场，于17日晚6时攻占哈福车站。第195师、新1军和新6军从3面包围四平东南高地塔子山。

塔子山位于四平以东20余里，是四平周围唯一的高地，既可俯瞰和控制四平东北一线全部阵地，又可向右翼迂回，完全封闭守卫四平的东北民主联军退路。塔子山之得失关系四平保卫战的全局，林彪急调第3师10旅前往增援。但是，部队轻信群众的意见，没有亲自下水试探水深浅，没有涉水过河，而是绕道，结果耽误了到达和进入塔子山阵地的时间。[1]18日，新6军在火炮和飞机的配合下，向塔子山展开猛烈进攻，5分钟即落炮弹百余发。塔子山阵地方圆不过100平方米，"是石头山，不利我深挖工事，敌人打炮、扔炸弹，我们的战士无处隐蔽，伤亡很大"[2]。守军7旅19

---

[1] 陈沂：《四平保卫战》，载高永昌主编：《四战四平》，1988，第223-224页。
[2] 王东保：《七旅参加四平保卫战主要过程的点滴回忆》，载高永昌主编：《四战四平》，1988，第256页。

团虽经浴血奋战，顽强抵抗，打退敌人多次整营冲锋，但是，由于敌人炮火过于猛烈，至下午，塔子山阵地陷于敌手。这种局面对东北民主联军十分不利。17 日，得知敌人占领西丰、平岗的消息后，估计塔子山很快就会失守，为摆脱被动，林彪向秘书做了口述命令："塔子山尽可能再支持一天。"17 日晚 6 时，林彪接到新 6 军占领哈福车站的报告后，立即又向秘书口述命令："再命塔子山守军，最少明天要顶半天，不惜一切牺牲。"

形势万分危急，林彪把东北民主联军政治部主任陈正人和野战政治部副主任陈沂叫去，要他们草拟四平撤退告全军的电报，林彪说："估计敌人明天就可占领塔子山，廖耀湘必定要以全力攻塔子山。塔子山如失守，敌人就可以从我后侧迂回，封闭四平守城我军的退路，那时我们就完全处于被动，且有被歼之危险。"然后他又继续说，"我们已经大量消耗了敌人，并赢得了时间，我们的保卫战是胜利的，特别是我们的每一个部队，都在一定程度上得到了锻炼。"然后林彪把作战处长、情报处长叫来，交代了下一步："7 师于三道林子北山，7 旅于四平东南高地掩护全线撤退。"①并向中共中央和东北局报告说："四平以东阵地失守数处，

---

① 陈沂：《四平保卫战》，载高永昌主编：《四战四平》，1988，第 224 页。

此刻敌正猛攻，情况危急。"① 至 5 月 18 日 24 时前，东北民主联军城区守卫部队全部撤出四平。

19 日清晨，国民党军并未察觉东北民主联军已撤出四平，依然向城内射击，直到下午 1 时才进占市区。

至此，为时一个月的四平保卫战（"二战四平"）遂告结束。

位于梨树县城的东北民主联军四平保卫战（"二战四平"）指挥部

①《林彪给中共中央东北局和中共中央的电报》（1946 年 5 月 18 日），载《毛泽东军事文集》第三卷，军事科学出版社、中央文献出版社，1993，第225 页。

　　四平保卫战是中共中央从全国战略出发，为捍卫国内和平，争取民主，配合谈判斗争而进行的一次大规模城市防御战。此战共歼敌 1.6 万余人，阻敌月余，打击了国民党军的骄横气焰。东北民主联军为此付出伤亡 8000 人的沉重代价，且多为战斗骨干。5 月 19 日，中共中央主席毛泽东致电东北民主联军总司令林彪，指出："四平我军坚守一个月，抗击敌军 10 个师，表现了人民军队高度顽强英勇精神，这一斗争是有历史意义的。"[①] 5 月 27 日，中共中央又致电各战略区，强调："四平防御战为一时特殊条件所致，不能成为我一般的作战方针。"[②]

　　所谓"特殊条件"，即国共两党关于东北问题的谈判。这个谈判是极其艰难的，由重庆到南京，几经周折。症结所在是蒋介石坚持不承认中国共产党及其军队在东北的合法地位，坚持武力"接收"东北。所以关内停战，东北小打，关内小打，东北大打，不断升级，愈演愈烈。中国共产党一再主张停战谈判，蒋介石却始终坚持打完再谈，战争成了谈判的砝码。美国则表示帮助蒋介石抢占长春、哈尔滨、

① 毛泽东：《坚守四平不可能时应主动放弃》（1946 年 5 月 19 日），载《毛泽东军事文集》第三卷，军事科学出版社、中央文献出版社，1993，第 224 页。
② 毛泽东：《四平防御战不能成为一般作战方针》（1946 年 5 月 27 日），载《毛泽东军事文集》第三卷，军事科学出版社、中央文献出版社，1993，第 236 页。

齐齐哈尔和整个中长路。在这种情况下，周恩来几次致电中共中央和东北局，强调"东北应准备大打，决勿幻想国方能让步。关内，国方在蚕食封锁与破坏，我拟进一步揭穿之，将关内问题与东北问题联起来解决"，东北"以消灭顽军为主，守城为次，较易争取主动，打得顽痛，以利谈判"。[1]正是在这种"特殊条件"下，中共中央才决心不惜任何代价，坚守四平。如果不采取此种做法，致令国民党军队长驱直入，其后果不堪设想。

"二战四平"战役标志着毛泽东、彭真等老一辈革命家斗争经验的成熟。我党始终以争取一切有利因素壮大力量为首要任务，如党中央和东北局充分尊重苏军，积极争取苏军的支持与帮助，宁可自己吃亏，不使苏军在外交上为难。但是，我党我军也不是毫无主见地接受苏方的所有建议。1946年3月12日，苏军在从沈阳撤退回国前，希望东北民主联军迅速攻入沈阳。中共中央接电后，从政治角度分析，决定"不仅沈阳不必去占，即沈阳到哈尔滨沿线在苏军撤退时我们都不要去占领，让国军去接收。只有国军向我军进攻时，我们应在防御的姿态下组织有力的回击"[2]，做到了

---

[1] 周恩来：《东北应以消灭顽军为主守城为次》（1946年4月2日），载《周恩来一九四六年谈判文选》，中央文献出版社，1996，第189页。

[2] 《彭真卷》编写组：《彭真年谱》第一卷，中央文献出版社，2012，第407页。

有理有节。再如，国民党政府是国际社会承认的"官方"政府，公开拒绝国民党军进入东北，我党就会被动。因此，在停战令中，我党同意国民党军队为恢复主权开入东北。朱德在关于中国共产党对东北问题态度答外国记者问时表示，"中共在原则上从不反对国民党政府派兵到长春铁路去。中共在与国民党当局谈判中的一贯主张是：在解放区问题没有解决以前，一切经过解放区的运兵应该经过协议，以免发生冲突"。[①] 在党内指示中，也要求东北局在宣传政策上表示不是完全拒绝国民党进东北，而是要求民主，实行地方自治，并主张建立地方联合政府，在东北省、市、县、乡都要实行民选，要求改组政治和经济委员会，要求取消行营，设立各党派参加的东北行政委员会，要求八路军也有驻东北之权，保障东北经济力量不用于内战等作为施政主张。

"二战四平"说明我们党真心诚意地准备同国民党建立联合政府，同时做好和平与战争的两手准备，在认清国民党的内战政策之后，不惜以重大牺牲争取国内和平的实现，充分显示了中国共产党人的胆识与卓见。毛泽东在赴重庆谈判前在政治局会议上的讲话中说："谈判自然必须作一定

[①]《朱德关于中国共产党对东北问题的态度答外国记者》（1945 年 11 月 28 日），载《中共中央文件选集》第十三册（1945—1947），中共中央党校出版社，1987，第 214 页。

的让步，只有在不伤害双方根本利益的条件下才能达到妥协……东北我们也要占优势，行政大员是国民党派，我们去干部……蒋介石是共产党的敌人，但我们又不得不和他搭伙。"①重庆谈判结束后，离开重庆回延安前，毛泽东在发表演说时强调："中国今天只有一条路，就是和，和为贵，其他的一切打算都是错的。"②四平保卫战虽然在军事上遭到了重大的挫折，但却在政治上赢得了主动，而且为后来的东北解放战争积累了经验和教训，赢得了时间。

战争的胜负是难以预料的，后人不能因为四平保卫战没有打赢就认为攻打四平是错误的。战前，毛泽东在电报中就表示："不论四平能否守住，对顽军进攻均须给以打击，比不战而退要好。"

四平保卫战具有重要的历史意义。首先，在政治上，配合和促进了东北停战谈判，以其强大的军事威力，迫使国民党不得不承认共产党及其人民军队在东北的地位，开始就东北问题进行谈判。6 月 6 日，国民党军进占长春后，与中国共产党签订了《停战协定》，再次承认了我们党在东北的政治存在。

---

① 毛泽东：《赴重庆谈判前在政治局会议上的讲话》（1945 年 8 月 26 日），载《毛泽东文集》第四卷，人民出版社，1996，第 15—16 页。
② 毛泽东：《中国只能走和平一条路》（1945 年 10 月 8 日），载《毛泽东文集》第四卷，人民出版社，1996，第 31 页。

其次，在军事上，大量歼灭了国民党军的有生力量，打破了国民党军迅速北进独占东北的图谋，进而保住了北满、东满和西满根据地，为部队休整和根据地建设赢得了宝贵时间。尽管部队损失严重，但是也使我军对国民党的军事实力有了清醒的认识，为以后作战积累了经验。

最后，使国民党认识到我党我军的强大，打击了国民党内部主战派的嚣张气焰。四平之战之前，国民党内部的主战派认为我党我军力量弱小，军队不堪一击。四平之战的第一阶段，国民党新1军和71军的进攻受挫后，国民党内部的主战派改变了对东北民主联军的看法。蒋介石原侍从室主任唐纵在1946年4月21日的日记中写道："此次东北问题，是我们对于情况判断的错误。当初以为东北之共军不堪一击，故不接受调处。现因苏军援助共军之故，共军实力增强，欲调处而不可得，政府感觉苦闷万状。"①

（四）拉新之战

拉新之战是拉法（今吉林省蛟河市拉法街道）、新站（今吉林省蛟河市新站镇）战斗的简称。拉法、新站位于吉林市和蛟河县城之间，长（春）图（们）线和拉（法）哈（尔滨）

---

① 公安部档案馆编注：《在蒋介石身边八年——侍从室高级幕僚唐纵日记》，群众出版社，1991，第608-609页。

线交会于此,是连接长春、吉林、哈尔滨三大城市的公路、铁路交通要道,地方虽小,但战略地位很重要。占领拉法、新站,向东可以威胁延边,控制东满;向北可以截断东满根据地与北满根据地的交通,建立进攻北满东侧翼的基地。

四平保卫战我军失利后,国民党军不顾《停战协定》已经签订,蓄意进攻我东满根据地,派兵占领交通要道蛟河县的拉法、新站两地,并于6月7日下午,违反《停战协定》,继续向东进攻,炮轰蛟河县城。为保卫东满根据地,严惩国民党军破坏和平民主的行径,东北民主联军1师、2师在吉辽军区和蛟河人民的支持、支援下,发起拉新之战,全歼国民党军一个团及一个营,打破了国民党进攻东满的战略图谋,打击了国民党军的嚣张气焰,增强了我军的胜利信心。

蒋介石十分看重拉法、新站的战略地位。5月下旬,蒋介石飞抵沈阳,面谕杜聿明:"拉法非常重要,必须派兵一团固守。"5月30日,蒋介石在长春再次命令新6军军长廖耀湘:"拉法为战略要点,必须派一个加强团固守。"6月5日,马歇尔分别与蒋介石、周恩来在南京商谈,终于达成东北暂时停战15天的协议。6月6日,国共分别发表声明,宣布自6月7日正午起,东北停战15天。

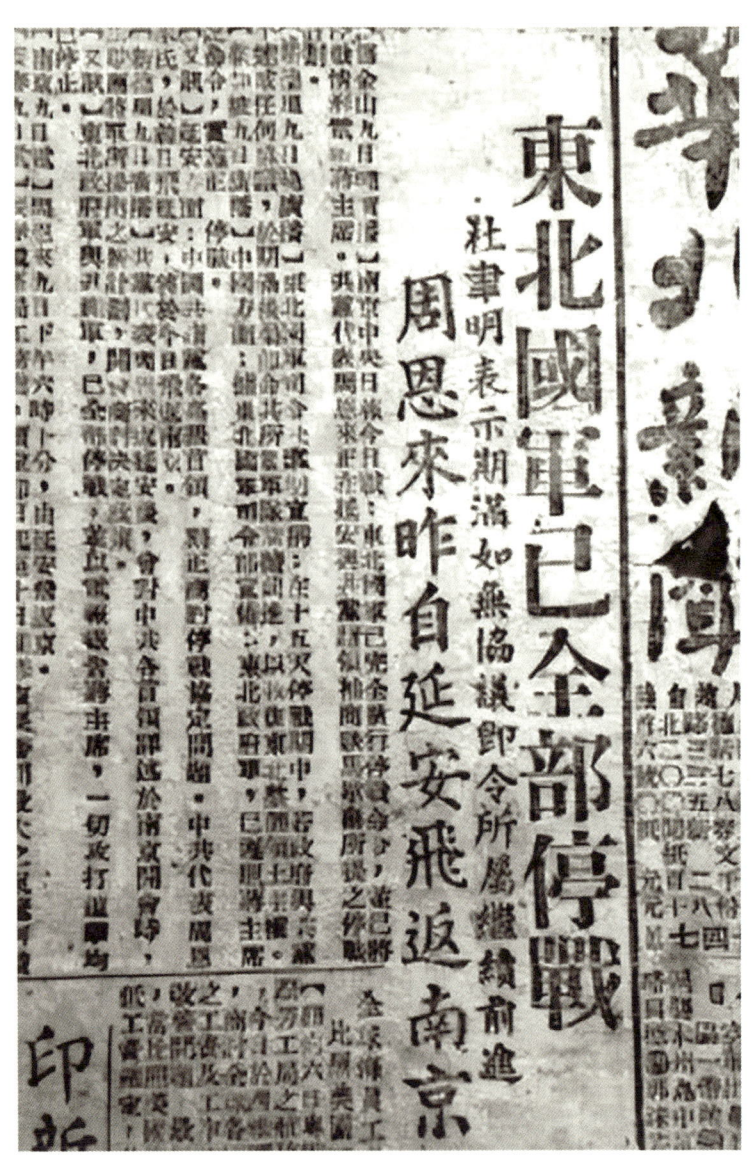

马歇尔分别与蒋介石、周恩来在南京商谈，终于达成东北暂时停战 15 天的协议

　　然而，就在停战令下达的当天，廖耀湘即按蒋介石的示意，令第71军第88师第263团和第264团一个营占领拉法、新站，并构筑防御工事，准备以之作为此后进攻北满和东进的据点。转移到蛟河一带的东北民主联军第1师获得情报后，立即请示"东总"，拟歼灭这个加强团。"东总"电令吉辽军区和第1师、第2师，"望你们坚决设法保持拉法，拒敌于拉法以西"。6月7日下午，国民党军继续向东进攻，并炮轰蛟河县城。鉴于国民党军违反东北停战协议，进犯蛟河，"东总"命令第1师、第2师："坚决消灭拉法、新站之敌，由梁梁（指原山东第1师师长梁兴初、政委梁必业）指挥。"当晚，临时指挥部组成，第2师师长罗华生、政委刘兴元和吉辽军区副司令员陈光也参与了作战指挥。

　　临时指挥部决定以5倍于敌的兵力，先取拉法，再攻新站。

　　拉法是一个有100多户人家的小村庄，东、西各有一座高山，地形险要，易守难攻。选择先打拉法是因为这里敌军兵力少，只有第264团一个营的兵力驻守。临时指挥部决定以第1师第1团、第2团为进攻主力，第1师第3团和第2师第5团为预备队，第2师第4团阻援，并要求各团做好动员，密切配合，只能取胜，不能失败，打好四平撤退后的第一仗。6月7日16时，第1团、第2团从蛟河东部出发，凭借山地树林为隐蔽，极速前进，于黄昏时分到达指定地点，在夜幕降临大地的时候，接近了敌人。走在前面的2团4连善打夜战，是有名的"夜战模范连"。战士们轻着脚步往446.2高地爬。直到他们爬上了山头，敌人的哨兵才发现。有些敌兵从梦中惊醒，枪栓还没拉开就被打倒。我军经过猛烈的突袭、拼搏，很快拿下了446.2高地，全歼敌人一个加强连，毙伤敌160多人，俘虏30多人。①

与此同时，1团占领了574高地。两个团勇猛穿插，把村里的敌人分割包围。到8日拂晓，敌人一个营大部分被歼，少数逃往新站，首战告捷。②

攻占拉法后，临时指挥部调整部署，以第1团、第3团、第5团为进攻主力，第2团为预备队，第4团打援，乘胜前进，合围新站。8日20时，主攻部队完成了对新站的包围，于次日凌晨2时发起总攻。由于守敌事先早有准备，而且工事比较坚固，装备新，火力猛，因而东北民主联军的进攻十分艰难。至清晨，只有第1团占据有利阵地，仍然坚持战斗。第3团和第5团虽然一度突入敌阵地，但均因遭到敌人反扑而退出。为了尽快拿下新站，临时指挥部决定

① 梁必业：《东北解放战争中的第一纵队》，载《辽沈决战》上册，人民出版社，1988，第272页。
② 梁必业：《东北解放战争中的第一纵队》，载《辽沈决战》上册，人民出版社，1988，第272页。

调第 2 团接替第 5 团阵地，5 团移至新站西北，截击可能突围之敌。晚 8 时，东北民主联军再次向新站发起猛烈进攻，第 1 团、第 2 团、第 3 团分别从东、南、西三个方向攻入镇内，逐街争夺，逐屋占领，战斗十分激烈。至 10 日清晨，全歼敌第 263 团，俘获该团团长韦耀东。拉新之战胜利结束。这次作战，我军歼灭国民党军第 263 团全部及第 264 团一个营共 1900 人，其中毙伤 1000 人，俘 900 人，缴获火炮 10 余门，轻重机枪 70 余挺，步、手枪 1200 余支。

我军战士在前线英勇奋战

在蛟河县委和县政府的组织下，蛟河人民群众全力支援拉新作战。蛟河县委、县政府得知东北民主联军要打拉法、新站的消息后，立即组织人民群众全力支援前线。在这次作战中，蛟河人民为部队提供近50万公斤粮食，组织300多副担架，抢救伤员200余人。当地群众特别是妇女为部队做干粮、烧开水、照顾伤病员，为部队解除了后顾之忧。在这次作战中，东满铁路工人做出了特殊贡献。他们在战前成功地将7火车皮炸药推送到老爷岭隧道中，引爆后堵住了隧道，阻止了国民党军通过老爷岭隧道快速增援。铁路工人还冒着国民党军飞机扫射、轰炸的危险，迅速、安全地运送4000余名东北民主联军指战员到达拉法站外，又及时地将大炮、弹药、物资运到前线，保证了拉新之战的胜利。

拉新之战的胜利对整个东北战场具有重要意义。此战有力地打击了国民党军猖狂北犯和东进的嚣张气焰，加上国民党军在东北战线过长，兵力不足，因此战后国民党军被迫停止了全面进攻。同时，国民党军队于6月下旬开始向中原解放区进攻，挑起全国内战，无力继续增兵东北，因而东北战场形成敌我隔西流松花江对峙的休战局面。

二、先于全国战场发起反攻的"夏季攻势"

1946年12月至1947年4月，我东北民主联军"四保临江"、"三下江南"，为我军东北战局由战略防御转入战略反攻创造了有利条件。1947年5月10日至7月1日，东北民主联军集中 5 个纵队的主力部队、12 个独立师（旅）、一个骑兵纵队、10 个炮兵团，共约 80 个炮兵连，在 43 个独立团的地方部队配合下，以吉奉路（吉林至沈阳铁路）为重点，从东、西、北、东南、西南热河五个方向，向东北国民党军发起全面战略反攻，战场主要在吉林省境内的吉奉路、中长路（长春至大连段）两侧地区，战役历时 50 余天，共歼敌 8.3 万余人，收复城镇 42 座，其中吉林境内 15 座，解放 16 万平方公里的土地，占国统区面积的 45.9%，彻底改变了东北解放区被分割的局面。东、西、南、北满连成一片，东北民主联军总部称之为"夏季攻势作战"和"新的战役"，① 简称"夏季攻势"。这一战役的发动并取得胜利，是东北国民党军从战略进攻转向战败防御的开始，同时是国民党军走向失败的开始。从全国战场来看，"夏季攻势"是解放战争中最先开始的战略反攻战役，是解放战争走向胜利的标志性战役。

东北民主联军"四保临江"、"三下江南"战役取得胜利后，国民党军在东北开始走下坡路，其有生力量被严重削弱，机动兵力大大减少。到 1947 年 5 月，东北国民党军已被歼灭 25.5 万人（其中起义 5000 人），仅正规军就被歼灭 3 个师、

---

① 中共中央党史资料征集委员会，中国人民解放军档案馆编：《阵中日记》（1946.11—1948.11）上册，中央党史资料出版社，1987，第 205 页。

16个团、51个营，丧失了组织大规模进攻的能力，被迫转入战略防御。"夏季攻势"开始前，国民党东北保安司令杜聿明认为松花江已解冻，东北民主联军主力无力过江，所以决定采取机动防御方针，待关内援军到达后，再集中兵力，先南后北，各个击破。因此，敌人在吉林境内的守备非常空虚。国民党军新1军、第71军、第13军54师和北满保安部队担负着从蛟河老爷岭到吉林、德惠、农安、双山、通辽一线近600公里的守备任务，还要防守吉林、长春、四平等主要城市。国民党军以占领、守卫地盘为主，处处设防，部队驻扎极为分散，重要村镇只驻一个连，再加上少数自卫队和土匪部队，像公主岭这样的小城市，也只驻守一个营。这样就给东北民主联军提供了运动作战、各个击破的战机。

杜聿明深感兵力不足，难以抵挡东北民主联军新的进攻，特意派保安副司令长官郑洞国到南京见蒋介石，请求向东北增派2个军，不行的话，至少把第53军派回东北。不承想，郑洞国到南京后，蒋介石拒绝了杜聿明的全部要求，要求他们采取"重点防御、收缩兵力、维持现状"的方针。[①]郑洞国回到沈阳后，见到病榻上的杜聿明，两人一筹莫展，只好抱

---

① 郑洞国：《从大举进攻到重点防御》，载《辽沈战役亲历记（原国民党将领的回忆）》，文史资料出版社，1985，第580页。

着一起苦撑的态度，等待东北民主联军大举进攻风暴的来临。

与国民党军当时兵力不足的状况相反，经过土地改革、剿匪斗争、巩固根据地及其他各项工作，特别是经过"四保临江"、"三下江南"战役，东北根据地和吉林解放区基本得到巩固。1947 年 4 月，中共中央军委决定将晋察冀军区所属的冀察热辽军区划归东北，又进一步增强了东北民主联军的力量。至此，东北民主联军已拥有 5 个纵队和 12 个独立师，共计 24 万人，地方武装 22 万人，共 46 万余人。吉林、辽吉、辽宁军区拥有部队 12 万人左右，广大干部、战士普遍树立了运动战、歼灭战的战术思想，经过"三三制""一点两面""四组一队"和"三猛战术"等战略战术、战斗作风训练，部队战斗力有了明显的提高，从而具备了向国民党军发起强大攻势的实力和能力。

1947 年 4 月，"四保临江"战役刚刚取得胜利，东北民主联军司令员林彪就开始酝酿新的作战计划。4 月 8 日，他刚从哈尔滨回到双城前线指挥部，就给南满的陈云、萧劲光、肖华等发出电报：东北局对行动问题曾详细考虑，决定将我军战略主攻方向与主要力量使用于南满。北满拟以 8 个师及 2 个炮兵团于开江后大举南下到达南满，利用南满根据地收容伤兵，利用广大有山依托、无河阻隔，又有许多攻击目标可选择的条件，以进行大规模作战，使东北战局发生根本变化。把东北由客观条件形成的"两个拳头打人"的南北分兵状况，改为形成以"一个大拳头为主"的集中作战。

4月14日，林彪电告中央军委："过去东北方面我军分兵于东南西北满，从战斗中掩护与参加根据地的创造。现在各地根据地已初具规模，土匪已肃清，群众已发动，干部能在乡下站脚，地方兵团能抽出到前面打仗。今后拟将北满主力与南满会合，集中兵力打更大的仗。冬季战斗中已歼敌正规军约5个师，今后只要两个半月内，我晋察冀方面能钳制敌人，不使敌向关外增援，则我必能给东北敌以重大歼灭。届时关内敌再增援来，我必能先后击灭之。盼中央军委注意这一配合的组织。"①

东北民主联军开展"大练兵运动"

---

① 刘统：《东北解放战争纪实》，人民出版社，2004，第445-446页。

　　同日，东北民主联军总部制订"夏季攻势"的作战计划。总方针（当时被称之为"决心"）为："发动夏季攻势作战，主力南下辽东寻敌作战，重点指向吉奉路（指吉林至沈阳铁路）。"具体方针为（当时称为"部署"）："1. 以 6 纵全部、独 3 师及直属炮兵，东满主力，向吉林以东地区进击，收复吉林以东地区，牵制敌人。2. 以吉辽（辽吉）3 个独立师 1 个骑兵师向通辽方向出击，钳制敌人，（以）便我主力南下。3. 热河部队配合出击，钳制敌人。4. 以独 4 师守备江防，以 1 纵 2 纵并独 1 师独 2 师由扶余渡江，绕长春以南直趋吉奉线，配合南满部队抢占桦（甸）、磐（石）、海（龙）、梅（河口）各点。"①

　　1947 年 4 月 23 日，东北民主联军总部发出《关于新的战役行动的指示》，决定向敌人兵力空虚、防御薄弱地带发起攻势，以吸引敌人，达到大量歼灭敌人的目的。

　　5 月 5 日，中共中央东北局做出了《关于东北目前形势与任务》的决议，即《五五决议》，并经中共中央批准正式下达。决议分析了全国及东北的战争形势，指出了敌我力量发生的变化及原因；明确提出东北全党的总任务是"积极组织力量，全力准备大反攻，大量歼灭敌人，大量收复失地，

① 中共中央党史资料征集委员会，中国人民解放军档案馆编：《阵中日记（1946.11—1948.11）》上册，中共党史资料出版社，1987，第 205 页。

巩固和扩大解放区"。为了完成这个总任务，决议还提出了需要完成或加强的各项工作。为结束东北解放区被分割的局面，配合关内各战场的作战，经中央军委批准，东北民主联军总部决定在长春到沈阳和沈阳至吉林铁路两侧地区对国民党军实施战略性反攻作战，即"夏季攻势"。吉林省作为主战场，在配合东北民主联军主力部队作战、支援前线等方面发挥了重要作用。战前，中共吉林省委发出《关于加强战争动员的指示》，部署了配合主力部队作战的10项任务，号召全省军民"加强战争动员，配合主力作战""一切为着前线胜利"。

东北民主联军朱德奖章

为打好这一空前的战略反攻战役，各纵队和各地方军区做了充分准备。首先，是战术方面。在指挥员中，组织各级教导队，轮训下级军官，普遍进行"一点两面"战术的学习、实战演习；在战士中，进行"三三制"战术的讲解和演习，进行投弹、爆破、步炮协同、夜间攻坚、村落搜索、相互联络等训练。第6纵队开办火箭、六零炮训练队。[①] 其次，各部队补充兵源。第1纵队补充1955名新战士；2纵补充1300余名新战士；第6纵队补充2870名新战士。改善伙食，恢复体力，早餐喝豆浆。召开庆功会，进行英模教育、思想政治教育等。最后，沿松花江榆树、扶余、大安、桦甸、蛟河各县准备渡船，南满准备野战医院，其他各县均开展修公路、架桥梁，恢复铁路运输等工作。

"夏季攻势"的第一阶段（5月13日—6月10日），以东北民主联军第1纵队、第2纵队和辽吉纵队为主攻部队，目标直指中长路（长春至沈阳段），横扫怀德、公主岭、昌图等地敌军，从南北两个方向进逼四平。南满第3纵队、第4纵队则向沈海铁路攻击，以求与第1纵队、第2纵队等部会师中长路。第6纵队和吉林军区部队出击拉（法）吉（林）铁路，以配合主攻部队。第二阶段（6月11日—

---

① 中共中央党史资料征集委员会，中国人民解放军档案馆编：《阵中日记（1946.11—1948.11）》（上册），中共党史资料出版社，1987，第200页。

7月1日），东北民主联军以7个师、5个炮兵营的兵力进攻四平，发起四平攻坚战，即"三战四平"，另以17个师的兵力在四平南北地区阻敌打援。

（一）第一阶段——三线作战

1. 东线作战

东线以东北民主联军第6纵队为主力，吉林军区直属部队——东满独立师、吉北军区独立第3师、吉南军分区部队以及各县区部队配合第6纵队，直接参加了作战。

当时，国民党第60军驻守吉林市周围各县区和重要据点。

独立第3师作为主力部队同第6纵队、独立第4师一起作战。从1947年5月11日晚开始，第6纵队连续攻占尤家屯、天岗等敌据点，打响了"夏季攻势"作战的第一枪。与此同时，独立第3师包围了吉林市以东的江密峰车站，于13日4时发起总攻，经过7小时的激战，全歼守敌保安第7团。18日，又向乌拉街守敌进攻，敌人闻风逃回吉林市，蛟河老爷岭守敌新1军38师112团遂陷于孤立。吉林军区副司令员赖传珠指挥东满独立师（又称吉林独立1师、东满独立第1师），吉北、吉南部队密切配合主力部队作战。吉北军分区的部队协助独3师攻占乌拉街；蛟河县大队接防刚刚收复的天岗、江密峰等地；5 月 18 日，独立第 1 师占领吉林市郊的石井沟和八家子，21 日协助第 6 纵队歼灭逃至天岗以南太平山附近的第 112 团，击毙敌团长张洁之，俘获副团长刘毅福。张洁之在抗日战争时曾是缅甸远征军的团长，因在缅甸的密支那阻击日军有功，美国总统罗斯福曾为他授勋。张洁之被击毙后，我们还缴获了他写的《阵中日记》，日记中如实地记载了他在吉东如何兽性大发、奸污乡村女教师的事实。第 6 纵队从地主家里买了一口棺材，雇请了 6 个农民，把张洁之的尸体殓入，由他的护兵跟着送到吉林市。棺材里装了一封信，大意是，张洁之本是抗日有功人员，但跟着蒋介石走上了与人民为敌的道路，才得此下场。姑念其抗战有功，我军将其尸体送回，望蒋军官兵，以张为戒，幡然醒悟，弃暗投明；否则，也是如此下场。棺材送到吉林后，对敌人震动很大。他夫人回信表示非常感谢。①

是役，老爷岭第 112 团被歼，吉林市以东的敌人全部肃清，国民党军进攻哈尔滨和东满根据地的东线据点被拔掉了。战后，被俘的第 112 团副团长刘毅福说："老爷岭是蒋军进攻哈尔滨的东线跳板，杜聿明舍不得丢掉这个点。在

---

① 洪学智：《洪学智回忆录》，解放军出版社，2002，第 279 页。

守与撤上犹犹豫豫，一会儿叫守，一会儿叫撤，指挥不果断，致使第 112 团全军覆没，现在，第 38 师只剩第 114 团，成了二等残废。"[1]

第 6 纵队横扫拉吉线，战果和意义重大。共歼敌 2 个团全部及 2 个团部，共 3400 多人，控制了除吉林市区及龙潭山、黄山嘴子、密什哈以外的整个松花江东岸吉东地区，保证了我军东线运输的安全，有力地配合了西线、南线我军的战役行动。敌人东满战略要点吉林市受到严重威胁，失去原有的作用，变成前哨孤点。敌为防我攻击，必须以重兵据守，机动兵力减少。

《东北日报》发表了《横扫拉吉线直迫吉林城》东北民主联军东线大捷消息。文章说：东北民主联军 1 部，于吉林外围战役中，旬日内横扫蒋（介石）杜（聿明）军坚固要塞地带，拔除天岗、江密峰、棋盘街、乌拉街、老爷岭等重要据点 10 余处，完全控制拉吉线，直捣吉林江东，鸟瞰吉林城。

东线胜利，使东北军民受到极大鼓舞。吉林军区兼吉林省政府主席周保中非常高兴，见到第 6 纵队司令员洪学智，同他拥抱在一起，连声说："打得好，打得好！北满、东满连成一片了！好，好！"

---

① 洪学智：《洪学智回忆录》，解放军出版社，2002，第 279 页。

洪学智谦虚地说："你们也打得不错。"

周保中说："主要是第 6 纵队打得好。我请客，慰劳同志们。"洪学智回忆说："我们在蛟河吃了周保中设的一顿美餐。他还给我们全纵指战员每人发了一双鞋。"[①]

吉南军分区部队配合独立第 3 师攻打双阳县城，一举获胜。1947 年 5 月 23 日，吉南军分区部队配合第 6 纵队第 16 师包围桦甸县城，追歼敌军。第二天，军分区部队和桦甸县保安团解放了桦甸县城。5 月 26 日，吉南军分区部队攻打磐石县烟筒山镇，吉林军区司令员周保中亲临前线指挥。经 4 个多小时的战斗，军分区部队打退敌人从双阳增援的一个团，全歼守敌，解放了烟筒山镇。同日，磐石县城也获得解放。6 月 1 日，吉林军区独立师解放永南县（今永吉县境内）双河镇，6 月 2 日占领伊通县城。6 月 12 日，永南县大队配合东满独立师收复岔路河镇。至此，东满部队先后收复了桦甸、磐石、双阳、伊通及永吉县的部分地区，吉南民兵迅速担负起通讯警卫、保护交通线、肃清残敌的工作。

2. 西线作战

在吉林西部，5 月 10 日，辽吉纵队在辽吉军区司令员邓华的率领下，奉命攻击郑家屯之敌。12 日，辽吉纵队

---

① 洪学智：《洪学智回忆录》，解放军出版社，2002，第 280 页。

独立第 2 师包围郑家屯外围双山县城（今双辽市双山镇）。1946 年 5 月，国民党第 71 军 87 师 259 团 3 营占领双山后，在双山县城四周修筑了高 2 丈、宽 3 丈的城墙，城墙上每 5 尺修一个垛口，城墙外是 5 尺宽的尖木桩，木桩外有鹿砦，鹿砦外有铁刺网，铁刺网外还有深 5 尺、宽 1.5 丈的护城河。东西南北都有钢筋水泥碉堡。在城中十字街（现双山汽车站附近）修了一座大碉堡。在城北的两大岗上也修筑了坚固的防御工事。敌营长扬言：凭这个坚固工事，可以守 7 天！

1947 年 5 月 14 日，辽吉纵队占领双山镇城北的和亲里、城西的石头山、城南的祥云里、城东的百禄村，包围了双山，并构筑防御工事。15 日 5 时 30 分，辽吉纵队向双山县城发起总攻，激战 3 小时攻克双山。国民党守军第 71 军 87 师 259 团 3 营全部被歼，敌营长吴祖伯及部下 400 多人被俘，易亚东等营级以下 43 人被击毙。同时，缴获八二迫击炮 2 门，六零炮 8 门，重机枪 3 挺，轻机枪 20 挺，马枪 129 支，冲锋枪 36 支，短枪 2 支，子弹 7 万余发，炮弹 600 余发，马 30 余匹，吉普车 1 辆，电台 1 部。[①] 在解放双山的战斗中，营长邹日贵身先士卒，奋勇杀敌，向敌人发起多次冲锋，最后壮烈牺牲。

---

① 魏连生编：《双辽县志》，中国青年出版社，2000，第 406 页。

双山战斗之意义在于牵制四平的国民党第 71 军主力，使之不能向北增援。

5 月 8 日，东北民主联军主力部队第 1 纵队、第 2 纵队和独立 1 师、2 师共 8 个师相继出发南下，从扶余一带的 5 个渡口征集了 200 多只船，渡过松花江。林彪指示第 1 纵队、第 2 纵队渡江后暂时不要深入长春以南地区，应在怀德、公主岭、农安一带正式展开大战，大量消灭敌人，四平地区成为"夏季攻势"的主要战场。

"夏季攻势"中，东北民主联军进攻怀德

第2纵队过江后，立即到处搜集情报，从长春来的商人和当地老百姓口中得知，怀德有国民党军2个团。第2纵队司令员刘震把这个情报于5月11日晨电告林彪，9时接到林彪命令：第2纵队应陆续袭占怀德、公主岭，第1纵队向长春西南范家屯前进。

5月13日，第2纵队4师急行军扑向120里外的怀德。深夜到达怀德以北4公里处，立即兵分三路实施包围。怀德是长春西南的一个小镇，驻扎着国民党新1军30师第90团、保安第17团以及骑2师一部，共5000人。以上各部均归第90团团长项殿元指挥。新1军是国民党的王牌主力之一，全副美式装备，战斗力较强。第90团武器装备与建制比较完备，火力较强。敌人进驻怀德后，立即抢修工事，怀德城内筑有地堡，城周围筑有4~5米高的围墙。环城有4米宽、5米深的外壕，壕外有鹿砦、地雷场等障碍，而且怀德城地势较高，四周平坦开阔，易守难攻。

第2纵队4师于14日清晨赶到怀德并将其完全包围，国民党兵做梦也没想到东北民主联军来得这样迅速。第2纵队司令员刘震和副司令员吴信泉亲自到前沿察看地形，分析敌情，确定突破口。同时将情况电告"东总"，请示：以4师、6师围歼怀德之敌，5师在十里铺阻击援敌。"东总"回电："令2纵：坚决围歼怀德之敌，勿需顾虑，1纵准备打援，抓到新 1 军很好，目前敌人四处挨打，不可能有大兵北调，可以放手大打。攻击怀德，一定要做好准备，这是头一仗，一定要打好"①。

16 日黄昏，第 2 纵队发起攻城战斗。经过 15 分钟的炮火准备，攻城部队分别由怀德的西北和西南两个方向发起进攻。战士们勇猛冲锋，第 12 团第 7 连仅用 7 分钟就攻占敌前沿阵地。尖刀班战士管国仁冲至突破口附近，一口气打掉 3 座地堡，俘敌 9 人，开辟了进攻道路，与敌军展开巷战。尽管敌 90 团拼命顽抗，组织预备队几次反击，但在 2 纵绝对优势兵力的连续冲击下，经过一夜激战，90 团到次日下午终被全部歼灭。此战我军俘第 90 团团长项殿元以下 2800 余人，缴获长短枪 1155 支，轻重机枪 136 挺，各种炮 86 门，汽车 9 辆及各种战略物资。

怀德战斗正在进行时，驻守长春的国民党新 1 军和守卫四平的 71 军从南北两个方向前来救援。新 1 军的 4 个团被独立 1 师阻挡在长春以西，进展迟缓；第 1 纵队和第 2 纵队 5 师集中兵力，在怀德以南的十里铺对付第 71 军第 88 师。

16 日，怀德战斗结束后，第 88 师企图后撤。当他们

---

① 刘震：《夏季攻势第一仗》，载《辽沈决战》上册，人民出版社，1988，第 288 页。

在怀德以南 25 里的大黑林子地区徘徊时，第 1 纵队第 1 师先头部队赶到阎家店，发现国民党军队 50 多辆卡车和步兵向大黑林子方向撤退。第 1 师立即跑步追击，把敌人切成几段。"由于我军切断了公（主岭）怀（德）路，敌人的部队还没有展开就被打乱。1 团何万祥连的战士们，端着刺刀，猛插到敌人群里，一下子俘虏 300 多人。英勇的战士们与敌人展开了肉搏战。9 团 3 连追到庆家窝棚西山，碰上一个营的敌人。3 排排长丁学源率领全排冲入敌阵。8 排班长黄文炳一连刺死 4 个敌人，最后拉响手榴弹与围上来的敌人同归于尽。王贵生战斗小组在刺死 8 个敌人后，全部壮烈牺牲。丁学源的刺刀寒光耀眼，一个人同 3 个敌人拼搏，他手疾眼快，终于把 3 个家伙干掉。他的排被命名为'丁学源刺杀英雄排'。他和 7 位战士都获得了'刺杀英雄'的称号。"[1] 第 2 师、第 3 师和第 2 纵队 5 师闻讯赶来，各部队以大胆穿插、穷追猛打和平行追击的战术，从 17 日中午到黄昏，用了 6 个小时解决战斗。

此战消灭敌第 88 师全部和第 91 师大部共计 1.2 万余人，仅第 2 纵队就毙敌第 71 军参谋长冯宗毅、第 88 师师长韩增栋以下官兵 800 余人，俘敌参谋主任、团长以下官

---

① 梁必业：《东北解放战争中的第一纵队》，载《辽沈决战》上册，人民出版社，1988，第 278 页。

兵 5000 余人。

这次战斗给国民党军留下了深刻记忆，时任国民党第 71 军 87 师师长的熊新民回忆说：“71 军在怀德以南地区被解放军俘获去的人、马器材装备中，有一个美式榴弹炮营，这营内装备有 12 门一〇五榴弹炮，算是全美式装备中最新式的装备了，连观通器材、牵引汽车、零配备件，都是全美式还没开箱的新东西……所有榴弹炮、牵引车、器材备件和全营官兵，原班人马、武器、弹药、车辆，一切都完好如新地被解放军接收了去。”①

这时，国民党第 71 军军长陈明仁尚不明情况，带领第 87 师前往增援第 88 师。当他们到达公主岭时，接到杜聿明的紧急电话，才知道第 88 师已被消灭。陈明仁慌忙率部队乘火车逃回四平。我军顾不上打扫战场和清理俘虏，便向公主岭冲来。18 日下午，第 1 师先头部队进至公主岭火车站，敌人正准备乘最后一列火车逃跑。我军冲上前去把火车打坏，经两小时战斗，占领公主岭。

东北民主联军连续猛冲猛打，来势之猛，令国民党军大为震惊。新 1 军慌忙向长春撤退，我独立 1 师跟在后面猛追，一度占领长春机场。长春市区已经听到隆隆炮声，

---

① 熊新民：《一九四七年四平战役回忆》，载高永昌主编：《四战四平》，1988，第 361-362 页。

全市紧急戒严，商店关门，一时间人心惶惶。我军并没有攻打长春，第 1 纵队沿中长路绕过四平南下，1 师占领了新开原，2 师占领了老开原；3 师在范家屯一带破坏了中长铁路和哈福、火石岭子两个小车站，切断了沈阳与长春之间的交通线。辽吉纵队在大黑林子与第 2 纵队会师后，主力直逼四平城下。

辽吉纵队在配合第 2 纵队直扑大黑林子的同时，以少数兵力牵制郑家屯之敌。5 月 21 日，辽吉军区哲盟军分区在收复卧虎屯车站后，随即包围了郑家屯。郑家屯是四（平）洮（南）路、四（平）通（辽）路的交会点，是辽西重镇，国民党第 71 军的重要兵站基地之一。在东北民主联军的强大攻势面前，困守在城里的国民党第 71 军 87 师 259 团残部两个营弃城逃窜。我军勇猛追击，于 24 日在八面城以西喇嘛甸子外围将残敌消灭。被敌军占领一年之久的郑家屯回到了人民手中，至此，双辽全境解放。

3. 南线作战

在南满，辽宁二分区部队在"夏季攻势"开始的当天，即将西安县（今辽源）渭津（今东辽县渭津镇）附近的铁路桥破坏，使渭津至东丰间的铁路中断，并于夜间包围了东丰县城。18 日，二分区部队收复沈吉、四梅两条铁路交会处的莲河车站，歼灭国民党军第 60 军辎重营 1 个连，毙伤敌 50 人，俘敌 260 人。第 3 纵队、第 4 纵队在辽宁军区所属部队的配合下，于 5 月 14 日攻占梅河口与清原之间的山城镇、草市，又于 5 月 24 日、6 月 3 日先后攻克东丰、西安，与北满主力部队会师，结束了南、北满分割的局面。5 月 28 日，辽宁二分区部队配合第 4 纵队第 10 师攻克梅河口，全歼守敌第 60 军第 184 师 7100 余人。接着，第 4 纵队连克通化、安东、本溪等地，敌军狼狈逃往沈阳。

从 1947 年 5 月 13 日至 6 月 10 日，"夏季攻势"第一阶段作战结束。我军在战斗中歼灭国民党正规军 6 个师和一部分地方保安团，攻占县城 23 座。解放了东北广大地区，国民党军队遭受重大打击。"夏季攻势"得到中共中央的充分肯定，毛泽东在 6 月 14 日给朱德和刘少奇的电报中称："东北方面进展极快，不到一个月歼敌六个师（旅）以上，收复三十余城，增加五百万人口，目前正攻四平。"①

（二）第二阶段——"三战四平"

"夏季攻势"第二阶段，东北民主联军发起四平攻坚战，即"三战四平"。由第 1 纵队、西满纵队 3 个独立师和第 6 纵队第 17 师担任主攻。1947 年 6 月 11 日，独 3 师攻占四

---

① 毛泽东：《毛泽东军事文集》第四卷，军事科学出版社、中央文献出版社，1993，第 101 页。

平西郊飞机场。6月14日，总攻开始。我军于15日突破敌军防线攻入城内，遭到敌军顽强抵抗。20日，第17师、独立第1师攻占敌第71军军部。23日，独立第1师、第2师奉命撤出战斗，准备南下打援，独立第1师师长马仁兴不幸中弹牺牲。24日，西满纵队进至四平以南金山堡一带准备打援。28日，国民党军调集9个师增援四平。30日，东北民主联军部队奉命撤出四平。四平攻坚战是东北民主联军第一次同美式装备的国民党正规军进行的大规模的城市攻坚战，为我军以后攻打城市积累了宝贵的经验。四平攻坚战期间，吉林军区独立第3师与独4师、东满独立第1师组成阻击兵团，阻击长春增援四平之敌。7月1日，"夏季攻势"结束。

经过"夏季攻势"第一阶段的打击，国民党军队的士气较为低落，将领们心中也惶恐不安。国民党东北保安司令杜聿明被迫放弃一批中小城市，将兵力集中收缩在沈阳、长春、四平、吉林等大城市中，征调市民大修城防工事，以阻止我军攻势的进一步发展。

在此期间，第6纵队歼灭了从海龙逃跑的国民党暂编21师，占领了梅河口。第2纵队消灭了国民党第71军91师一部，占领了开原和昌图，中长铁路被切断。在这种形势下，我军决定将"夏季攻势"推向第二阶段，即夺取四平，

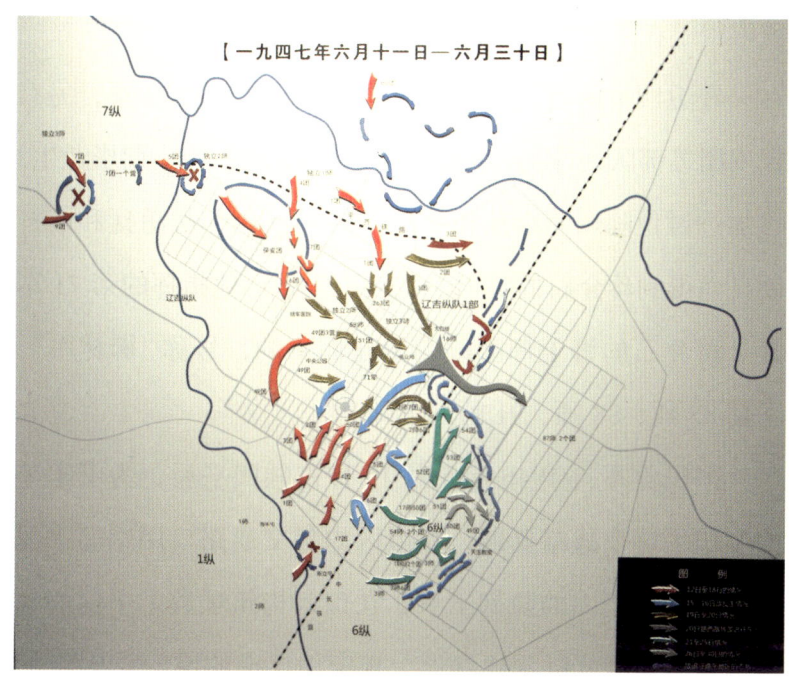

四平攻坚战（"三战四平"）作战经过示意图

切断长春、沈阳之间的联系，并寻机各个歼灭敌人。林彪
电告中共中央和东北局："夏季攻势"到此告一段落，目前
正在准备第二个作战，约需准备 8~10 天才能打响，"攻击
目标为四平"①。

　　四平是东北中部的交通枢纽，连接着沈阳、长春和吉林、
梅河口。控制了四平，就切断了沈阳与长春的联系，我军

<hr />

①1947 年 6 月 3 日，林彪、罗荣桓致高岗、李富春并报中共中央电，转引
　自唐洪森：《国共争战大东北》，科学普及出版社，1999，第 768 页。

就取得了在东北的战略主动权。

守卫四平的是以陈明仁为军长的国民党第71军，另有保安团等部队共计3.4万人。陈明仁是黄埔军校一期毕业生，参加过讨伐陈炯明叛乱和两次"东征"，因作战勇猛和敢打硬仗而得到蒋介石的赏识，被逐步提升。他指挥的第71军是从蒋介石的警卫部队改编组建而来的，号称"御林军"，下辖87师、88师、91师三个师。

国民党军自1946年5月19日占领四平后，为了牢牢控制四平这个战略要地，在市区内各交通路口用钢筋水泥构筑了许多坚固的防御工事，在市郊构筑了数十个钢筋水泥结构的鱼鳞式纵深地堡群，规定地堡壁的厚度要达到80厘米。各地堡前设有绊脚网，"使匪（指东北民主联军——作者注）一来即可察觉，最好以采取高粱秆为宜，既容易又省费，即将高粱秆外表之枯叶去掉按次序一根一根的十字相连的摆上，脚一踏上即发生甚大之音响，此时即向其音响处瞄准射击，必将其消灭"。"铁丝网上须有发声响之设置，俾匪一触铁丝网即可察觉，以用串铃为宜（马颈所带之响串）。"[1]

---

[1] 彭锷：《工事构筑要旨》，载高永昌主编：《四战四平》，1988，第448-449页。

康德火磨——当时四平的最高建筑。1947 年 6 月四平攻坚战期间，国民党在楼顶布设炮火，居高临下轰炸在天桥附近向道东攻击的东北民主联军

四平市内有纵横交错的交通壕联通，还有无数个独立的大小支撑点、暗堡火力点穿插其间。四平城墙外设有 1 丈左右深的水沟、铁丝网、鹿砦区、陷坑区、地雷群等四五层障碍。

陈明仁采取的防御方式是，不以外围阵地为主，集中力量防守市区。四平市被一条横贯南北的铁路分为两半，东区是老百姓住宅区，房屋比较矮小破旧；西区曾是日本人住宅区和伪政府机构所在地，有很多坚固的楼房可以改造为永久性工事。陈明仁把全城分为五个守备区：天桥以北为第一区，由第 87 师防守，师长是熊新民；城东南为第二区，由第 54 师防守，师长是宋邦纬；铁路以西的城西南部为第三区，由保安 17 团等防守；城西为第四区，由第 88 师（重新拼凑）防守，师长是彭锷；在城西的中心地带，陈明仁布置了核心守备区，由第 71 军军部（城防总指挥部）直属队、军特务团等部队防守，指挥官是特务团团长陈明信（陈明仁之弟）。总指挥部控制 3 个团的兵力作为预备队，还有炮兵、装甲车分别配属支援各守备区。这里背靠"中央"银行、电力局、市政府、油库等要害部门，前面有运动场、"中央"公园等大片开阔地。陈明仁把军部设在有坚固楼房的日本学校内，将军部直属队和 8 个营的总预备队控制在自己手中。陈明仁吹嘘说："有军部这样钢铁般的核心阵地和外围坚强工事，四平的保卫是万无一失的。"①

1947 年四平攻坚战期间，天桥上的梯形工事

① 张广居：《我参加四平街战役的回忆》，载高永昌主编：《四战四平》，1988，第 370—371 页。

敌各守备区根据地形和房屋分布，构筑大小火力点；各区之间相互联系，形成带形阵地、网状配备。每个阵地都布置一线、二线，严令一线死守，不准退到二线。设督察队和宪兵队监视各部队，总预备队备有 20 辆卡车用以支援，炮兵分到各区使用。陈明仁又成立四平戒严司令部，自己兼任司令。全城分为两大戒严区：道西区，由第 88 师师长彭锷兼任区司令；道东区，由第 87 师师长熊新民兼任区司令。[①]

陈明仁打算死守四平、顽抗到底。据熊新民回忆：陈明仁"严令各守备区，构筑坚强工事，死守在各自的守备区内，并严令战斗一发生，只准在自己阵地堡垒范围内死守，不准超越各自守备的范围一步。凡一发现射界内有人，就不问是什么人，也不问是军是民，都开枪射击。因此，连所有的老百姓，战斗一打响，就只能在地洞内或缩在乌龟壳内，不能离开一步。在构筑工事、阵地、碉堡时，又下令在各守备区内，挨家挨户征集筐、篓、柱、板、麻袋、草袋等，还向民间征集鹿砦（小椿树）数万根，所有四平周围的大小树木、棍棒，都被抢砍光了。有的公房、很多学校，都被拆光。砖头、柱、板，都用来做掩体、修工事、

---

① 熊新民：《一九四七年四平战役回忆》，载高永昌主编：《四战四平》，1988，第 353 页。

盖地洞。加上巡逻、侦察、防谍、防打信号枪、抓嫌疑犯等，闹得人人自危，无一片干净土地。人民遭受了一场大浩劫，生命财产的损失真是不计其数"[①]。

1947 年 6 月 4 日至 11 日，根据"东总"命令，东北民主联军参战部队陆续集结于四平城外，准备夺取四平。第 1 纵队司令员李天佑负责统一指挥攻城部队作战。第 2 纵队、第 3 纵队、第 4 纵队、第 6 纵队 4 个纵队的 10 个师和 5 个独立师、2 个骑兵师共 17 个师，机动于四平以南和东南地区，准备打击沈阳北援之敌。

6 月 10 日，林彪、罗荣桓发电报给第 1 纵队司令员李天佑及辽吉纵队（西满纵队、邓纵）司令员邓华：四平战斗是一大攻坚战，应注意事项如下：

1. 这种战斗须充分准备后才可开始，以期必胜，不可仓促从事。

2. 主攻方向须能发挥黄色炸药作用。

3. 接受德惠之经验教训。

4. 防止敌人集中向我反击，须巩固立足点。

5. 须发扬高度攻坚精神。

6. 力求乘胜猛烈扩张战果，须准备数天解决战斗之精

[①] 熊新民：《一九四七年四平战役回忆》，载高永昌主编：《四战四平》，1988，第 353-354 页。

神，望开小型会议讨论之。①

为了取得攻城胜利，各部队进行了必要的战前准备。首先，进行政治动员，让参战部队充分了解攻取四平的重大战略意义。其次，在攻城物资、器材方面也做了充分的准备，仅炸药就运来 15 万斤。同时，根据林彪、罗荣桓指示，各师重点进行了突破、爆破和穿越障碍物的训练。通过战前动员和立功竞赛，战士们精神饱满，斗志昂扬，充满必胜信心。

根据侦察得知，四平城被铁路分成东、西两半，敌军主力置于西区，我军决定首先歼灭西区之敌。因为西区是敌军指挥机关所在，先打掉硬的才能解决问题。

攻城兵力的具体部署是：第 1 纵队 1 师、2 师从四平西南突破，打击方向在敌第 88 师和第 54 师的接合部；辽吉纵队主力从四平西北突破，打击方向在第 87 师与第 88 师的接合部；第 1 纵队 3 师从城东南进行辅助突击，相机攻入东区。1 纵、邓纵（辽吉纵队或邓华纵队，简称邓纵）的主攻目标都指向陈明仁的核心守备区。参战的 96 门火炮集中 88 门参加进攻西区的战斗，并以 66 门支援第 1 纵队 1 师、2 师的重点突击。

---

① 中共中央党史资料征集委员会，中国人民解放军档案馆编：《阵中日记（1946.11—1948.11）》上册，中共党史资料出版社，1987，第 277 页。

6月9日，攻城部队开始向四平地区集结。扫清外围的战斗从6月11日开始。为了切断敌人的空中运输，辽吉纵队独3师当晚即向四平西郊飞机场发起进攻，经过激战，很快占领了机场，全歼敌人1个营。"这对守备四平无疑是当头一棒，令人惊慌自危"。①12日，"东总"特发来嘉奖令："邓纵独3师昨晚歼灭四平飞机场敌71军运输营与保安团一个营六七百人，予四平守敌士气以打击，更并证明敌战斗之薄弱，望传令嘉奖"。（中共吉林省委党史研究室存《东北解放战争时期有关东北问题的电报》）6月13日，林彪致各参战部队训令指出：四平战斗关系整个东北形势的转变，希发挥高度战斗决心，争取胜利。13日晚，第1纵队2师的一个营以勇猛动作拿下四平西南外围的新立屯，为总攻开辟了道路。

6月14日20时，总攻开始。20分钟炮火准备后，第1纵队1师、2师和辽吉纵队独2师从三个方向发起进攻。2师由于先占领了新立屯和小红窑堡垒，推进迅速，不到一个小时就突破了敌军防线，首先在四平西南角打开一个缺口。到深夜，第1师也从海丰屯突破敌阵。辽吉纵队独2师由于准备不足，被敌人火力封锁，一夜未能突破。

---

① 熊新民：《一九四七年四平战役回忆》，载高永昌主编：《四战四平》，1988，第355页。

15、16 日两口，在第 1 纵队的突破口上敌我双方展开了激烈争夺。陈明仁命令第 88 师集中火力猛烈轰击我军突破口，并组织部队进行多次反冲锋，企图将我军突入城内的部队挤出去。敌第 88 师师长彭锷亲自指挥两个营的兵力反复冲锋，与我军展开巷战。但是，第 1 纵队的战士打得勇敢顽强，一步也不后退。二梯队、三梯队前赴后继，保持着强大的攻击力。敌第 88 师师长彭锷受伤，两个营长都被打死，士兵也大部分被我军消灭。

到 16 日，敌军的攻势有所减弱，第 1 纵队 1 师、2 师巩固扩大了突破面，完成了第一阶段的任务。东北民主联军的勇猛顽强极大地震慑了敌人。

但四平城里的守敌也异常顽固，战斗空前激烈和残酷。四平守敌实行焦土政策。每当他们被迫放弃一块阵地时，就"派大批飞机日夜轮番滥炸……"。[①]

17 日，李天佑等在给林彪、罗荣桓的报告中说："十三日开始肃清主攻方向之敌外围据点，14 日黄昏在强大优势下步兵实行突破。经三昼夜巷战与打垮敌人反冲锋，我第 1 师、2 师两师各付出 1500 人以上之伤亡，但进占地区仍是狭小，俘虏不足千人。基本教训如下：

---

① 陈明信：《四平余生》，载高永昌主编：《四战四平》，1988，第 368 页。

　　"第一，西南主攻方向突破后支持3日激烈战斗，而西北之主攻及东北之助攻均未起到应有作用（突破）。因此敌人得以集中兵力、火器、飞机，打击我之一点突破口。总之敌人对我突破口及占领之地区，是采取猛烈炮击、大量燃烧及以飞机轰炸与反冲锋，企图驱出我突入部队，恢复阵地。

　　"第二，我攻入城内，如果兵力过少，则不但难于扩大战果，且更无兵力打击敌人的连续反冲锋；如果兵力过多，则形成兵多地少，每炮均可伤人。

　　"第三，日长夜短，24小时内只有8小时之夜晚。如果白天不进攻，黄昏后调集部队，则打一下天就亮了；但白天虽不能作战，其伤亡之大，超过晚上作战伤亡数目。越不能迅速发展扩大地区，越便于敌人飞机、炮兵集中轰击我狭小地区，伤亡就必越大。

　　"第四，敌人采取火攻战术，我占领之地区，大部燃烧起火。凡我向前发展一步，又燃烧一步，迫我毫无立脚之地。

　　"第五，每晨5时到20时为空军活动时间，其出动飞机少为数架，多至18架，轮番轰炸扫射，整日不停。发现一人一马亦打，妨害我运动，杀伤人马，摧毁房屋工事，打击精神，影响作战极大。"

　　从17日开始，第1纵队向四平的核心工事发起进攻。具有"攻坚老虎"之称的第6纵队17师投入战斗，接替已经苦战几昼夜的第1纵队1师继续进攻。第17师采取一个营负责打一条街的战法，充分运用"四组一队"的战术。在战斗中，"掩护组上去扔一阵手榴弹、抛小包炸药，炸得乌烟瘴气，敌人看不到我们，爆破组就借着烟雾上去把大包炸药送到敌人工事的前面，工事炸开后，突击组冲进去用机关枪和冲锋枪进行扫射，把残敌肃清，紧接着后续部队依次跟进，突破口越撕越大"①。

18 日，辽吉纵队在西北角冲破敌军防线，杀入城北，与第 17 师一起对国民党军形成两面夹攻。核心阵地外围的日本"神社"、游泳池、电信大楼、"中央"银行、市政府、油库等地，都在进行激烈战斗。敌人利用坚固楼房，以轻重机枪和步枪构成火力网，火力网有纵深设置，前沿地堡配冲锋枪、步枪和轻机枪，重点工事配重机枪和六零炮，再后面是迫击炮，楼房上则设上中下三层火力。我军沿街道向楼房接近时，敌军用纵火和投燃烧炸弹的办法阻挡我军前进。

辽吉纵队独立 1 师师长马仁兴率部于 20 日攻入市区后，在中心守备区的大红楼前受阻。大红楼曾是伪满交通部第一宿舍，于国民党占据四平后成为"辽北省"法院，是当时四平城西北部最高的建筑。该建筑呈汽车摇把子形，墙高壁厚，从外面看，所有窗户都用砖封死，其实留有射孔。敌 88 师 263 团 1000 余人在里面防守，他们倚仗工事坚固、

① 龙书金：《回忆四平攻坚战》，载高永昌主编：《四战四平》，1988，第262-263 页。

火力强，拼命抵抗。当保1团冲到近前时，敌人突然射击，射孔中喷出火舌，许多指战员倒了下去。面对这种情况，马仁兴在前线组织召开"诸葛亮会"，发动干部战士献计献策。"人多出韩信"，1连8班班长李广正① 提出了爆破攻击法，并提出用敌人飞机炸弹里的炸药解决炸药不足的问题。马仁兴马上采纳了他的意见，发布四条命令：第一，包围大红楼；第二，1团警卫连利用夜色掩护带领大批支前民工到飞机场拆炸弹，取出炸药，做成炸药包；第三，挖交通壕接近大红楼，为爆破做准备；第四，集中1团的轻

---

① 李广正（1924—1996），爆破英雄（曾立一特等功、四大功、二小功）。河北武清（今天津市武清区）黄花店镇人，矿工出身。1945年9月参加八路军，1946年12月加入中国共产党。1947年6月，担任东北民主联军辽吉纵队独立1师（1947年8月改称东北民主联军第7纵队，1948年1月改称东北野战军44军130师。1952年编入54军建制）1团1营1连8班副班长时参加"三战四平"战役。带领8班（后又加强2班）一昼夜连续对敌71军88师263团据守的伪法院大楼（时称大红楼）实施12次爆破，将300米长的大红楼炸塌一大半，歼敌1000余人，立特等功，荣获"毛泽东奖章"（该奖章序号为053号）和"特级爆破英雄"称号；1连荣获"战斗模范连"荣誉称号（该面锦旗现陈列在四平战役纪念馆）。1948年10月辽沈战役中，任排长，在对锦州老城南侧突破中英勇顽强，突入城区后，副连长牺牲，指导员任命李广正代理副连长，他带领全连机智勇敢地向敌人纵深猛插，将县政府附近的200名敌人歼灭并缴获战防炮6门，战后再一次荣获大功一次。1949年1月，参加平津战役时，在天津市城东郊带领一个排担任全师警戒，以"有我就有阵地"的勇气连续打退敌人9次反扑，又一次荣获"战斗英雄"称号。1949年4月，出席中国新民主主义青年团第一次代表大会，1950年9月出席全国英模代表大会，受到毛泽东等党和国家领导人的接见。1953年参加抗美援朝，任中国人民志愿军营参谋长、代营长。1958年毕业于高级步兵学校。后任营长、中国人民解放军济南军区某师副师长，1980年5月离休，1996年在河南新乡病逝。

重机枪掩护爆破。准备工作就绪后，马仁兴同 1 团团长邢程一起指挥，采用 40 挺轻重机枪掩护爆破组爆破。在失败了 11 次后，第 12 次，爆破组在大红楼四角和周围墙基下装了 800 斤炸药，李广正不顾安危，断然拉引线。随着一声震耳欲聋的巨响，火光冲天，震撼四平全城，大红楼被浓烟淹没，北半部被炸坍塌下来。1 团指战员立即冲进去，全歼守敌千余人。[1] 随着巨大的爆炸声，敌军部的汽油库被炸着火，楼内守军纷纷外逃，被我军围歼。李广正被震得五官出血，昏死过去。战后他被授予"特级爆破英雄"的称号，获"毛泽东奖章"一枚。

特级爆破英雄——李广正

---

[1] 邓东哲：《忆四战四平》，载高永昌主编：《四战四平》，1988，第 251 页。

1947年6月，四平攻坚战中，李广正与战友们在爆破后的大红楼废墟上的合影

19日，6纵17师3个团从不同方向完成对敌第71军军部与核心工事的包围。第71军军部设在晓东中学的水泥建筑群中，从房顶到地下室都有敌人的火力点。外面路口有地堡构成的交叉火力网。留守的第71军特务团垂死挣扎，与我军进行逐屋争夺。第17师集中了49团、51团两个团的主要兵力，并肩摆成尖刀阵式往里插。第51团从核心工事北面的大街向东打，第49团在西南面向东北打，一直插到核心工事前，第50团在核心工事东面，最后将核心工事包围。包围后，第17师并未急于进攻，而是利用了一段时

间做准备，补充武器弹药，选好突击点。12时整，第17师师长龙书金下达了攻击命令。北面第51团，从东北角向西南打，第49团从西北角向东南打，敌人工事被炸得满天飞。

第49团2营首先在西北角突破，占领国民党"辽北省"政府。随后向中山堂进攻。突击部队的手榴弹、炸药用完了，就用掷弹筒平射往窗户里打。敌人遭受严重伤亡，被迫投降。我军伤亡也很大，但很快又组成新的战斗小组投入进攻敌军部的战斗。爆破手常友抱起炸药包冲向敌军地堡，在通过路口时遭到敌人交叉火力封锁，一条腿被打断。他忍着剧痛，坚持向前爬行，把炸药包送到地堡的铁丝网前。一层层铁网被炸开，几名爆破手一跃而起，趁着浓烟的掩护冲到地堡和楼房角落，连续爆破，将顽抗的第71军特务团和直属队全部消灭。陈明仁自认东北民主联军一个月也无法突破的"核心工事"，大约不到两小时即被占领，我军生俘敌第71军特务团团长、陈明仁的弟弟陈明信①以下近

---

① 陈明信（1909—1974），曾用名陈子云，1909年11月26日生，湖南醴陵洪源乡人，其长兄系陈明仁。1927年任黄埔第六期学生第2大队准尉司书。1933年随兄调福建龙岩，任国民党第89师师部副官处上尉附员，次年任特务连上尉连长。其间曾参与"围剿"中国工农红军。1939年10月任国民党第2预备师第6团少校副团长，参加对日作战。1945年10月任国民党第71军人力输送团中校副团。1946年2月随军开赴东北锦西，5月调任该军补充第6团上校团长，后改编为训练处第10团上校团长，负责接收各地送来的新兵。任务完成后仍回任第71军人力输送团任团长。1947年5月参与四平战役，任特务团团长，6月20日被俘，送哈尔滨解放军官教导团将校班学习7个月，遣送回家。1948年10月任国民党第

2000 人。

四平攻坚战中，第 6 纵队 17 师伤亡了三四千人，战斗结束后，没有负伤的只有 2000 多人。[①]

20 日晚 20 时，随着第 71 军军部被占领，四平西区敌军被全部肃清。

经过 8 天的血战，东北民主联军占领了四平城的西部。战斗之残酷激烈是前所未有的。敌人遭受了沉重打击，我军也付出了巨大代价。第 1 纵队 1 师和第 6 纵队 17 师都已打得筋疲力尽，辽吉纵队也相当疲劳。6 月 21 日，林彪、罗荣桓电令各纵队首长："四平战斗已 8 昼夜，敌顽强抗击，逐屋争夺，目前我已占领半个城市；我伤亡已逾 8000，决以共计付出 15000 人之伤亡，再以一星期的时间将此仗打到底，以达到完全消灭敌人和打垮敌守城信心。目前敌南北增援已出动，决待敌进至昌图、郭家店后开始大反击，各部应奋起精神，准备出战，以不惜付出 15000 之伤亡，

---

17 "绥靖裁建"大队上校教官。1949 年 1 月任国民党 29 军上校附员兼辎重营营长。1949 年 3 月随陈明仁回到湖南，任第 1 兵团警卫团上校团长。同年 8 月 4 日率团参加了程潜和陈明仁领导的湖南和平起义，任第 1 兵团第 1 师副师长兼警卫团团长。11 月，改任中国人民解放军第 21 兵团第 52 军第 214 师副师长兼警卫团团长。1952 年 5 月转业，任湖南人民军政委员会参议，1955 年任湖南省人民委员会参事室参事。1974 年 2 月在长沙病逝。

① 龙书金：《回忆四平攻坚战》，载高永昌主编：《四战四平》，1988，第 263 页。

血战数昼夜，采取各个击破方法，求得大量歼敌。"①

自6月21日起，我军开始进攻四平铁路以东市区。根据"东总"命令，由第1纵队首长统一指挥第1纵队3师，第6纵队16师、17师、18师三个师和邓华纵队全部投入战斗。第18师从四平车站以南突破，辽吉纵队从天桥与铁路公园之间突破，进入东区。

陈明仁退到东区后，在油化工厂加固阵地，负隅顽抗。此时，四平3/4的城区已被东北民主联军攻下。

东区战斗比西区争夺战还要激烈。第17师49团在攻打核心工事时伤亡太大，撤下去休整；主攻的第17师50团和18师52团攻入东区后，与敌人展开逐屋的争夺战。敌军组织猛烈炮火，我军伤亡很大。敌军将房屋统统打烂，让我军无立足之地。当年的四平城内，铁东、铁西两个城区主要靠天桥通行。国民党军为阻止东北民主联军进攻，把天桥修成坚固的堡垒。天桥的地势比较高，桥的两头各设有一座坚固的桥头堡；底下又构筑有两座暗堡可以侧射。国民党军阵地地势开阔，对面马路上和铁路线上，都满布铁丝网、拒马等障碍，路上、连桥上都铺撒了薄薄一层大豆。我军几次冲杀都没能冲过去。

---

① 中共中央党史资料征集委员会，中国人民解放军档案馆编：《阵中日记（1946.11—1948.11）》上册，中央党史资料出版社，1987，第292-293页。

四平是粮食集散地，火车站堆积了包括大豆在内的大量粮食。一些装大豆的麻袋被炮火、子弹打散、打穿，大豆撒得到处都是。敌第87师某团的一个排长发现将大豆撒在柏油马路上当障碍物比什么都有效。该师师长熊新民开始听到这个情况报告时，并不相信，后来该团团长请求熊新民去实地查看演习。熊新民看到一个全副武装的士兵，在大豆上跑不上3步就倒下来了，一时还爬不起来。熊新民如获至宝，于是下令，凡国民党守军阵地前有柏油马路的，一律铺上大豆做障碍物，结果使我军遭到重创。

尽管如此，我军还是向铁东区继续猛攻。战士们用连续爆破的方法，步步推进。22日夜里，邓华纵队（辽吉纵队，简称邓纵）的第1师、第3师突入东区后，夺取了4个地堡。敌军组织的5次反冲锋，都被我军打退。在23日早晨敌人最后一次冲锋前，辽吉纵队遭到敌军炮火的攻击，伤亡过大，被迫退出战斗。

下午5时30分左右，独立1师师长马仁兴与政委邓东哲、参谋长黄忠诚正在铁路下边一个涵洞（今四平三道口右侧涵洞）里吃晚饭，边吃边研究战况。马仁兴吃完饭走出涵洞，蹲在涵洞口南3~4米的沟西面抽烟，黄忠诚走出去站在马仁兴的南面，也就是他的右边1米多处继续吃煎饼。两人继续研究战况，他们两人正说着，突然一颗流

弹飞来，击中马仁兴的左胸心脏部位，马仁兴一句话也没
来得及说出来，就当场牺牲了，时间为 18 时许。马仁兴作
为高级将领，牺牲时年仅 43 岁，后被追认为"辽吉功臣"。
马仁兴是东北民主联军"四战四平"战役中牺牲级别最高的
指挥员。

四平攻坚战期间，马仁兴牺牲地——四平市铁西区三道
口右侧涵洞

　　尽管国民党军死伤惨重，但陈明仁命令国民党省府官
员、警察，兵站、医院、车站等所有人员，加上城外跑进
来的外地保安队，统统拿起武器参战，顽抗到底。

　　天桥以南阵地是敌第 87 师与第 54 师的接合部，陈明

仁担心这里会被突破。在无兵可调的情况下，敌军把直属队兽力营的200多名马夫组织起来，由一名50多岁的老营长带领，担任防御。这些一向被国民党军长官看不起的马夫们，在陈明仁的威逼利诱下，居然防守了4个昼夜，往返冲击十几次，四平之战结束时，全营只剩30多人。为了构筑工事，国民党军拆掉工厂和民房建筑；囤积的粮食和大豆，被用来当作工事沙包，豆油被用来点火照明。他们还命令老百姓为国民党军修工事、运伤员，致使老百姓在炮火中伤亡惨重。

面对东北民主联军的强大攻势，陈明仁不断向沈阳和南京求援。蒋介石下令调国民党军紧急增援，并给杜聿明下了严厉的命令：限6月30日以前解四平之围。

杜聿明调集了一切可以调出的兵力共9个师增援四平。

鉴于形势有变，东北民主联军将作战重点由攻打四平改变为南下打援。6月24日，"东总"决定由6纵司令员洪学智统一指挥6纵全部、1纵3师、辽吉纵队独3师继续攻城，其他部队在四平以南打援。

6月23日，国民党新6军一部在八棵树遭到我军进攻。经一昼夜激战，我军因伤亡过大，撤出战斗。6月26日，敌93军由正面向昌图发起进攻。2纵在附近丘陵地带早已构筑好层层阻击阵地，顽强抵抗，使敌第93军进展极为缓慢。

鉴于南线敌军兵力强大，我军力量不足以在运动战中歼灭敌军，28日，林彪电令6纵司令员洪学智等："目前我军方针是消灭敌人有生力量，以佯攻四平，诱敌前进。你们准备必要时以全力或主力脱离四平，参加以北或以南之运动战。"[①]

6月29日，国民党第93军先头部队到达四平以南的犊牛哨，第53军、新6军、第52军195师到达四平西北的八面城。为了避免两面受敌，"东总"下令进攻四平东区部队撤出战斗。6月30日凌晨，1纵3师最后离开四平，历时半个月的四平攻坚战结束。

与此同时，林彪也给南满主力部队下达了撤退命令。历时50天的"夏季攻势"以东北民主联军取得决定性的胜利告终。

7月1日，林彪与罗荣桓向毛泽东做了汇报："四平战斗，自14日总攻开始，至26日经13日激战，我军俘毙伤敌3万余人，我伤亡1.3万人。由于敌逐屋逐堡顽抗，后数日敌进行地洞战，在我军进攻时，敌从地洞中逃跑；故战斗后，我伤亡大，而甚难俘获敌人。敌现以9个师向四平增援，我攻城部队已于前晚离开四平。我外围部队昨日已开始打援，但对于敌人具体位置与番号不明，我作战部队员额不

---

① 中共中央党史资料征集委员会，中国人民解放军档案馆编：《阵中日记（1946.11—1948.11）》上册，中央党史资料出版社，1987，第305页。

充实，而又有轻敌情绪，昨今两日战斗成绩均甚小，但战斗尚在进行中。拟经此战后，即休整补充部队。"①

"夏季攻势"中的四平攻坚战是东北民主联军第一次大规模的城市攻坚战，为以后攻打城市积累了宝贵经验。此次攻坚战也留下了深刻的教训。

第一，对敌人数量估计不准。战前，东北民主联军参战部队对守敌军队总数估计不足，各师提供的数字不一样。1纵说有1.5~2万人，邓纵（辽吉纵队）说有1.8万人，而实际上敌人总兵力有3.4万人。大家严重忽略了那些国民党"辽北省"府、警察、特务、铁道警、兵站等人员，以及从外县逃进四平的保安队。

第二，低估了敌人的战斗力，犯了严重轻敌的错误。根据侦察的敌情，估计敌守军有战斗力的仅为第54师2个团、第87师2个团、军部特务团共5个团，其余都是没有多少战斗力的新兵部队。而我东北民主联军参战部队为7个师、21个团，约6万余人，与敌兵力对比为4:1略强，还有榴弹炮、山炮、野炮共96门，迫击炮、六零炮未计算在内，兵力、火力均占压倒优势。因而产生了骄傲轻敌、求胜心切的情绪。

---

① 《毛泽东转发林罗关于四平战役的报告》（1947年7月2日）。转引自刘统：《东北解放战争纪实》，人民出版社，2004，第472页。

而为了守住四平城，陈明仁下了死命令：

甲：不求援，不待援，自力更生，独立死守，打光为止。

乙：凡转移阵地之命令，仅司令官有权颁布。以下各级指挥官发布这项命令者，一概无效。其所属不得奉行。又凡部下要求转移阵地及增援，司令官常拒绝答复。

丙：第一线部队不准后退，仅准第二线部队向前补充与增援。凡由前向后退者，即由后方部队射杀之。

丁：夜间除汽车因公通行外，其余不问"匪"我，所有行人概行射杀。

陈明仁在战前就宣布了死守四平的决心，他说："生死关头，欲走无路；唯有合力奋战，以战图存。"他立下遗嘱，并抬出为自己准备的棺材示众。在每条防线都设立了督战队，每个碉堡里都由老兵监视新兵，断绝了他们的后路，于是怕死的人也得拼命作战了。这是我军在城市攻坚战中没有预想到的。此外，敌军依靠坚固的地堡、楼房、天桥等做掩护，特别是在水塔、楼房顶部安放观察哨，使其作战能力较野外作战大大提高，因而增加了我军在巷战中的伤亡。对这一点，时任国民党第71军87师师长的熊新民回忆说："解放军在这块阵地的正面，由西向东，先后反复一浪高一浪地不顾生死，一次又一次地冲锋，越冲越厉害，整整5个日夜的冲杀，有时一个白天攻两次，但次次都被顶住了。最根本的原因是铁道线东，有个大工厂有4层高楼，我们在高楼上安设一个观察所俯视四周，所有道西的街、巷、道路，都看得一清二楚，夜间，我们就发射悬空的照明弹，照得如同白昼。每一发现有解放军向我攻击，我们就准备好12门八二迫击炮，9门六零炮，加上步枪、机枪、冲锋枪、手榴弹、枪榴弹等，只等高楼上观察一声通知，就一齐集中火力，对准预测的目标发射。每次都赖以顶住。偶尔也有少数人冲过来，也只得退回去。另外，由于战场上障碍物多，又有很多条铁路线，射界宽阔，便于火力控制，易守难攻。不知解放军为什么把突破点选在这里，而始终没被突破。"①

四平攻坚战中，东北民主联军向敌人纪念堂阵地进攻

① 熊新民：《一九四七年四平战役回忆》，载高永昌主编：《四战四平》，1988，第357-358页。

第三，低估敌人的增援能力。据统计，6 月 1 日至 9 日，国民党军出动运输机 44 架，共空投 88 吨弹药；自 6 月 17 日至 29 日，使用运输机 136 架，总计投放 305 吨弹药。其中各式步枪子弹 300 多万发，迫击炮弹 3 万发，山炮弹 6200 发，榴弹炮弹 1300 发，手榴弹 11 万枚。尽管敌人大炮总数比我军少，但他们炮弹充足。而且我军没有防空能力，不但不能阻止敌军空运，敌机的狂轰滥炸还给我军攻城造成了巨大困难，增加了人员伤亡，而且极大地限制了我军白天的作战行动。

第四，我军未能形成绝对优势兵力。战斗开始后，我攻城部队只集中两个纵队和一个师，兵力对比不足 2：1，无法形成对敌四面包围。

第五，物资弹药准备不够充分，对敌人防御工事的坚固程度估计不足。国民党在四平的防御工事已经修筑一年多，并且不断加固，建成了永久性和半永久性的坚固城市。我军在攻坚战中缺乏强大的攻坚战武器，榴弹炮因缺乏牵引车而未能参加战斗。攻坚战实质上是消耗战，由于战斗时间延长，消耗巨大，缺乏运输工具，弹药只能靠人抬马拉，造成补给跟不上。常常在战斗最紧要关头，就没有手榴弹和炸药包了。据辽吉纵 3 师师长李化民回忆："用于路东攻击的山炮炮弹只有 80 余发，因此，部队在攻击中得不到火力的支援而失利。"

第六，战略战术也有欠缺，攻坚战的经验不足。当年担任指挥打援的韩先楚在谈到四平攻坚战的教训时说："这次四平攻坚战……首先在敌情判断上，低估了敌人的战斗能力。我在'夏季攻势'胜利形势下，主要指挥员产生了轻敌急躁情绪，认为71军是败兵，人数不过2万，好打；没看到敌人虽然有两个师被大部分歼灭不久，但敌人恢复建制和补充之后，依托工事仍有相当强的战斗能力。而且，敌人人数经查明为3.4万人。由于轻敌，战术上、物质上我军都缺乏准备，也没有集中兵力，攻城部队7个师（后来6纵代替1纵进入攻城），加炮兵约两倍于敌，但优势不大，在兵力使用上又是逐次投入战斗，力量不够集中。加之，多数部队尚缺乏对设防大城市攻坚战的经验，纵深战斗伤亡较大，发展缓慢，在战场指挥上，突破点选择不当，主攻方向既不是敌人弱点，也不是敌人要害，临战时影响了攻坚准备。更由于兵力优势不大，不能多方钳制分散敌人兵力，城北城东没有进行配合，主要突破地段虽然突破很快，但另一突破地段延迟了4天才突破，形成一面平推，致使敌人兵力、火力更加集中，打成胶着状态。在敌人飞机集中轰炸下我攻城部队伤亡较大。四平攻坚战虽然取得了可观战果和攻城经验，但教训是深刻的。在连续胜利的情况下，指挥员切忌骄傲轻敌，或受下级指挥员的好胜求战的影响，这是军事家公认应该防止的。但在四平攻坚战的敌情判断、攻城组织以及战术运用等方面，上下都犯有轻敌毛病，以致攻城半月没解决问题。以后很长时间，甚至到了辽沈战役前夕，在林彪头脑中，以及在一部分指挥员心理上，就产生了对大城市攻坚仍有顾虑的想法。"①

四平攻坚战结束后，中共中央东北局对这次作战给予充分肯定，在致各纵队将士书中指出："经过十余昼夜血战，我军摧毁了敌人 4 个防御体系的大部，歼敌 1.6 万余人……四平之战大大锻炼了我军攻坚能力，我军现有逐一摧毁现代化堡垒群的能力，也就有把握攻克蒋军在东北的任何防御工事。"

通过"夏季攻势"，特别是四平攻坚战（"三战四平"）的锤炼，东北民主联军运动作战的战术水平、大兵团进攻大城市的能力空前提高，其英勇顽强的战斗作风和精神给国民党军以强烈的震撼，给他们造成了恐惧心理。战后，陈明仁在回答国民党中央社记者提问时说："我当了二十年丘八，从来没有打过这样的硬仗，也没有受过这样多的炮击……"②

---

① 韩先楚：《东北战场与辽沈决战》，载《辽沈决战》上册，人民出版社，1988，第 101 页。
② 陈利明：《陈明仁将军传》，解放军出版社，1989，第 201-202 页。

他的弟弟、国民党第 71 军特务团团长陈明信被俘后曾说：
"我深深地认识了民主联军的力量与其战斗意志。记得开战
不久，他们就像许多把锐利的钢锥，很快地突破了我们坚
固的防御阵地……民主联军士兵那种英勇的冲锋精神，连
续不断的冲击，来势汹汹，敢于肉搏……实在使人望而生
畏。甚至三五个人竟敢冲入浓密的火网，逼近坚强防御工事，
施行爆破。这种战斗意志和战斗技术相结合的部队，我过
去不但未见到，而且也未曾听到。"[1]

　　"夏季攻势"结束后，国民党吉林守军第 60 军 182 师，
趁东北民主联军从四平撤出之机，重占双阳、伊通县城，
并欲占领吉南重要物资补给基地烟筒山。7 月 13 日，敌人
占领烧锅街、双河镇，并在马鞍山、大酱缸、大碰子一带部
署兵力。吉南军分区副司令员蒋克诚遂率部阻敌于烟筒山西
北杏水泉子、黑瞎岗一带。7 月 16 日，东满独立师、独立
第 3 师及临时由吉林军区指挥的独立第 4 师对敌人进行分割
围击，歼敌一个多团兵力，敌第 544 团团长岳嘉祺被击毙。

三、迫敌收缩固守大小城镇的"秋季攻势"

　　"夏季攻势"使东北战局发生了新的变化，国民党在东

---

[1] 陈明信：《四平余生》，载高永昌主编：《四战四平》，1988，第 367—368 页。

北的统治区域已不足 10 万平方公里，其统治区人口只剩下
1360 余万人，仅占东北人口总数的 33%；连接沈阳、四平、
长春的中长路被切断，连接东北与关内的北宁路时断时续，
国民党军作战的机动性已完全丧失。与之相反，东北民主
联军在"夏季攻势"后，则处于战场的优势地位，解放区人
口已达 2655 万人之多，与国统区相比人口多出 1 倍，土地
面积已达 78.3 余万平方公里，为国统区面积的 7~8 倍。东满、
南满、辽吉解放区日益巩固扩大，广大群众更加热烈地支
援东北民主联军作战，为东北民主联军发起新的攻势奠定
了牢固的群众基础。

为了挽救失败的命运，蒋介石于 1947 年 8 月 4 日以东
北战场失利为由，撤销了熊式辉和杜聿明的职务，并将东
北保安司令长官部并入东北行辕，由参谋总长陈诚兼任行
辕主任。9 月初，陈诚到任后立即开始改编、整补部队，把
兵力增加到 50 万人。东北行辕在吉林省的部署为：第 71
军驻防四平，新 1 军防守长春、德惠、农安、公主岭，第
60 军防守吉林、九台，第 52 军第 195 师驻防梨树。

为进一步提高战斗力，争取更大的胜利，中共中央东
北局、东北民主联军总部对部队进行了整顿和补充：取消
西满军区，分别成立黑龙江、嫩江军区；松江军区与合江
军区合并，升格为牡丹江军区；兴安军区改称内蒙军区，

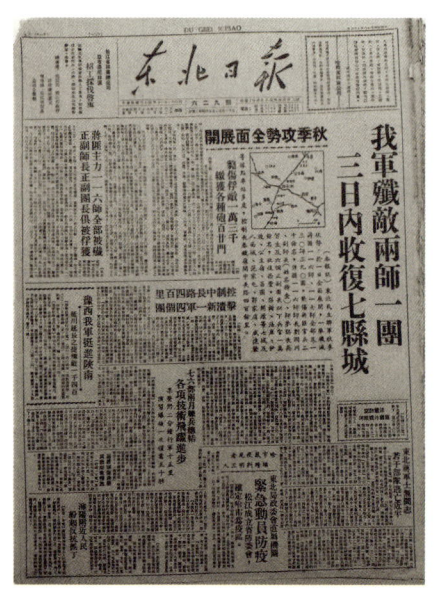

《东北日报》报道"秋季攻势"全面展开

直属东北民主联军总部；东总后勤部扩大为后勤司令部，黄克诚任司令员兼政委；新建第 7 纵队、第 8 纵队、第 9 纵队、第 10 纵队及第 5 独立师。整顿补充以后，东北民主联军总兵力达到 51.8 万余人，其中正规军 29 万人。吉林军区也做了调整，副司令员赖传珠调任第 6 纵队政委，陈奇涵从冀热辽军区调来接任吉林军区副司令员。邓华担任第 7 纵队司令员后，辽吉军区司令员由聂鹤亭接任。

　　1947 年 9 月 14 日，东北民主联军在东北发起"秋季攻势"。其作战方针是：首先在南线开始攻击，歼灭薄弱地区之敌，调动北线敌之主力南援，分散其兵力，以创造北线东北民主联军主力进攻敌人的有利机会。战役分三步进行：第一，以冀热辽军区部队和第 8 纵队、第 9 纵队进击北宁路锦（州）榆（山海关）段，吸引中长路敌机动部队南下增援；第二，第 7 纵队向彰武、阜新、义县地区进击，第 4 纵队一部及南满独立第 1 师向辽阳、鞍山、大石桥一线分散之敌进击，以进一步调动更多的敌军南下；第三，东北民主联军主力于沈阳、长春地区进行"攻点打援"，大量歼灭敌之有生力量。

9 月 14 日至 30 日，东北民主联军在辽西地区取得了梨树沟门和两次杨杖子战斗的胜利，并成功地破袭了锦榆段铁路，迫使陈诚将北线机动部队新 6 军主力由铁岭调援锦州，达到了第一步作战目的。

从 9 月 30 日开始，东北民主联军在四平周围及其以南地区展开奔袭追击战，开始第二阶段的战斗。10 月 1 日，第 7 纵队第 21 师歼灭法库守敌 1700 余人。10 月 7 日，第 7 纵队第 19 师全歼彰武之敌 1900 余人。其他部队分别消灭了威远堡、鄛家店、大石桥、海城、牛庄之敌，并包围昌图，直逼开原。为解昌图、开原之危，国民党军新 1 军由长春南下，新 6 军从锦州回援。东北民主联军欲合围新 1 军主力，新 1 军马上退回四平。正当东北民主联军欲消灭开原之敌时，新 6 军已进至铁岭。东北民主联军及时放弃攻取开原计划，将所有部队投入破袭中长路的行动，仅用 3 天时间便将中长路彻底破坏。10 月 8 日，蒋介石亲飞沈阳筹划对策，从华北调 4 个师驰援东北，以确保沈阳与关内的联系，加强沈北各点的守备力量。

为吸引沈阳、铁岭之敌，牵制华北增援之敌，东北民主联军向辽西地区主动出击。第 7 纵队连续攻克新立屯、黑山、阜新。东北民主联军以秋风扫落叶般的作战攻势，调动了华北援敌向沈（阳）锦（州）铁路以北进犯，东北民主联军趁机挥师北上，把"秋季攻势"推向第三阶段。第 6 纵队和第 10 纵队在吉林军区部队的配合下，奔袭吉、长外围敌之孤立分散据点。10 月 1 日，第 6 纵队在司令员洪学智、政委赖传珠的指挥下，首战伊通伊巴丹站（今伊丹镇）。10 月 17 日，第 6 纵队经 200 里急行军赶赴吉林外围，攻占桦皮厂、九站、口前等敌人重要据点，歼敌 4 个营，迫使官马山守敌投降。与此同时，第 10 纵队第 29 师、第 6 纵队第 18 师和吉林军区部队在军区副司令员陈奇涵的统一指挥下，再次收复吉北重镇乌拉街，同时占领棋盘街，歼敌 1800 余人，活捉敌少将总指挥项成信。独 4 师攻占九台，独立第 5 师在长农支队的配合下，攻克农安。10 月 20 日，第 10 纵队第 30 师攻克德惠。至此，吉林、长春之敌已完全陷于孤立。

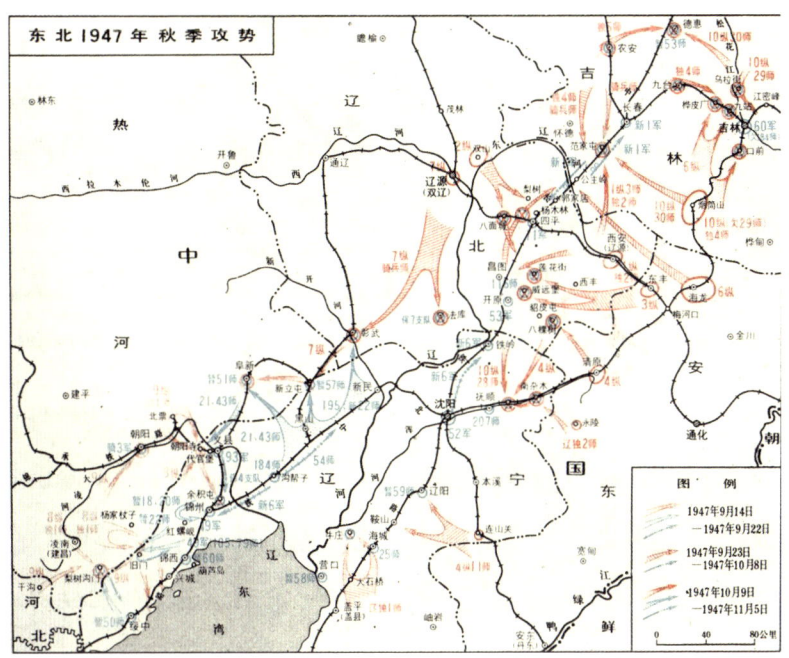

"秋季攻势"作战图

10月20日，吉林军区召开军事会议，根据吉林、长春一带出现的新形势，对军区部队进行重新部署，动用二线兵团参加战斗：吉北军分区独立第1团、第2团分别进入九台、德惠发动群众肃清残匪；永北、舒兰县大队在乌拉街驻防，掩护江运；吉东独立第3团开赴棋盘街肃匪，阻击江西敌人，发动群众掩护江运；独立6团于龙潭山附近监视敌人；吉南第71团进至吉林市和丰满之间，以防丰满之敌窜回吉林市。会议还要求各部执行任务时，对各二线兵团进行整训。11月初，各部分别进至指定位置，独立第1团、第2团在九台、德惠分别接替了独立第4师、第10纵队第30师的防务。这一部署有力地配合了主力部队的"秋季攻势"作战。

从10月21日开始，洪学智、赖传珠统一指挥第6纵队、第2纵队第5师、第10纵队第29师、独立第4师等部队向吉林市区发起进攻，先后攻占团山子、欢喜岭、小白山等外围阵地，于11月初逼近吉林市北山国民党军第60军指挥部。陈诚急令沈阳、四平之敌军增援。东北民主联军已达到奔袭吉林的目的，遂奉命撤离。此时，东北气候转冷，"东总"决定结束"秋季攻势"，进行休整。

在从1947年9月14日至11月5日历时50余天的"秋季攻势"中，东北民主联军共歼敌69800人，收复城镇15座（其中吉林省5座），解放3.8万平方公里土地和260余万人民，控制了东北大部分铁路。国民党军被压制在吉林、长春、四平等大小24座城镇里，陷入更加被动的境地。

四、冰雪般凌厉的"冬季攻势"

国民党军遭受东北民主联军"秋季攻势"的打击后，处于被分割、交通不畅、物资匮乏、士气低落的状态，丧失了战争的主动权。国民党东北行辕主任陈诚为了挽回颓势，确定了"重点防守，保持军力，保住沈阳"的方针，扩编正规军，编成新 3 军、新 5 军、新 7 军，使总兵力增加到 58 万余人，重点防守长春、吉林、四平等战略要地，并在沈阳、铁岭集结重兵以利于来往增援。

与国民党军的颓势相反，东北民主联军后方巩固，兵源充足，物资丰富，士气高涨。"秋季攻势"后，经过进一步休整补充，东北民主联军的总兵力已达 73.84 万人，其中主力部队 42 万余人，不仅在数量上而且在质量上具有了压倒国民党军的优势。"东总"总结"三下江南"战役的成功经验，决定利用冬季江河封冻的有利条件，发动一场规模空前的"冬季攻势"。

（一）辽西、辽南作战

"冬季攻势"以公主屯战役为分界线，分为前后两个阶段。第一阶段（1947 年 12 月 15 日—1948 年 1 月 7 日）在沈阳西北地区展开，东北民主联军连续取得了新立屯、彰武、公主屯等战役、战斗的胜利，打得国民党军损兵折将。蒋介石不得不亲飞沈阳，被迫免去陈诚的东北行辕主任职务，成立"国防部"东北"剿匪"总司令部（简称"东北剿总"），以卫立煌为总司令。2 月 5 日，陈诚返回南京，由卫立煌兼任东北行辕主任（5 月 19 日，东北行辕撤销，移交"东北剿总"）。卫立煌上任后，把防守的重点放在确保沈阳安全，维护沈南水陆交通的畅通上。东北人民解放军（1948年1月1日由东北民主联军改称，其主力部队称东北野战军）决定发起新的攻势，重点是夺取辽阳、鞍山、营口等城市，断绝沈阳以南的水陆交通，将"冬季攻势"推进到第二阶段（1948年1月20日—3月15日）。

1948年1月20日，东北人民解放军在大（虎山）通（辽）路和北宁路发起辽南战役，先后取得收复新立屯，攻克辽阳、鞍山，围攻营口等胜利，营口守敌第52军暂58师师长王家善于2月26日率部起义。至此，辽南之敌全部肃清。

（二）吉林市解放

辽南战役后，吉林、长春、四平完全处于东北人民解放军的包围之中。卫立煌实行"重点不重线"的策略，计划放弃吉林市，收缩兵力至长春，而后视情况南退四平固守，待蒋介石增兵东北后再大举北犯。

1938年3月8日上午，国民党"东北剿总"副司令郑洞国、参谋长赵家骧乘飞机至吉林市，向驻守吉林市的第60军军长曾泽生传达卫立煌命令：第60军及各机关轻装撤往长春。当晚10时，第60军、国民党"吉林省政府"保卫团分两路向长春逃窜。3月9日11时，吉林军区部队进驻吉林市，吉林市宣告解放。吉林军区命令独6师协同独8师向大绥河以西、一拉溪以东，由北向南、向西侧击敌人。此役歼敌近4000人，并缴获大量军用物资。3月11日，第60军逃进长春。

（三）"四战四平"

在这种形势下，东北人民解放军总部决定夺取四平。其作战意图是消灭四平之敌，切断长、沈之间的联系，并力争歼灭沈阳援敌一部。收复四平战役由第1纵队、第3纵队、第7纵队及独立第2师担任主攻，独立第10师等部负责在四平南北打援。3月2日，主攻部队将四平包围。

此时，四平城内国民党防守军队只有第88师和71军、新1军留守人员及地方部队共19000余人，由第88师师长彭锷任城防司令，司令部设在红十字会院内，第88师第264团守城东南至东北，第263团守城西北、西南，第262团守城北，同时地方部队及留守人员被编为战斗队，负责构筑工事，进行防卫。

国民党军自从占领四平后，为保住这一战略要地，曾煞费苦心修工事、筑堡垒、修建铁丝网，四平的城防已经建设得非常坚固。国民党守军以四平城北的北山作屏障，以城东的大小山岗做掩护，在城区四周的围墙上设有距离

【1948年3月12日—13日】

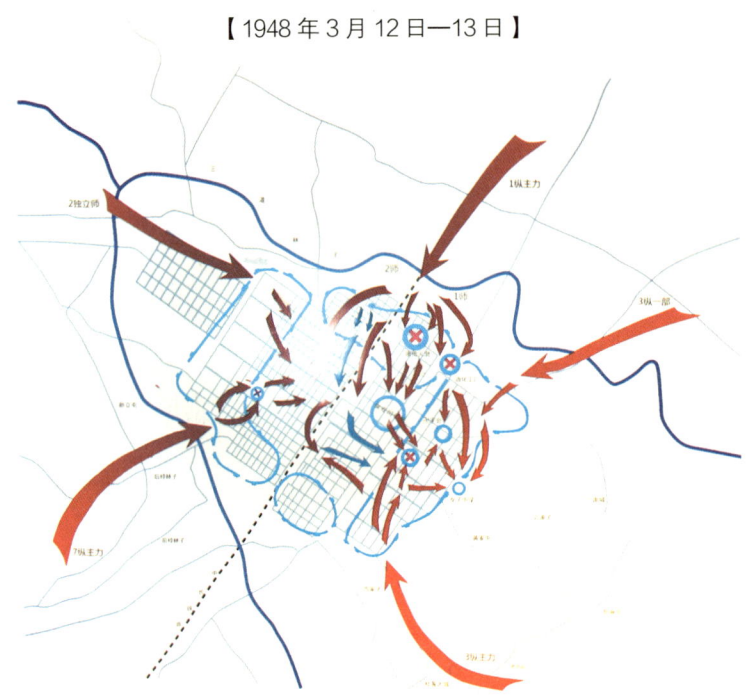

四平收复战作战经过示意图

不等的地堡和掩体，城内以日伪时期的永久和半永久工事为基础，在各大坚固建筑物上都增设了防御工事，从而构成了据点式的层层防御体系，组成了比较严密的火力网。市区内的各街巷、各路口的地堡、暗堡较多，堑壕、交通壕纵横贯通，十分便于防守作战。此外，国民党守军还有许多水泥、钢板、铁丝等物资。国民党军还在外围的新立屯、西南砖窑、六家子、三道林子等地建了许多地堡群；在市内转盘街、油化工厂、晓东中学、康德火磨厂等地修筑了所谓"核心工事""集团工事"。因此，彭锷对部下夸口说："我们守四平是有把握的，因为我们的武器好，守卫工事坚固，万一情况不利时，长春的第一兵团和沈阳的第九兵团会来帮助我们的。"①

四平收复战中，解放军攻打三道林子地堡群

1948 年 2 月 27 日，东北人民解放军总部下达进攻四平的作战命令。命令第 1 纵队（包括独 2 师）、第 3 纵队、第 7 纵队和炮兵主力共 10 个整师为攻城部队，由第 1 纵队司令员李天佑、政治委员万毅统一指挥。第 2 纵队、第 6 纵队、第 8 纵队、第 10 纵队 4 个纵队进入昌图、开原及其两侧

---

① 苏汉初：《一九四八年四平战役片断》，载《辽沈战役亲历记（原国民党将领的回忆）》，文史资料出版社，1985，第 615 页。

地区，担任打援。同时，以东满等4个独立师监视吉林之敌，第9纵队牵制锦州之敌，防备他们出动增援。为了打好这一仗，"东总"在给各部队的指示中明确指出："由于我军集中主力攻击四平敌，便可能减低对沈阳方面之作战戒备。而（敌）北上增援之可能却会同时增大，因此，我军必须积极准备打援。为求大量歼灭敌人有生力量，如在我未发动总攻击前，沈阳之敌大举出援，我攻四平部队则准备留一个师进行佯攻，其余部队全部南下参加打援。如在我军已经发起对四平总攻击，沈阳方面敌人开始北援，我预设之打援部队应在开原至长岭子一线顽强抗击，争取时间，保证我攻城部队顺利地夺下四平城。"

各参战部队接到总部命令后，立即朝指定地点开始行动。3月5日17时，第1纵队攻占四平飞机场，俘敌80余人。

至此，人民解放军已完成了对四平的包围。

在肃清四平外围敌人的战斗中，解放军的炮兵发挥了巨大威力。解放军参战山炮、野炮、榴弹炮共有163门，而敌人仅有16门。不仅如此，解放军炮兵协同攻坚战术和熟练程度，都大大超过了1947年四平攻坚战（"三战四平"）时期。战斗开始后，在攻打城西南砖窑阵地时，炮兵打碉堡，头发就命中（距离1100米），二炮打大地堡，炮弹从地堡射孔中穿了过去。打第二个目标时，一炮15发全中，二炮

20 发全中，彻底把一个地堡炸开。三炮同时发射 21 发命中 16 发，摧毁了一个小地堡、一个大地堡。当发现前面青楼顶上堡垒里有敌人机枪拦阻步兵前进时，我军发炮 9 发 7 中，摧毁了这个机枪阵地。炮兵配合步兵在城东南打六家子一号地堡群，协助步兵夺取了阵地，使四平城东南面暴露在人民解放军的直接攻击范围之内。

3 月 7 日，炮兵摧毁了四平城北三道林子山岗上敌人集团工事的水泥钢筋碉堡，使步兵很快占领了这个山梁上的 7 个地堡群，并为总攻炮兵夺取了最好的炮兵阵地。东北人民解放军突破了敌人在城东北角以北山为屏障布置的最后防区。10 日，攻城炮兵协助步兵夺取了山下北窑地敌人警戒阵地。至此，敌人在城北面的所有屏障完全丧失。3 月 11 日，城北面的解放军开始向城内敌人几处核心阵地轰击。发电所被打着火，敌第 71 军 87 师的被服库也被击中并烧掉，第 91 师教导队据守的晓东中学大楼被轰塌一半。敌 71 军榴弹炮营 2 连连长在他的日记上记载了这一天炮战的情形："今天炮火比那天还凶，敌人（指解放军）在北山高地直接瞄准城里……87 师被服库被炮火击燃，我 1 连前进观测所通信兵及炮阵地两名炮手先后被炮火炸死。"①

---

① 陈守林、史岳、张庆峰等：《四战四平史》，吉林文史出版社，2007，第 155 页。

截至 3 月 11 日，敌军外围据点已被全部肃清。

在向四平市区发起总攻前，解放军向敌军发起了强大的政治攻势。3 月 11 日 15 时，前线指挥部给敌第 88 师师长、城防司令彭锷发出通牒。通牒揭露了蒋介石卖国、独裁、发动内战的罪恶，尽数我军"冬季攻势"以来的节节胜利，最后向其发出 3 项通令：立即下令四平全部守军停止一切抵抗行为，无条件放下武器；限 12 日 6 时前派一名负责代表，持白旗带证明文件到索家窝棚报告现有人员、武器、军用资材数目，并负责保护，听候处理；放下武器的人员向我军指定地点集合。但彭锷顽固到底，拒绝接受我军提出的条件。我军进攻城区的战斗随即开启。

3 月 12 日晨，攻城部队向四平发起总攻。6 时 30 分，参加攻城的炮兵开始试射，之后实施重点单炮射击，成功轰开突破口，摧毁了敌人前沿阵地的大部分地堡群及其侧射火力点。城内敌人各重要据点包括机车库、火磨厂、晓东中学大楼等都被击中，城北铁道桥头堡完全被我军摧毁，道西的敌装甲车群中了 9 发炮弹。7 时 50 分，5 颗信号弹飞过天空，我军总攻开始，担任主攻的解放军炮兵猛烈开火，整个四平城顿时黑烟弥漫。这是一次空前猛烈的炮击，每分钟有 500~600 发炮弹从各个方向落入敌阵，充分显示了东北人民解放军炮兵力量的强大和射击的精确性。晓东

　　1948 年 3 月，四平收复战中，东北人民解放军攻打国民党固守的红十字会大楼（国民党军 88 师师部）

中学东邻民宅，与炮击目标仅隔一条马路，民宅未遭炮击，市区群众曾这样反映说："炮打得准，5 炮就把一面楼打坍了。"红十字会附近群众说："炮打得准，不准就糟了。"经攻城部队炮火猛烈袭击，敌前沿阵地的地堡群大部被摧毁，一片片鹿砦、铁丝网被轰倒、炸开，打开了突破口，敌人的炮火已完全被压制住。1 纵、3 纵、7 纵和独立 2 师从五个方向开始突破。2 师沿着铁路西侧前进，不到 7 分钟即越过铁路桥头堡，首先突入市区，不到半小时，2 师已突进去 2 个团。其他部队也先后冲破敌军防线，攻入市区，开始纵深战斗。

到 13 日 7 时，经过 23 个小时的激烈战斗，东北人民解放军全歼四平城守敌第 71 军 88 师、1 个骑兵团、3 个保安团及部分留守部队与国民党"辽北省"政府及其保安队共 19341 人，只有 88 师师长彭锷只身化装脱逃。其中，生俘第 88 师第 262 团团长谢景云、副团长蔡权初、团附苏汉初、师部新闻室主任王竹平、军需主任张铨、参谋主任滕锡等以下官兵 15603 人，毙伤 3738 人。缴获各种炮 199 门，其中榴弹炮 1 门，战防炮 19 门，牵引平射炮 3 门、步兵炮 13 门、火箭炮 17 门、迫击炮 146 门、六零炮 112 门。缴获掷弹筒 17 个、重机枪 68 挺、轻机枪 393 挺、冲锋枪 664 支、步马枪 8935 支、各种子弹 779046 发、各种炮弹 11286 发、仓库多座，以及大量粮食、被服、器材等物资。[①] 东北人民解放军在这次作战中共伤亡 4931 人。

战斗结束后，在四平城内各纵队除留一个团维持秩序、搜查逃散之敌外，其余全部撤至城外休息，以防敌机袭击。3 月 15 日，以张学文为市委书记兼市长的市委市政府、以万毅为司令员兼政委的卫戍司令部正式开始办公，接管城市工作。

---

① 《东北日报》，1948 年 3 月 18 日。

四平收复战中，战士们争先恐后登上四平城墙

　　四平的最后解放，使这座英雄的城市彻底地回到了人民的手里，同时也为"冬季攻势"画上了一个圆满的句号。攻克四平后的第三天即 3 月 15 日，中共中央副主席周恩来亲自起草了代表中共中央致东北人民解放军指战员的贺电："庆祝你们收复四平街及在'冬季攻势'中歼敌八个整师并争取一个整师起义的伟大胜利。尚望继续努力，为完全解放东北而战。"① 四平的攻克，切断了国民党沈阳、长春守军的联系，使沈阳、长春守敌更加孤立，也使我军进一步取得了进攻坚固设防城市的作战经验。

① 高永昌主编：《四战四平》，1988，第 58 页。

（四）总结

在"冬季攻势"中，我军共歼灭国民党正规部队1个军部、8个师、5个团、4个营。此外，暂编58师起义。歼灭国民党非正规部队2个旅、6个团、一个营。共计歼敌156383人，其中毙伤43150人，俘虏105000人，起义8320人。缴获各种火炮1200门、枪支69000多支、汽车300多辆，收复四平、吉林、鞍山、辽阳、法库、营口、开原等城市18座，解放人口618万，将国民党军压制于锦州、沈阳、长春3个孤立地区，为全东北的最后解放奠定了坚实的基础。

"冬季攻势"之后的东北野战军

夏、秋、冬三季攻势历时 10 个月，真正的战役、战斗只进行了 185 天，共歼敌 45 万人，把东北国民党军由战略优势打成战略劣势，真正奠定了东北解放战争胜利的基础，具有重大的历史意义。

其一，消灭了国民党军大批有生力量，彻底改变了敌我双方力量的对比。把东北解放战争推进到决战阶段，真正地奠定了东北解放战争的胜利基础。

其二，彻底打消了国民党军的嚣张气焰。

其三，东北人民解放军的战略战术更加成熟。

五、长春围困战——辽沈战役的开启

辽沈战役奠定了东北解放战争的胜利，加速了全国解放的进程。而打响此次战役的，正是长春围困战，吉林省也因长春围困战而成为辽沈决战的开始地。长春围困战牵制了国民党军 10 万兵力，使国民党军陷入"欲走不能、欲弃不忍"的战略困境，对辽沈决战的全面胜利起到巨大的支援和保证作用。

（一）"冬季攻势"后的东北战场

1948 年 3 月"冬季攻势"胜利之后，东北敌我力量对比发生了巨大变化：国民党军约 55 万人分别被包围在长春、

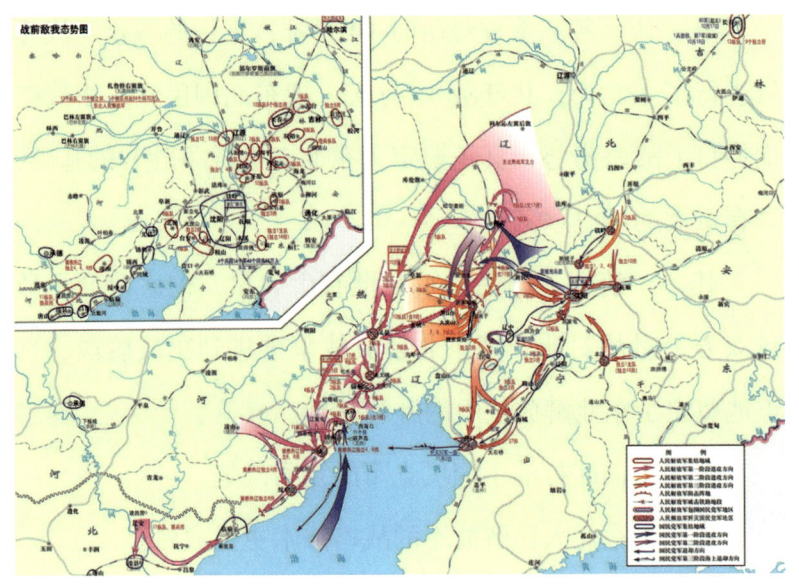

辽沈战役前敌我形势图

沈阳、锦州3个孤立的地区。国民党"东北剿总"总司令卫立煌、副总司令廖耀湘率2个兵团、8个军、24个师又3个旅约30万人，防守沈阳、铁岭、抚顺、本溪、新民等地；副总司令兼第1兵团司令郑洞国率2个军、6个师又3个旅约10万人，防守长春；副总司令兼锦州指挥所主任范汉杰率一个兵团、4个军、14个师约15万人，防守锦州、山海关、葫芦岛一线，维持着与关内的铁路交通和海上交通。由于地域狭小、补给困难、士气低落，国民党军完全丧失了机动作战的能力。

　　与国民党军相比，东北人民解放军的力量大为增强。东北解放区已拥有全东北98%以上的土地，86%以上的人口，控制了95%的铁路线；东、西、南、北满根据地已连成一片，后方巩固，兵源充足，工农业生产稳步提高。东北人民解放军在"冬季攻势"结束后，为适应大兵团、正规化、攻坚战的需要，以5个月的时间进行新式整军运动和大练兵运动，加强了以炮兵为重点的特种兵建设。截至1948年8月，东北野战军已拥有12个步兵纵队、1个炮兵纵队、1个铁道纵队，合计614700人。地方武装共有吉林、龙江、嫩江、辽北、松江、合江、辽宁、安东、冀察热辽等军区，合计332500余人；东北军区直属司令部、政治部、前后方后勤部及军校学生的总兵力合计92500人。东北人民解放军全部实力约为1039700人，拥有长枪385134支、短枪50352支、冲锋枪12960支、轻机枪15582挺、重机枪3136挺、高射机枪127挺、战防枪61支、自动步枪749支、信号枪203支、枪榴弹筒1883个、掷弹筒3959个、六零炮2890门、迫击炮986门、战防炮121门、火箭炮253门、步兵炮127门、平射炮58门、速射炮45门、高射炮54门、机关炮108门、山炮324门、野炮194门、榴弹炮92门、10厘米野战加农炮8门、刺刀126171把、军马

104057 匹。[①] 更为重要的是，部队的军事素质和政治思想觉悟都已提高到一个新的水平。

可见，东北人民解放军从数量到质量均已形成对东北国民党军的绝对优势，具有彻底消灭东北国民党军的军事力量以及解放全东北的实力。

"冬季攻势"后，国民党军在吉林省境内只剩下长春一座孤城。长春原名宽城子，清嘉庆五年（1800 年），清政府设长春厅，此为长春设治、建城之始。但直到同治四年（1865 年）才正式建成城垣。当时，长春是个很小的市镇。20 世纪初，沙俄修筑的中东铁路从长春城中穿过。日俄战争后，1905 年，长春成为日本的势力范围。日本以保护南满铁路为名，在长春拥有驻兵权。

1931 年 9 月 19 日清晨，日军进攻长春。东北军驻长春爱国官兵进行了英勇抵抗，给日本关东军以超乎意料的打击，打响了东北自发抗战的第一枪。由于敌我力量悬殊，战至下午，长春沦陷。1932 年 3 月 1 日，日本操控清废帝溥仪执政（1934 年为伪满皇帝），定伪都于长春。同时，改长春为"新京"，改长春市伪政府为"新京"特别市公署。日本关东军司令部、日本关东军宪兵队司令部，日本驻伪

---

① 中国人民解放军东北军区司令部编：《东北三年解放战争军事资料——东北人民解放军1948 年 8 月最后战役前实力统计表》，1949 年 10 月。

满洲国"大使馆"、海军司令部，均设在这里。从此，长春
成为日本对东北进行殖民统治的政治、军事、文化、交通
中心。日本出于掠夺东北资源、镇压和防范东北人民反抗
以及对苏联作战的需要，在东北广修铁路，使长春成为东
北的交通枢纽。日军在长春市内和郊区构筑了碉堡、壕沟、
坑道等坚固工事。市内的建筑物多为坚固的永久性军事堡
垒。市中心的关东军司令部（现为中共吉林省委机关办公
楼）、关东军宪兵队司令部和日本关东局（现为吉林省人民
政府机关办公楼）、伪满中央银行总行等建筑，都建在十字
路口，构成在军事上能相互支援的巨大堡垒。伪国务院和
八大部，也都是高大坚固的永久性建筑。为了便于作战时
相互支援，有的建筑物之间还设有钢筋水泥的地下相连坑
道和地下室、防弹闸门等，形成了地上和地下均可互为支
援且较为完整的防御作战工事体系。

国民党军占领长春后，又加修母堡、子堡等各类地堡，
层层设防，各个工事之间都互联互通，形成了一条以市区
为中心，方圆 60 华里的防线和城内要塞式的防御体系，自
称"坚冠全国"。

"冬季攻势"接近尾声时，蒋介石不甘心失败，拒绝美
军顾问团"从长春撤退"的建议，并于 1948 年 3 月 15 日任
命国民党"东北剿总"副司令郑洞国在长春正式就任第 1 兵

团司令、"吉林省政府主席"、吉林保安司令部司令，防守
长春。国民党在长春有新7军3.4万人、第60军2.7万人，
地方杂牌武装4万人，共10万余人。郑洞国以中正大街（今
人民大街）为界，把长春分为东、西两个守备区，新7军
担当西守备区防务，第60军担任东守备区防务，地方杂牌
军驻守长春外围和铁北宋家洼子一带。尽管长春守敌处于
东北人民解放军的包围之中，但是，郑洞国自信长春城防
固若金汤，可以同解放军较量一番。

（二）长春"打与困"的战略谋划

早在1947年5月，"夏季攻势"进行时，中共中央主
席毛泽东就已经开始构思关于辽沈决战的战略方针，已把
东北与平津两地综合考虑。1947年5月20日，毛泽东给
东北局发出《关于全国军事形势及东北作战问题》指示，希
望东北局在1947年夏至1948年春解决南满、热河、冀东
的根据地问题，为将来夺取长春、北宁两路，长春、沈阳、
北平、天津四城准备条件。毛泽东指出："夺取两路四城必
须准备的条件有三，你们已在北满建立了强大根据地，解
决了第一个条件；现在正向南满作战，估计不要很久即可
解决第二个条件，建立强大的南满根据地；第三步还要解

决冀热辽地区的根据地问题。"① 这是毛泽东最早提出的关于辽沈、平津战役的战略方针。

1947 年 9 月，东北民主联军展开"秋季攻势"。10 月 13 日，毛泽东指示林彪："你们攻克吉林后，应将主攻方向转至北宁、平绥两线，沈阳、锦州间，锦州、山海关间，山海关、天津间，天津、北平间，北平、张家口间均为很好作战地区。"② 并指示林彪组织野战兵团，准备打大仗。12 月 23 日，毛泽东在"致林彪、罗荣桓、刘亚楼并告东北局、中央工委关于东北冬季作战的部署"电文中，再次强调："不论冬季作战胜利大小，解冰以后，你们可将冀热辽的两个纵队派至冀东作战，而以主力在满洲打大据点……你们两个纵队派至冀东，配合晋察冀全力在明年春夏两季，不但占领北宁路津榆段的大部，而且可能在张家口、天津间打开一个至两个缺口，使东北、华北开始打通联系。"③

非常明显，毛泽东此时只是战略构想，还未确定东北我军主攻北宁线、进行辽沈决战的具体方案，但是，宏观

---

① 中共中央文献研究室编：《毛泽东年谱》(1893—1949)(修订本)下卷，中央文献出版社，2013，第 191-192 页。

② 毛泽东：《攻克吉林后应将主攻方向转至北宁平绥两线》(1947 年 10 月 13 日)，载《毛泽东军事文集》第四卷，军事科学出版社、中央文献出版社，1993，第 305 页。

③ 毛泽东：《关于东北冬季作战的部署》(1947 年 12 月 23 日)，载《毛泽东军事文集》第四卷，军事科学出版社、中央文献出版社，1993，第 348 页。

的战略方针已经把东北与平津两城一并考虑。

在"冬季攻势"进行的过程中，毛泽东明确地提出了主攻北宁线的作战方针，这就是"封闭蒋军在东北加以各个歼灭为有利"。1948年2月7日，在给林彪、罗荣桓、刘亚楼的电报中，毛泽东首先对东北野战军攻克辽阳表示祝贺，然后提出了明确的辽沈决战的战略方针。毛泽东指出：冬季攻势胜利后，"下一次作战有两个方向：一是打抚顺、铁岭、法库之敌；一是打阜新、义县、锦西、兴城、绥中、山海关、昌黎、滦州等地之敌。究竟打何地之敌为好，依情况定。但你们应准备对付敌军由东北向华北撤退之形势。蒋介石曾经考虑过全部撤退东北兵力至华北，后来又决定不撤。这主要是因为南线我军尚未渡过长江及北线我军尚未给蒋军以更大打击的缘故。但最近你们已连续取得几次大胜仗，如果你们再有几次大胜仗，杨罗杨（指晋察野战军司令员杨得志、第一政治委员罗瑞卿、第二政治委员杨成武）又出平绥线、出冀东，南线我军又有积极行动，蒋军从东北撤退可能性就将突然增长，其时间可能在夏季，或更早一点。因此，你们应准备于一个月内外完成现地区之作战，而于一个月以后再进行一个战役（包括打几仗），然后进入大休整，准备应付上述可能的新形势。但不知部队情况许可这样做否？你们上次电报曾说锦州方向无仗可打，该方向情况究竟如何？如果我军能完全控制阜、义、兴、绥、榆、昌、滦地带，对于应付蒋军撤退是否更为有利？对我军战略利益来说，是以封闭蒋军在东北加以各个歼灭为有利。如果我军尚无足够力量阻止其撤退，则撤退后的蒋军似将控制锦州、承德、北平、天津四角及其中间地区，并将打通津浦北段，其给养当然会很困难，士气会更衰落，但兵力则较集中，这些可能情况亦须预先见到。当然蒋军死钉在东北不撤退的可能性也有，但除非我军强大到使其无法撤退，否则是难于设想的"。① 整个电文虽然均是商量、征求意见的口气，但从精辟的分析当中，可以明显看出毛泽东的战略意图，即我军最好早日控制北宁线，截断蒋军退往关内的通道，造成"关门打狗"之势，"封闭蒋军在东北加以各个歼灭"。

林彪收到毛泽东的电报后，于2月10日发出完全赞同毛泽东意见的电报。但在如何堵住东北国民党军方面，两人却有不相同的思路。毛泽东主张东北野战军应以主力南下，切断北宁线，堵塞东北敌军的陆上退路。而林彪则认为只需抓住吉林、长春之敌，不必截断东北敌军的退路，即可使东北敌军难下撤退决心。显然，毛泽东的方法相对

---

① 毛泽东：《封闭蒋军在东北加以各个歼灭》（1948年2月7日），载《毛泽东文集》第五卷，人民出版社，1996，第52-53页。

来讲更为积极。从当时东北国民党军的战略态势看，锦州是其头，沈阳是其腹，长春是其尾。如果打以锦州为中心的北宁路，就可以扼住国民党军的咽喉，是致敌于死命的一招；如果打沈阳，一是不好打，二是可能遭到长春、锦州两地之敌的夹击；如果打长春，实际上是揪住了国民党军的尾巴，沈阳之敌有可能增援，我军可在运动中歼灭长、沈之敌的一部或大部，但沈阳之敌也有不增援锦州地区的可能。从战略上考虑，当然我军以南下作战为有利，也最稳妥。[①] 但也存在一定的风险。

1948 年 9 月 7 日，毛泽东明白无误地指示林彪、罗荣桓等将主力使用于锦州、榆关（山海关）、唐山各点，并准备歼灭可能由长、沈援锦之敌。"再者，今年九月至明年六月的十月内，你们要准备进行三次大战役……争取将卫立煌全军就地歼灭。"[②]

至此，毛泽东运筹辽沈战役的构想已基本完成。毛泽东在构思、形成辽沈战役战略方针的过程中，并不是一帆风顺的，主要的问题是毛泽东与林彪就决战的首要突击方向存在分歧。毛泽东主张东北野战军南下北宁线，攻占锦州，

---

① 刘信君：《毛泽东与东北解放战争》，吉林人民出版社，2004，第211–212页。
② 毛泽东：《关于辽沈战役的作战方针》，载《毛泽东军事文集》第五卷，军事科学出版社、中央文献出版社，1993，第 2 页。

形成"关门打狗"之势；林彪则对主力从北满远道南下攻打国民党军坚固设防且其周围有重兵防守的若干据点的锦州顾虑重重，担心如果久攻不下，敌人援兵从华北、海上东援和从沈阳西援，东北野战军将陷于两面受攻的被动地位，因而再三提议先打长春。

在战争年代，毛泽东在制定战略方针乃至进行某些具体的战术指导时，都经常和其他领导人商量，特别是允许前线指挥员提出与自己意见不相符合的主张，并通过民主协商来最后统一认识。当自己的正确主张一时不为前线指挥员理解、接受时，只要不是情况非常紧急，他总是耐心等待，反复考量，不急于下命令，甚至允许前线指挥员按照与自己不同的主张实践一番。

1948 年 4 月 18 日，林彪、罗荣桓、高岗、陈云、李富春、刘亚楼、谭政致电中共军委，电文大意为：我军目前正在进行政治整训，本月底可结束，然后拟以半个月时间进行军事教育，加强攻坚战斗的学习，发动群众路线的练兵运动，然后集结"冬季攻势"中原有的 9 个纵队，承担攻长春和打援任务。以 7 个纵队的兵力攻长春城，2 个纵队的兵力在四平以南阻止增援，其他新成立的 3 个纵队及独立师，在锦州沈阳间、沈阳四平间沿途钳制敌人。作战计划：第一步实行围城，以 10 天到半月的时间进行攻城作业和各种攻城准备后发动总攻，这样胜利的可能仍是很大的。

在超过 1000 字的电文中，林彪等人主要讲了以下几个意思：作战方向指向长春，作战时间在 5 月中下旬以后；以东北野战军主力 9 个纵队攻打长春并准备"围城打援"，争取半个月内结束战斗。目前，只有打长春的办法最好，其他意见如打铁岭、抚顺、本溪、新民，如打义县、攻锦州，如向锦州、唐山之线进击，所遇敌军甚强，我军粮弹衣服不济，困难比较多，故均不适宜。[①] 这是东北野战军领导人基于双方实力而得出的判断和建议，是他们共同研究的结果。这封电报实际上否定了毛泽东关于南下北宁线，攻占锦州，实行"关门打狗"的战略思想。

毛泽东接到此电后，认真分析了东北战局的态势。鉴于蒋介石当时尚未下决心从东北撤退，以及东北野战军和东北局领导人觉得先打长春比较先打他处要有利一些，而且东北野战军也有力量攻克长春，毛泽东便接受了"东总"的意见，同意先打长春。

4 月 22 日，毛泽东复电林彪、罗荣桓、刘亚楼以及高岗、陈云、李富春、谭政："（一）同意你们先打长春的意见。（二）我们可令杨罗杨（正在商量中）以三个纵队出至承德、

---

① 毛泽东：《毛泽东军事文集》第四卷，军事科学出版社、中央文献出版社，1993，第 456 页。

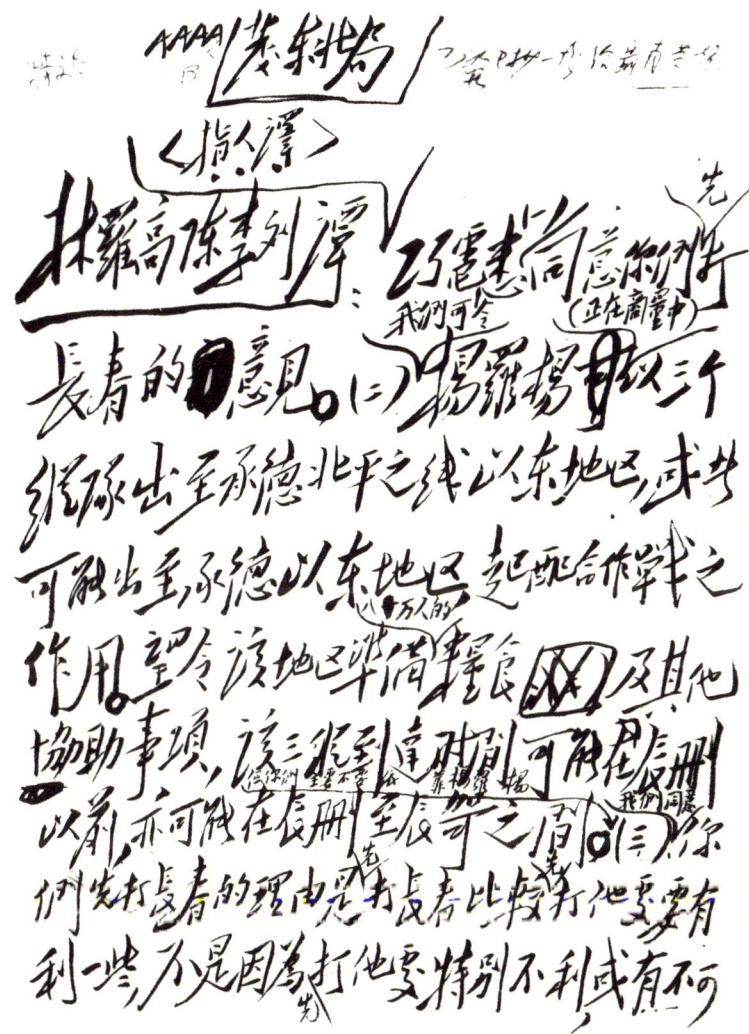

毛泽东关于同意先打长春的意见给林彪、罗荣桓、高岗、陈云等的复电

北平之线以东地区，或者可能出至承德以东地区，起配合作战之作用。望令该地区准备八万人的粮食及其他协助事项，该三纵到达时间可能在辰删（5月15日）以前，亦可能在辰删至辰哿（5月20日）之间。但你们主要不要依靠杨罗杨。（三）我们同意你们先打长春的理由是先打长春比较先打他处要有利一些，不是因为先打他处特别不利，或有不可克服之困难。你们所说打沈阳附近之困难，打锦州附近之困难，打榆锦段（指山海关至锦州之间的铁路）之困难，以及入关作战之困难等，有些只是设想的困难，事实上不一定有的。有些是实际的困难，在你们打开长春南下作战时会要遇着的，特别在万一长春不能攻克的情况之下要遇着的。因此，你们自己，特别在干部中，只应当说在目前情况下先打长春比较有利，不应当强调南下作战之困难，以免你们自己及干部在精神上处于被动地位。"①

5月5日，林彪、罗荣桓、刘亚楼致电中央军委，提出攻打长春的三个方案："（一）正式进攻长春；（二）少数兵力围攻长春，主力到北宁线和热河冀东作战；（三）对长春以2至4个月较长时间围困，然后打援，最后攻城。"电

---

① 毛泽东：《可先打长春但不应强调南下困难》（1948年4月22日），载《毛泽东军事文集》第四卷，军事科学出版社、中央文献出版社，1993，第455页。

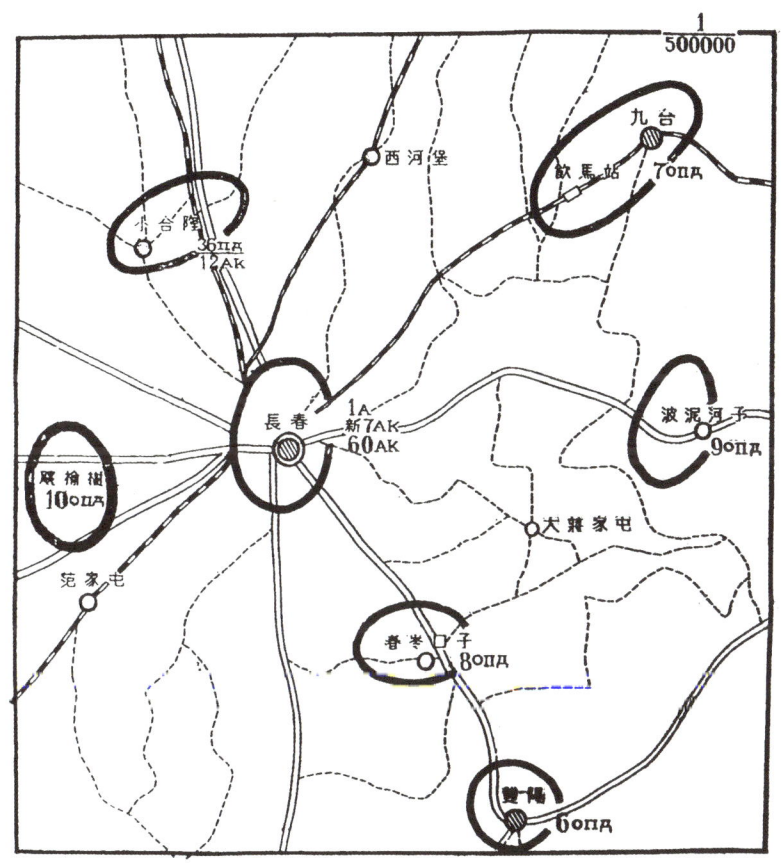

东北人民解放军 1948 年第一次围困长春部队位置略图

文认为"目前以采取第三方案为好"①。5月7日，毛泽东为中共中央军委起草致林彪、罗荣桓、刘亚楼电，指出："基本上同意你们五日十九时半来电的第三个方案，即用三个月至四个月时间攻克长春并争取歼灭援敌，待秋收后再攻承德或他处。"同时指出"在攻长春的三个月至四个月时间内，你们必须同时完成下一步在承德、张家口、大同区域作战或在冀东、锦州区域作战所需的粮食、弹药、被服、新兵等项补给的道路运输准备工作"②。

为了配合东北野战军攻打长春战役，毛泽东对华北部队做了相应部署。5月11日，毛泽东致电林彪、罗荣桓、刘亚楼并告程子华，通报了晋察冀部队配合东北作战的部署："杨得志、罗瑞卿率三四两纵及二纵一个旅共七个旅决于十四日或十五日出发，十七日或十八日过平绥路，而后即以歼击十三军为目标，向密云、古北口之线及承德方向进击。"③随即，杨得志、罗瑞卿率部于5月12日发起冀热察战役，该战于6月25日结束，歼敌2.4万余人，攻占丰宁、隆化、平泉等城镇，对承德形成包围之势，以配

---

① 中共中央文献研究室编：《毛泽东年谱》（修订本）下卷，中央文献出版社，2013，第309页。
② 中共中央文献研究室编：《毛泽东年谱》（修订本）下卷，中央文献出版社，2013，第309-310页。
③ 中共中央文献研究室编：《毛泽东年谱》（修订本）下卷，中央文献出版社，2013，第310页。

合东北野战军的作战。在此期间，东北野战军积极准备攻打长春，并进行了长春外围作战。

"冬季攻势"结束后，东北军区、"东总"就开始筹划攻打长春。4月，东北军区、"东总"召开一系列军事工作会议，为强攻长春做准备。4月13日，东北局、东北军区决定以辽东军区机关为基础，联合吉林军区前线指挥所和松江军区前线指挥所，在长春市东南郊净月潭李家屯（今长春市莲花山生态旅游度假区）成立第一前线指挥所（6月改称第一前线围城指挥所，9月改为第1兵团司令部），后移至四家子，由萧劲光任司令员，肖华任政委，陈光、陈伯钧任副司令员，唐天际任副政委兼政治部主任，解方任参谋长，准备指挥攻打长春。

5月24日，东北野战军总部和第一前线指挥所命令第1纵队、第6纵队和5个独立师奔袭长春。目标直指长春西边的大房身机场。由于部队缺乏攻城经验，兵力和火力没有形成绝对优势，对长春地形和敌情也不甚清楚，这次攻城战斗只歼敌5000余人，占领了大房身机场和一些外围据点，而东北野战军却付出了伤亡2000余人的代价，可以说这是一次不成功的奔袭战，试打长春没有成功。

鉴于长春守敌还有一定的战斗力，"东总"重新修改了作战方案。6月5日，"东总"向中央军委提出三个方案，一是一口气拿下来，二是向南去，三是围困长春。6月7日，中央军委复电同意第三个方案，对长春进行围困，练兵两个月以后再打。

6月15日至20日，东北军区、围城指挥所在吉林市召开高级干部会议，决定对长春采取"久困长围，展开政治攻势和经济斗争，在其粮弹俱困、人心动摇时再攻"的方针。以第12纵队第34师、第35师，第6纵队第18师以及第6师、第7师、第8师、第9师、第10师5个独立师和一个炮兵团为围城部队。以伊通河、孟家屯火车站为分界线，将围城部队分为东、西两个地区队。在城东，由南至北，依次为独立第6师、第9师、第8师，第6纵队第18师为机动部队。7月26日，独立第11师加入东地区队，掩护独立第8师、第9师侧翼安全。在城西，独立第10师在南，独立第7师在北，第12纵队的两个师为机动部队。

东北人民解放军炮兵第4团在团长朱光、政委张英的率领下，配属第1兵团参加长春围困战。团部设在净月潭后山制高点上。1营野炮1连、3连设在长春东边拉拉屯以南，加农炮2连、高射机关炮连设在长春以南黑嘴子，支援独6师作战。2营4连、5连、6连连设在大屯至孟家屯一线，支援独7师、独10师作战。3营7连、8连、9连连部设在大房身机场至宋家洼子 线，配属12纵队行动。

从 6 月 25 日起，围城部队进入指定位置，围困长春战役正式开始。为了防止敌军突围南逃，在长春以南、铁岭以北，东北人民解放军集中了 2 个纵队、10 个独立师、19 个独立团的兵力布下了天罗地网，长春成为名副其实的"陆上孤岛"。

（三）长春围困战的胜利与历史意义

长春围困战是军事包围、经济封锁、政治攻势"三位一体"的战役。军事包围是后两者的前提和基础。为防止敌人突围逃跑，围城指挥所把部队做了纵深 50 华里的梯次配置。在第一线阵地上，构筑了较坚固的工事，由 6 个独立师守卫，并不断向前推进，缩小包围圈。独立第 10 师阵地位于长春西郊，北起火烧里，南至孟家屯，共计 15 华里，3 个团一字排开，从北向南，依次为 29 团、28 团、30 团，每个团距离为 5 华里，各团第一梯队为 2 个营，第二梯队为一个营。师警卫营为师的预备队，师指挥所设在川源堡东沟。独立第 10 师共筑地堡 200 个、隐蔽部 16 个、交通壕 22513 米、外壕 2580 米、铁丝网 6380 米、单人掩体 6468 个、轻机枪掩体 216 个、重机枪掩体 60 个、步兵炮阵地 33 个，还埋了许多地雷，挖了不少坑道。

在二线阵地上，我军也构筑了工事，尤其是在机场周围和西铁路口等重要地点和敌人容易突围的方向，围城指挥所布置了战斗力较强的机动兵力。在通信和交通方面，除了通过环城的交通沟保持各部队之间、各部队与指挥所之间的联系以外，各部队还挖了伸向前沿的锯齿形壕沟，形成了一个地下交通网。从地面上看似乎是一马平川，不见解放军一兵一卒，但地下却是千军万马严阵以待。交通沟的最前沿，距敌不过 100 米。在围城期间，敌人多次进行试探性的突围，其中几次规模还相当大。在第 6 纵队 18 师、第 12 纵队和独立第 10 师的共同打击下，敌人突围失败。9 月，东北野战军南下北宁线后，"东总"几次电示第 1 兵团，要警惕长春守敌趁我军主力南下之机，外出抢粮或突围逃走；要求围城部队坚持积极持久作战的方针，继续围困敌人，保卫秋收，保证群众的粮食不被敌人抢去。9 月 29 日，"东总"获得长春守敌已决定突围的可靠情报，遂命令第 1 兵团马上停止抢收粮食，加固工事，迅速在伊通、中长铁路两个方向部署部队，准备打击突围之敌。

10 月 6 日至 8 日①，郑洞国果然亲自督战，指挥新 7 军 38 师、61 师和 60 军 182 师疯狂进攻城西东北人民解放军独立第 7 师阵地。7 日，敌军占领大房身机场、义合屯、杨

---

① 中共中央党史资料征集委员会、中国人民解放军档案馆编：《阵中日记》下册，中共党史资料出版社，1987，第 1018-1023 页。

家粉房等地。东北人民解放军第 1 兵团司令部按照预先制定的战斗方案，分三个梯次部署部队，将敌第 38 师分批击破。先是炮击，然后是步兵冲锋，独立第 7 师指战员以轻武器同进攻之敌进行英勇拼杀。由于第 1 兵团配属独立第 7 师的炮兵第 4 团第 3 营的榴弹炮的炮弹没有运到，炮兵们只能看着步兵战友与敌人短兵相接、奋勇冲杀。敌人冲破第一道防线后，师部调来师属 3 个迫击炮连，向敌人猛烈轰击，步兵乘势反击。独立第 7 师血战 3 天，终于将敌人打了回去。为防敌人突围，"东总"命令第 1 兵团司令员萧劲光和政委肖华统一指挥 12 纵队和各独立师在铁岭以北、长春以南构筑多道防线，随时准备歼灭突围之敌。

8 日，国民党军在其进攻被击退后，再也无力组织突

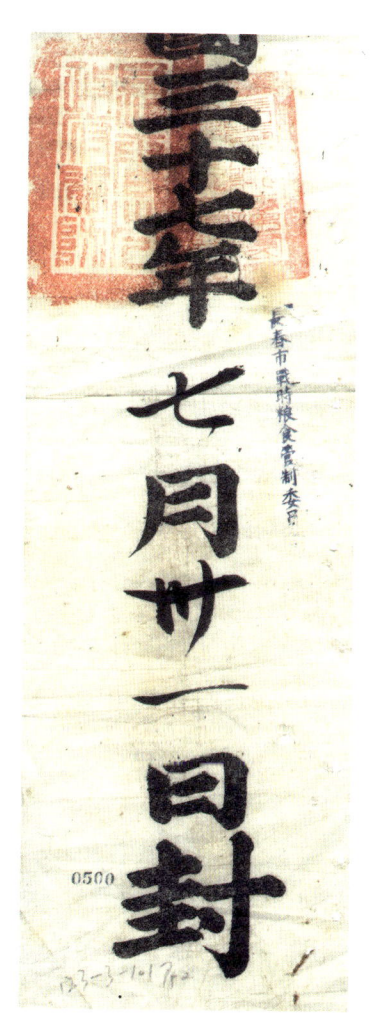

国民党战时粮食管委会封条

围性质的进攻。在围城战役的 120 余天里，我军共进行大
小战斗 30 余次，毙伤俘敌近 3000 人。

对守敌实行经济封锁，是围困长春战役胜负的关键。
为了长期固守长春，郑洞国一到任就开始搜刮粮食。国民
党吉林省粮政局和长春市田粮管理处分别代为采购；还发
给新 7 军、第 60 军和保安旅大量东北流通券和采购通行
证，鼓励各部队到城外采购，或利用商人收购。围城之初，
长春周围 30—40 华里的村庄农民的粮食都被抢购一空，农
民的种子粮也被抢走，就连农民的房草也被拉进城里喂马。
这种抢购、抢劫行为一直持续到围困战正式开始之后。到
1948 年 5 月，国民党长春守军共搜刮粮食 300 万斤，再加
上国民党长春市政府扣买南京政府中央信托局的 100 万斤
大豆，共有粮食 400 万斤。①

为了断绝长春城内的粮食来源，围城指挥所规定，一
切围城部队及各县区武装、民兵、自卫队等皆为缉私队，
以围城部队为第一线，地方武装、民兵、自卫队、儿童团
为第二线。东北局还成立了以李立三为首的"党政军联合对
敌斗争委员会"，在通往长春的各个交通路口设立了检查站、
检查哨，禁止粮食、蔬菜、燃料等生活资料和牛、马等牲

①尚传道：《长春困守纪事》，载《辽沈战役亲历记（原国民党将领的回忆）》，
文史资料出版社，1988，第 395-396 页。

畜入城，重点是封锁粮食。围城刚开始时，敌人经常到长春周围村庄抢粮。我军则对敌人的运输队进行打击。一次，独立第9师的神枪手高玉林一枪将敌人运输队的军官击毙，敌人顿时乱作一团。高玉林是原东北抗联战士，在苏联整训期间被训练成神枪手。随着围城部队日趋向前逼近，敌人不敢出城了，只能依靠国民党政府空投粮食。但是，由于新7军同国民党空军有矛盾，加上解放军高射炮火的打击，敌机只在高空漫无目标地乱投，投下的降落伞顺风而走，导致很多粮食都落到了东北人民解放军的阵地上。

大房身机场被我军占领后，国民党军在城内伪满皇宫广场和宋家洼子修建临时机场，我炮团用榴弹炮轰击临时机场，迫使敌人停止飞机运输。为阻止敌机空投，野炮1连和榴炮9连召开阵前"诸葛亮技术研讨会"，会上指战员们提出利用弹道弧线最高点，定时引信空炸，打低空（空中高度1000米左右）飞机的作战方法。这个方案在临战中收到了预期效果，并作为"小发明"在全团推广。每当敌机来临，天上地下枪炮齐鸣。高射炮弹在高空火花飞溅，地炮弹丸升高空炸，梯次追踪敌机，形成密集的火力网，给空投敌机造成巨大的威胁，迫使敌机由低空空投改为高空（2000米以上）空投，结果一半物资飘到我军阵地上。据不完全统计，我军仅获得敌空投大米一项就达3000余包。

刚开始时，国民党空军每天有12架飞机空投两次，后来每天只来三四架，到阴雨天就干脆不来了。而要满足长春守敌的粮食需求，每天需要40架次飞机空投。空投的军粮主要供给两个正规军，其他杂牌部队只能抢到什么吃什么。围城开始时，新7军和第60军每人每天平均可以吃上1斤粮，粮食品种基本上是大米、白面、小米、高粱米和大豆，到后来，由1斤减到半斤或二三两，而且包括酒糟、豆饼和麦麸子。

长春守敌还采取"杀民养军"的政策，抢夺长春市民的粮食。5月间，国民党长春市当局曾两次组织搜查队，挨门逐户搜查粮食，令每户只准留3个月的粮食，多余的粮食强制"收购"。6月，郑洞国令长春市市长尚传道拟定了"战时长春粮食管制暂行办法草案"，并以第1兵团部和"吉林省政府"的名义联合下发，将这种抢夺行为"合法化"。同时，成立了吉林省军粮筹购委员会，由郑洞国兼任主任委员。先用现钞购粮，又发行短期国库券，并加盖"专备东北购粮之用"章，配合现钞购粮，国库券分1000万元、5000万元、1亿元、5亿元、15亿元五种。现钞不足，便发行大额本票搜劫民间的粮食。本票起初是1万元一张，后来涨到100万元一张、1亿元一张，最后涨到10亿元一张，国民党中央银行长春分行的几十个职员通宵达旦地开本票还不够用。本票是银行签发的一种支付凭据，是持有者向银行支取现款的票证，不该作为货币使用。蒋介石也认为发行如此巨额本票，将会影响经济、政治全局，但在郑洞国的恳切要求下，只得继续发行。一些国民党军政官员趁机用本票购买黄金到南方倒卖，大发不义之财。

5月，长春市场上还有粮食可买，可是到了7月，买粮就很困难了，粮食价格成为天文数字并持续上涨。3月1斤高粱米的价格是东北流通券1000元，到了9月，已经涨到2.5亿~3亿元1斤。至长春解放前夕，长春市内已经买不到粮食了。开始是粮食紧缺，后来燃料也成问题了，有人砍街道树木、挖沥青路面当燃料。特别是旧历中秋过后，气候渐凉，眼看就要面临冬寒的威胁，"先是拆无人照管的公家房子（日本侵略者之前留下的住舍），例如城南的前满映公司（今长春电影制片厂）一带，数以百计的楼房（这是仅指我亲眼看见的一部分）毁得荡然无存。公家的房子拆光了，就去拆民房。一幢三层的楼房，在拆屋顶的时候，把住在三楼的人赶到二楼，拆三楼的时候，又把住在二楼的人，赶到底层一楼；最后拆二楼的时候，干脆把已被挤在一楼的，像羊群一样的家家户户赶到露天。大人哭哭啼啼，小孩子吓得哇哇叫，其状甚惨"[1]。由于国民党军内部嫡系

---

① 姚凤翔：《新七军放下武器前后》，载《新七军投诚》，《长春文史资料》1988年第2辑，第274页。

部队和杂牌军有别，新7军粮食储备充足，直到长春解放
还有很多存粮，一些新7军的军官趁机参与粮食的投机倒
把。第60军则没有什么储备，于是一些士兵便到市民家里
去抢，看谁家冒烟，就去谁家抢粮，吓得老百姓不敢举炊，
怨气冲天。一些少女为了生活，被迫为娼或给国民党军官
当临时夫人。7月，长春市内外已经有饿殍出现，到了9月，
市民只能以树叶充饥，甚至发生了母亲弃子、卖人肉的惨剧。
长春从"陆上孤岛"，变成了"人间地狱"。

1948年，长春市区的大批难民扶老携幼逃奔解放区

　　早在围城之前的 4 月下旬，长春市民为躲避战火，每日便有四五千市民纷纷南逃，"5 月初已不到 20 万人"。围城战役开始后，8 月 1 日以前，国民党军不许长春百姓出城，私自出城者，格杀勿论，不少投奔解放区的人，在夜间被打死在卡哨附近。8 月 1 日以后，为减轻守军的粮食负担，蒋介石又传令长春守军驱赶百姓出城，不走不行。由于国民党实行"杀民养军"政策，长春市内群众因饥饿而死的人数，日渐增加。据解放后统计，由于国民党的"杀民养军"政策，饿、病而死的长春市民达 12 万余人。

　　8 月 14 日，中共吉林省委按照东北局的指示，在长春东部成立难民处理委员会，唐天际为主任，武少文、董昆一为副主任。下设兴隆、净月、长南 3 个办事处，各办事处又分别在前沿和后方设置大大小小数十个难民所，有计划地、分批次地收容、疏散难民。长春周围各县以及舒兰、蛟河、桦甸、磐石等县都有接待难民的任务。难民处理委员会所需经费由东北行政委员会拨付。9 月 11 日，东北军区下令放出全部难民，安排到长春周围各县就食，使大批难民获救。据统计，难民委员会共发放 4000 吨救济粮、6 亿元救济金及 500 斤食盐，分 3 批安置了 15 万难民。为了救济难民，围城部队开展了每人每月节约 1 斤粮运动，有的部队每天每人节约 2 两粮，粮食不够吃，则以野菜补充。

军事打击和经济封锁使长春守敌内外交困，士气大跌，军心浮动。在这种形势下，解放军展开了强大的政治攻势。早在6月28日，围城指挥所就召开了第一次政治工作会议，肖华在会上提出了政治攻势的总策略，即"攻心为上，攻城为下，心战为上，兵战为下"。要求各部队根据长春守敌的特点和他们的内部矛盾展开政治攻势，达到削弱敌人斗志，瓦解敌人战斗力的目的。会议具体部署了政治攻势的任务，号召各部队发动群众创造多种有力的形式瓦解敌军。

解放军在师以上的围城部队中普遍设立了国民党投诚官兵接待站。东北军区政治部前方办事处设立了投诚官兵招待所，所有投诚官兵都集中到招待所分别安置。喊话是瓦解敌军的有效方法。开始时，各部队多用简单的喊话形式，距离远，声音小，又容易暴露。后来改用土喇叭喊话，最后发明了用长竹筒绑成的弯曲长话筒，一直通向敌人的阵地前沿，既安全，效果又好。整个围城部队都开展了这样的喊话运动。解放军还采取派人潜入长春贴标语、撒传单、给敌人送解放区"通行证"、打宣传弹、在伊通河里放漂浮宣传品等办法瓦解敌军。强大的政治攻势收到了良好的效果，敌人纷纷投诚，从地方杂牌军到正规军，从士兵到军官，从徒手到带枪，从个别人到整班、整排地投诚。部队还发动难民中的妇女、小孩瓦解敌阵地前的零散人员。有

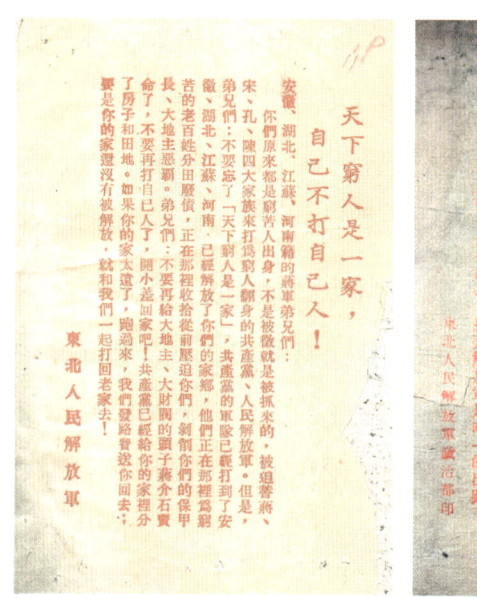
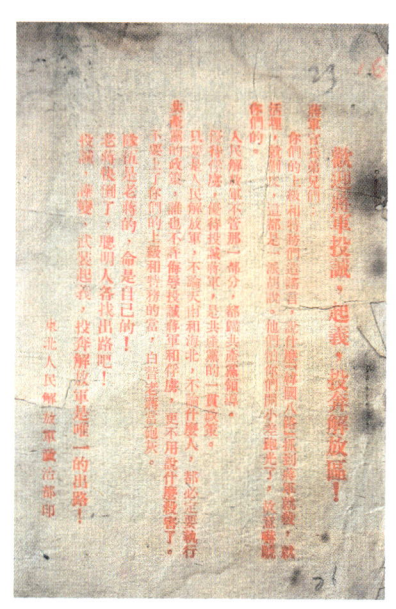

我军解放长春时印制的宣传品

个叫王之林的小孩，先后带出 32 名投诚人员。据不完全统计，从 6 月 25 日至 9 月底，东北人民解放军共接收投诚官兵 13700 余人。

9 月 12 日，东北野战军发起锦州战役。10 月 9 日开始扫除锦州外围据点。此时，蒋介石幻想在辽西走廊与东北野战军决战，并于 10 月 10 日向长春空投手令，命令郑洞国向沈阳方面突围。郑洞国召集军、师将领开会，大家一致认为目前官兵体力甚弱，很难突围出去，即使突围出去，也很难突破解放军的层层堵击，必招致全军覆灭。郑洞国和李鸿、曾泽生两位军长联名发电报给蒋介石，陈述不能突围的理由。15日上午，蒋介石又给郑洞国空投手令，称如不执行突围命令，将军法处置。16日上午，郑洞国召开军事会议，部署突围事宜，不料当天夜里，第60军即准备起义，并对新7军布防，郑洞国马上命令新7军停止突围行动，撤回原防；17日上午，他又召集新7军将领开会，研究对策，与会者情绪低落，默默不语，郑洞国只好决定暂时维持现状。17日下午，解放军代表刘浩在曾泽生的介绍下，在电话中劝郑洞国放下武器，但他态度顽固。17日24时，曾泽生率第60军宣布起义，撤出市区，解放军正式接管了东部市区。这时，新7军上下一片混乱，暂编第61师第2团已经同解放军联系起义事宜，副军长史说同参谋长龙国钧商量，决定放下武器，向解放军投诚。18日午夜，新7军派人同解放军联系，我第6兵团参谋长解方代表第1兵团同新7军代表正式签署了协议。其主要内容为：新7军自动放下武器，解放军保证郑洞国以下官兵生命的安全，军官如有愿意参加解放军的，给予工作，不愿意参加的，遣送回原籍。19日上午10时，新7军投诚，解放军接收了市区西部。

1948年10月21日晨6时，郑洞国的特务团在今长春市人民广场放下武器，不再顽抗

新7军投诚后，郑洞国带领特务团坚守在国民政府"中央"银行长春分行大楼，欲顽抗到底，保全自己的所谓"气节"。中共中央决定争取郑洞国起义。郑洞国是"东北剿总"副司令，还是蒋介石的亲信，争取其起义，会对蒋介石嫡系部队造成强烈震动。10月18日，中共中央军委副主席周恩来亲自拟电报给郑洞国，劝他"宜回念当年黄埔之革命初衷，毅然重举反帝反封建大旗……加入中国人民解放军行列……"。此信由史说派人送给郑洞国，但是没有送到。尽管如此，郑洞国身边的人已做好了促他投诚的一切准备，包括暗中拿走了他的手枪，防止他自杀，并征得解放军同意，

让他投诚得体面一些。21日拂晓4点，"中央"银行大楼内突然枪声大作，子弹射得很高，漫无目标。这时，从沈阳方面飞来几架敌机，在空中盘旋几圈，目睹这场"抵抗"后飞走了。随后，枪声停止，郑洞国投诚。长春围困战役取得最后胜利。

国民党保密局、中统和国防部二厅的特务并不甘心失败，他们在第60军起义之前，就开始部署潜伏工作，幻想第三次世界大战爆发，国民党卷土重来。第60军起义后，这些特务们则露出了狰狞面目。17日晚9时，国民党长春警备司令部督察处处长张国卿指挥特务用日式战刀、刺刀将47名革命者残杀在督察处后院（今吉林省政协院内）。

长春围困战役取得了辉煌的战果，据东北野战军司令部公布的统计数字：敌军共丧失兵力95855人，各种火炮617门、重机枪272挺、轻机枪1579挺、汽车446辆、装甲车2辆、飞机1架，以及大量的步枪、子弹、手榴弹、电话、电台等军用物资。长春围困战役是我军战史上首次大规模的围城战役，是我军采取围困办法和平解放具有坚固防御体系的大城市的第一个成功战例。这一战役的胜利，粉碎了蒋介石撤退长春，回兵沈阳，全力增援锦州的计划，使东北野战军能够集中全部力量进行辽西会战，从而加速了整个辽沈战役的胜利进程。

长春解放纪念碑

结 论

吉林省作为东北解放战争发起地的历史价值和当代意义

一、历史价值

研究历史的目的是以史鉴今，资政育人，在于促进红色文化的发展，为实现中华民族文化复兴贡献力量。复兴中华文化，把中华优秀传统文化推向世界，必须把中国共产党领导中国人民进行新民主主义革命、社会主义建设和建设中国特色社会主义过程中所创建的红色文化融入中华文化总体中。

1840年以前的中华优秀传统文化光辉灿烂，底蕴深厚，为人类做出了巨大贡献。但是，从1840年开始，中华文化受到西方文化的严重挑战，封建王朝在这种挑战面前败下阵来，仁人志士的各种救国方案也没能挽救中国。

中国共产党人勇敢地担当起救国救民的责任。从1919年五四运动开始，特别是中国共产党成立之后为中国人民的幸福和中华民族的复兴而创造的红色文化，书写了中华民族历史的壮丽篇章。当代的革命文化、科学文化、民主文化、人民文化更是绚丽多彩，这些文化是中华民族文化的重要组成部分。中国共产党领导人民创造的红色文化，必须加以研究、总结、传承和弘扬。

习近平总书记在庆祝建党95周年大会上的讲话中指出："历史告诉我们，九十五年来，中国走过的历程，中国人民和中华民族走过的历程，是中国共产党和中国人民用鲜血、汗水、泪水写就的，充满着苦难与辉煌、曲折和胜利、付出和收获，这是中华民族发展史上不能忘却、不容否定的壮丽篇章，也是中国人民和中华民族继往开来、奋勇前进的现实基础。"① 只有在中国共产党的领导下，中国人民才站起来，富起来，强起来。在领导反压迫、反奴役的斗争中，中国共产党领导中国人民创造了包括理论、信仰、道路、作风、方法、文风、纪律、战略战术在内的包罗万象的红色文化，对于这一历史、这一文化，必须加以全面记录，深刻总结，详细阐述，重点突破，充分利用。

中国共产党的光辉历史既是党中央领导中国人民英勇奋斗的历史，又是由各个地方、各个阶段的历史构成的。在中国共产党总的历史框架内，各个地方的党史又具有各自的特点。把各个地方党史的特点、作用、贡献挖掘、阐释出来，既是对中国共产党整体历史的补充，又是对各地红色文化的贡献。

对吉林省是东北解放战争发起地的历史总结、历史定位和历史提炼就是地方党史对全国党史研究的有益补充，同时也是对吉林省红色文化的贡献。

长期以来，党史界只是从东北解放战争本身的历史阶

① 习近平：《在庆祝中国共产党成立九十五周年大会上的讲话》，载习近平：《论中国共产党历史》，中央文献出版社，2021，第119页。

四保临江战役纪念馆

段来研究"四保临江"、"三下江南"战役，只是将其当作重要战役来研究、定位。这样做，一是没有同吉林省的历史联系起来，二是没有同当代红色文化建设联系起来，三是没有把"四保临江"、"三下江南"战役同东北解放战争的发起联系起来。自然也就没有把七道江会议确定为东北解放战争的发起会议，只是将其当作一次重要的决策会议，关键"一板"来定位。把吉林省作为东北解放战争的发起地来定位，则把"四保临江"、"三下江南"的历史价值更加充分地挖掘、彰显出来。七道江会议不是普通的决策会议，而是东北解放战争的发起会议，"四保临江"、"三下江南"战役不只是战略转折战役，更是东北解放战争的发起战役。

这一历史定位，还澄清了一系列历史误读。例如，东北解放战争是何时开始的？史学界往往把国民党军队进攻的时间当作"四保临江"战役开始的时间，如 1946 年 12 月 17 日，是国民党军进攻辑安（今集安）的时间，却长期被当作"四保临江"战役开始的时间，这一说法应该是有误的。如果把"四保临江"战役当作东北解放战争的开始战役，把七道江会议解读为东北解放战争的发起会议，这一问题也就迎刃而解了。

从吉林省是东北解放战争的发起地这一历史定位出发，吉林省在东北解放战争中的其他重要历史价值也随之显现出来。吉林省是东北解放战争的重要战场，吉林省是东北解放区的前沿根据地，吉林省更是辽沈决战的开始地，等等。

这就是历史价值！

二、当代意义

把"吉林省是东北解放战争发起地"作为红色标识，是加快推进吉林省红色文化建设的重要举措；同时，也是对东北解放战争史进行深入研究和宣传的契机，对推动吉林省文化和旅游事业的发展具有重要的意义。

（一）为深入挖掘、研究和宣传党史提供契机

党的十八大以来，以习近平同志为核心的党中央高度重视党史学习、党史宣传，要求全党明确践行党的初心和使命，做到"学史明理、学史增信、学史崇德、学史力行"。东北解放战争史是中国共产党历史的重要组成部分，具有与"三地三摇篮"其他红色标识同样的历史地位、历史厚度。吉林人民在党的领导下参加东北解放战争的历史，是吉林历史上光荣的一页。但是，长期以来，学界对于吉林解放战争的历史地位研究、宣传得并不够。把吉林省定位为东北解放战争发起地，恰好填补了这一学术研究和党史宣传领域的空白。

如果说东北抗联史是中国共产党领导东北人民反抗外来侵略的悲壮、艰苦、惨烈的民族斗争历史的话，那么，东北解放战争则是中国共产党领导东北人民反抗国民党暴政的新民主主义革命斗争历史，具有英勇、机智、胜利的历史特征和特点。吉林省作为"东北解放战争的发起地"，在党的领导下，积极投身根据地建设，积极支援前线，跟着党改变了命运，走向了胜利。因为吉林省是东北解放战争的重要战场，是国共军队鏖战的拉锯区，吉林人民对国共两党的治政、治军、治民有切身的感受，吉林人民在国共两党的对比中，选择了共产党。这种选择是光明的选择、

正义的选择，是改变命运的选择。

挖掘历史，是为了研究历史；研究历史，是为了明白道理，明白只有中国共产党和社会主义才能够救中国的道理。现在，正在进行常态化、长效化党史教育，而宣传吉林省是东北解放战争的发起地既是党史研究的契机，更是党史宣传的契机。

（二）为吉林省红色文化建设提供历史支撑

红色文化是中国共产党领导中国人民在革命、建设、改革开放和新时代中创造中形成的，是中华民族的优良传统和宝贵的精神财富的重要组成部分，是中国共产党、人民军队和中华人民共和国的根基、底色和立国之本。党的十八大以来，以习近平同志为核心的党中央高度重视红色文化建设，发出了一系列红色文化建设的号召，出台了一系列红色文化建设的政策和法规。遵照习近平总书记的指示，全国出现了建设红色文化的热潮。

2020 年 7 月，习近平总书记视察吉林省时，参观了四平战役纪念馆，总书记认真观看，不时提问，了解那段气壮山河的红色历程，他强调："我们一定要牢记革命先辈为中国革命付出的鲜血和生命,牢记新中国来之不易。创业难,守业更难,广大党员、干部和人民群众要很好学习了解党史、新中国史，守住党领导人民创立的社会主义伟大事业，世世代代传承下去。"我们要牢记习近平总书记的殷殷重托，弘扬吉林红色文化，发扬革命传统。

红色文化是以红色历史为支撑的。没有红色历史的红色文化将成为无源之水、无本之木。建设吉林红色文化必须有吉林红色历史作为支撑。吉林省是东北解放战争的发起地，这为吉林省红色文化建设提供了解放战争时期的红色历史支撑。东北解放战争是中国新民主主义革命的重要组成部分，也是东北和全国革命的胜利阶段；这一阶段的红色历史承前启后、继往开来。以陈云和萧劲光为代表的党、军队和国家领导人，领导吉林人民经过艰苦卓绝、波

四平战役纪念馆

澜壮阔的斗争，取得了东北解放战争的全面胜利；以杜光华、马仁兴为代表的革命先烈，为吉林省的解放献出了宝贵的生命。

"四保临江"、"三下江南"作为东北解放战争的发起战役，为吉林省作为东北解放战争的发起地提供了战役支撑；"拉新之战""长春争夺战""四战四平""夏季攻势""秋季攻势""冬季攻势""长春围困战"构成了吉林省作为东北解放战争重要战场的主要内容；东满根据地、南满根据地、辽吉根据地成为东北解放区三大前沿根据地，中共吉林省委、军区和省政府，中共辽吉省委、军区和辽北省政府，中共辽宁省委、军区和辽宁省政府是东北解放战争时期吉林省境内的三大省委。在以陈正人、陶铸、白坚为书记的三大省委领导下，吉林人民掀起了支援前线的热潮。吉林人民的支援是吉林省境内重大战役和东北解放战争胜利的重要保证。

除上述重要史实外，1946 年 3 月 25 日，中共中央主席毛泽东指示东北局，要把长春作为中国共产党的红色首都。这一电报和伟大设想更为吉林省的红色文化增加了绚丽的色彩，提高了吉林省的历史地位，以长春为首都的红色文化的价值在于以下几点。

第一，为吉林省增添了民族文化和民族精神的色彩，突出了长春作为东北抗日战争胜利之城、世界反法西斯战争胜利之城的历史地位和文化价值。伪满时期，长春是日本侵略东北最高指挥机构关东军司令部所在地，是伪满洲国的"首都"，九一八事变带给中华民族的耻辱集中在长春。1945年9月21日，日本关东军总司令山田乙三在长春交出战刀，正式投降。中国共产党东北委员会和东北抗联教导旅在长春设立东北抗联总指挥部，代表中国共产党和中华民族对伪满洲国"首都"实行接管，一雪日俄战争结束40年以来中华民族的奇耻大辱，为中国抗日战争的胜利画上圆满句号。

第二，为吉林省增添了红色文化的色彩。新中国成立前，中国共产党主要在农村建立根据地，成为红色首都的城市都是小城镇的规模。而长春虽然是殖民化城市，在当年却是现代化大城市，把长春作为首都，这是中国共产党历史上第一次准备在现代化大城市建都，从而使长春原有的红色文化得到强化。早在1924年8月，中共哈尔滨独立组就在长春建立二道沟邮局通讯站，从那时起，长春就有了中国共产党的组织活动，就有了红色文化。九一八事变前后成立的党组织有中共长春支部——吉林省第一个党支部、中共吉长区委、吉长临时县委、长春特支和双阳区委等。抗战后期，共产党人傅根深、申东黎、赵东黎、刘健民等先后潜伏在长春，长期执行搜集日伪情报任务，由伪满高官组织的中共地下情报组织——东北青年救亡会为关内党组织收集了大量日伪军事、政治、经济情报，坚持斗争，直到抗战胜利。中共长春组织虽然弱小，存在的时间也不算长，但一直有党员活动，并长期坚持反对封建军阀黑暗统治、抗击日本侵略的正义斗争。东北光复后，中共东北委员会首先进入长春，大力发展党组织和人民军队。为和平建国，中国共产党以最大的诚意同国民党谈判，做出重大让步。1946 年 4 月 18 日，人民军队取得了长春争夺战的胜利。1948 年 10 月 19 日，作为辽沈战役的一部分，长春围困战取得胜利，长春宣告解放，吉林省全境解放。

上述史实构成了东北解放战争时期吉林省红色文化的重要内容，当代吉林省红色文化因这些重要史实和众多的历史旧址、遗址、遗迹而呈现厚重的文化底蕴。

（二）为吉林人民建功新时代提供必胜信念

红色文化是中华民族文化的延续和现代发展。民族文化必须得到继承和弘扬，作为人民当家做主的国家，全体党员干部、全军指战员和广大青少年，继承和弘扬民族文化的前提是首先继承和弘扬红色文化。继承和发展红色文化就是对中华民族文化的继承和发扬。

东北解放战争的胜利，为后来每个时代的党员干部和广大青少年提供了必胜信心。在新时代，我们还面临着诸多困难，面临着国际形势剧烈变化的巨大压力，首先要做的就是树立必胜信心。

东北解放战争在吉林省发起之时，困难、压力之大前所未有，国民党军装备优势，南满我军连续后撤，信心严重不足。生死存亡之际，陈云以无产阶级革命家的胆识和智慧，首先树立必胜信心，反复问大家：南满还有没有文章可做？信心树立起来了，才有战胜敌人的战略战术、方式方法、斗争勇气、顽强意志、勇敢精神等，最后才能取得胜利。

在新时代，吉林省面临全面振兴的繁重任务，面临发展经济的空前挑战，问题、压力不可谓不大。完成任务，迎接挑战，没有信心不行。"吉林省是东北解放战争发起地"红色标识的确立，就为我们战胜困难提供了信心，为每一位党员干部和青少年建功新时代提供了必胜信念。东北解放战争中，吉林人民在中国共产党的领导下，在党员干部模范带头作用的感召下，听党指挥，一不怕苦、二不怕死，团结奋斗，在短短的两年多时间里，就歼灭了国民党新 1 军、新 6 军和第 71 军等主力部队，成功策反第 60 军起义，无数英雄也为之奋斗牺牲，为东北及全国解放打下了战略基础。

我们敬畏和深爱着这片无数革命先辈、志士用鲜血浸涤过的土地，红色已经成为这片土地的底色，并最终铸就了"红色吉林"。吉林人民将厚植这片沃土，弘扬革命文化，为新时代全面振兴全方位振兴注入精神力量。

后 记
Postscript

　　《东北解放战争发起地》一书，是中共吉林省委确定的吉林省红色标识"三地三摇篮"系列丛书之一，是 2021 年度吉林省社会科学基金项目。

　　在书稿写作的过程中，本人得到了中共吉林省委宣传部、吉林省委党史研究室、吉林大学马克思主义学院、中共长春市委党史研究室、通化市委党史研究室、四平市委党史研究室的指导和帮助。特别是得到了刘信君、黄耀河、刘星恒、马会凤、孙嘉、董新春、张丽艳、朱巍、辛立石、吕文亚、黄华、于洋、于淼、于丽娟等省内党史领导、专家、学者和同志在史实、图书资料、地理地名、校对、编目等方方面面的真诚指导和无私帮助，在此一并表示衷心的感谢。

　　特别感谢吉林人民出版社总编辑吴文阁，编辑赵梁爽和郭威为书籍的出版而付出的辛勤劳动。各位的经验和责任心让此书成为精品。

由于本人在东北解放战争历史方面的研究还不深入，兼之受资料、篇幅的限制，书稿还有许多不尽如人意的地方，还存在这样、那样的差误、失误，恳请社会各界不吝赐教，批评指正。

作　者

2023 年 7 月

参考文献
References

[1] 金冲及 . 联合与斗争：毛泽东、蒋介石与抗战中的国共关系 [M]. 北京：生活·读书·新知三联书店，2018.

[2] 中央档案馆 . 中共中央文件选集：（第十三册）（1945-1947）[M]. 北京：中共中央党校出版社，1991.

[3] 中共中央文献研究室 . 毛泽东年谱（1893-1949）（修订本）：下卷 [M]. 北京：中央文献出版社，2013.

[4] 毛泽东 . 毛泽东选集：（第四卷）[M]. 北京：人民出版社，1991.

[5] 毛泽东 . 毛泽东军事文集：（第五卷）[M]. 北京：军事科学出版社，中央文献出版社，1993.

[6]《彭真传》编写组 . 彭真年谱：（第一卷）[M]. 北京：中央文献出版社，2012.

[7] 奥弗里 . 牛津二战史 [M]. 戴帼君，孙文竹，译 . 北京：新华出版社，2018.

[8] 威尔莫特 . 第二次世界大战：欧洲争夺战（下）[M]. 钮先钟，译 . 北京：新华出版社，2021.

[9]［美］哈里·杜鲁门.杜鲁门回忆录：第二卷 [M].李石，译.北京：生活·读书·新知三联书店，1974.

[10]常城，李鸿文，朱建华.现代东北史 [M].哈尔滨：黑龙江教育出版社，1986.

[11]朱建华.东北解放战争史 [M].哈尔滨：黑龙江人民出版社，1987.

[12]陈沂.辽沈决战（上册）[M].北京：人民出版社，1988.

[13]李运昌，等.雪野雄风 [M].沈阳：白山出版社，1988.

[14]赵俊清.周保中传[M].哈尔滨:黑龙江人民出版社，2011.

[15]中共中央文献研究室.毛泽东在七大的报告和讲话集[M].北京：中央文献出版社，1995.

[16]毛泽东.毛泽东文集：（第四卷）[M].北京：人民出版社，1996.

[17]田酉如.彭真主持东北局 [M].北京：人民出版社，2007.

[18]刘崇文，陈绍畴.刘少奇年谱（上卷）[M].北京：中央文献出版社，1996.

[19]蒋经国.蒋经国自述[M].长沙：湖南人民出版社，1988.

[20]伊原泽周.战后东北接收交涉纪实：以张嘉璈日记为中心[M].北京：中国人民大学出版社，2012.

[21]毛泽东.毛泽东军事文集：（第三卷）[M].北京：军事科学出版，1993.

[22]彭真.彭真文选[M].北京：人民出版社，1991.

[23]辽沈战役纪念馆管理委员会，《辽沈决战》编审小组.辽沈决战：续集[M].北京：人民出版社，1992.

[24]公安部档案馆.在蒋介石身边八年：侍从室高级幕僚唐纵日记[M].北京：群众出版社，1991.

[25]第四野战军战史编写组.中国人民解放军第四野战军战史[M].北京：解放军出版社，1998.

[26]彭积冬.北平军事调处执行部亲历记[M].北京：中国青年出版社，2014.

[27]《彭真传》编写组.彭真年谱：（上卷）[M].北京：中央文献出版社，2002.

[28]中共中央党史资料征集委员会，中国人民解放军档案馆.东北人民解放军司令部阵中日记：上册[M].北京：中共党史资料出版社，1987.

[29]刘统.东北解放战争纪实[M].北京：人民出版社，
2004.

[30]唐洪森.国共争战大东北[M].北京：科学普及出
版社，1999.

[31]朱佳木.陈云年谱（修订本）：（上卷）[M].北京：
中央文献出版社，2015.

[32]李镜.儒将肖华[M].北京：解放军文艺出版社，
1998.

[33]政协辽宁省委员会文化和文史资料委员会，中共
辽宁省委党史研究室，中共沈阳市委党史研究室.陈云在
东北[M].沈阳：辽宁人民出版社，2019.

[34]刘统.决战：东北解放战争1945—1948[M].上海：
上海人民出版社，2017.

[35]张团，邓竹青.塔山名将吴克华[M].北京：解放
军出版社，2000.

[36]朱佳木.陈云年谱（修订本）：（上卷）[M].北京：
中央文献出版社，2000.

[37]陈云.陈云文选：（第一卷）[M].北京：人民出版
社，1995.

[38]萧劲光.萧劲光回忆录[M].北京：当代中国出版社，

2013.

[39]洪学智.洪学智回忆录[M].北京：解放军出版社，
2002.

[40]全国政协文史和学习委员会.杜聿明将军[M].北京：中国文史出版社，2013.

[41]陈明仁.陈明仁日记[M].北京:解放军文艺出版社，
2017.

[42]魏连生.双辽县志[M].北京：中国青年出版社，2000.

[43]陈利明.陈明仁将军传[M].北京：解放军出版社，
1989.

[44]刘信君.毛泽东与东北解放战争[M].长春：吉林人民出版社，2004.

[45]习近平.论中国共产党历史[M].北京：中央文献出版社，2021.